AF884180

सात भारतीय संत

जीवन-दर्शन और संदेश

सात भारतीय संत
जीवन-दर्शन और संदेश

डॉ. बलदेव वंशी

nbt.india
एकः सूते सकलम्
राष्ट्रीय पुस्तक न्यास, भारत
NATIONAL BOOK TRUST, INDIA

ISBN 978-81-237-5792-6

पहला संस्करण : 2010
चौथी आवृत्ति : 2020 (*शक* 1941)
मूल © डॉ. बलदेव वंशी, 2010
Saat Bhartiya Sant : Jeevan-Darshan Aur Sandesh (*Hindi*)

₹ 120.00

निदेशक, राष्ट्रीय पुस्तक न्यास, भारत
नेहरू भवन, 5 इंस्टीट्यूशनल एरिया, फेज-II,
वसंत कुंज, नई दिल्ली-110070 द्वारा प्रकाशित
Website : www.nbtindia.gov.in

समर्पण

अभिन्न मित्र सुधी आलोचक
डॉ. कृष्णदत्त पालीवाल के लिए...

विषय सूची

कबीर से परिचय

कबीर अद्भुत हैं। अनूठे हैं। उनमें भक्ति, ज्ञान और कर्म की त्रिवेणी समायी हुई है।

विश्व के अधुना से अधुना विचार कबीर की वैचारिक उजास के आगे फीके और दोहराये गये लगते हैं। कबीर ऐसे क्रांतिकारी हैं, जिनके सामने आज तक की सभी क्रांतियां अधूरी हैं, अपूर्ण हैं। कबीर के विचारों में आधुनिकता ही नहीं अपितु उत्तर आधुनिकता भी समाहित हैं। साम्यवाद, जनवाद, वाम-नववाम के विचार हों—या अस्तित्ववाद के मूल्य-मान, कबीर ने, लगता है अपने समय में खड़े होकर भविष्य की सदियों तक की वैचारिक संभावनाओं का साक्षात्कार कर लिया है।

अंध भक्ति से सहज भक्ति को, अज्ञान से ज्ञान को, अकर्म से कर्म को अलगाते और महिमा प्रदान करते कबीर अद्भुत सिद्ध होते हैं। हाथ के मामूली से मामूली कर्म को पूजा बना देना—ताने और बाने से रामनामी बुन देना, कबीर के बूते का ही काम है। गांधी जी जब कहते हैं कि "मैं कबीर का भक्त हूं" तब समझ आता है कि गांधी दूसरों का विष्ठा टोकरे में भरकर अपने सिर पर कैसे उठा लेते हैं। विश्व कवि रवीन्द्रनाथ टैगोर कबीर की सौ कविताओं (Hundred Poems of Kabir) का अनुवाद करने से उपलब्ध दृष्टि को 'गीतांजलि' में उतार पाते हैं तो स्वाभाविक ही है। कबीर पारस हैं। जिसे छू जायें सोना कर दें!

जिस माया ने ब्रह्मा, विष्णु, महेश को बांध रखा है, वह कबीर का बाल भी बांका नहीं कर पायी। हिन्दुओं-मुसलमानों, नाथों, सिद्धों, सूफियों यानी संप्रदायों के अहंकार और ज्ञान और घेरों में कबीर कहीं नहीं फंसे। सब पर प्रहार करने की क्षमताएं उनहें उस सत्य की ज़मीन से प्राप्त हुईं जिस पर वह मजबूती से खड़े थे। यानी विशुद्ध इंसान होने की पूरी शर्त, सहज होने की होश—

कह कबीर मैं कछु नहिं कीन्हा
सहज सुहाग राम मोहि दीन्हा।

अहंकार और लोभ त्याग करने और श्रम को पूजा की महत्ता देने से कबीर को जो सुहाग मिला—वह किसी भी सच्चे धर्म का मूल मंत्र हो सकता है।

भारत के महान संत कबीर साहब अपने जैसे अकेले महापुरुष हुए हैं भारत में जिन्हें विश्व अभी पूरी तरह से नहीं जानता। साहित्यकार-विद्वान उन्हें क्रांतिदर्शी कवि मानते हैं। समाज-राजनीति के लोग महान समाज-सुधारक। कबीर पंथी-अनुयायी ईश्वर का अवतार। धर्म-अध्यात्म-योग के क्षेत्र में वह स्वसंवेद या वेद की अवतारना करने वाले अनन्य योगी और धार्मिक माने जाते हैं। हिंदू उन्हें हिंदू मानते हैं, मुसलमान, मुसलमान। कबीर स्वयं को न हिंदू मानते हैं, न मुसलमान। सिर्फ एक इंसान मानते हैं और दुनिया भर को उनका यही प्रमुख उपदेश है कि खुद को एक इंसान मानो और अच्छा इंसान सिद्ध करो। उनके जन्म, मृत्यु आदि के बाबत कई-कई किंवदन्तियां हैं। विवाद हैं। फिर भी अधिकांश लोगों के मतानुसार उनकी जन्म-तिथि इस उक्ति के अनुसार ही मानी जाती है—*चौदह सौ पचपन साल गए, चन्द्रवार इक ठाठ ठए।* अर्थात् कबीर का जन्म संवत् 1455 विक्रमी (सन् 1398 ई.) के आसपास माना जाता है। साहित्यिक-ऐतिहासिक दस्तावेज इसी तिथि को प्रमाणित करते हैं।

उनके जन्म के बारे में कई-कई कथाएं प्रचलित हैं। सबसे अधिक मान्य कथा के अनुसार कबीर का जनम काशी में एक विधवा ब्राह्मणी के गर्भ से हुआ। लोकलाज के भय से इस शिशु को जन्म लेते ही उसने लहरतारा नामक तालाब के किनारे पर छोड़ दिया। वहां से गुजरते हुए नीरू और नीमा नाम के जुलाहा दम्पति ने उसे उठा लिया। घर ले आये। अपनी संतान बनाकर पालन किया। उसे अपने पेशे के हुनर दिये।

जाति जुलाहा नाम कबीरा,
बनि बनि फिरौं उदासी।

इस तरह कबीर को हिंदू और मुस्लिम दोनों के संस्कार प्राप्त हुए। कहते हैं कबीर बचपन से ही अंतर्मुखी, एकांतप्रिय और साधु स्वभाव के थे। साधुओं की संगति उन्हें प्रिय थी। भक्ति में मन रमता था। उन्हें इन्हीं साधु-संतों के संपर्क और संगति में आत्मज्ञान प्राप्त हुआ। बाद में गुरु रामानंद की कृपा से आत्मज्ञान में भक्तिभाव का भी समावेश हो गया।

वह अपने पैतृक जुलाहा कार्य करते हुए प्रभु की भक्ति में लीन रहते। आत्मशुद्धि और ज्ञान-चर्चा में मस्त रहते। कबीर की पत्नी का नाम 'लोई' माना जाता है। कमाल

(पुत्र) और कमाली (पुत्री) उनके दो संताने हुईं। कबीर मृत्यु से पूर्व मगहर चले गए थे। उनकी रचनाओं में भी इस बात के संकेत विद्यमान हैं–

सकल जनम शिवपुरि गवाइआ।
मरती बार मगहरि उठि धाइया।।

मगहर में कबीर की समाधि अब भी मौजूद है। मगहर में ही उनकी मृत्यु हुई। जन्म की भांति इनकी मृत्यु तिथि एवं घटना को लेकर भी भिन्न-भिन्न मत हैं। किंतु अधिकतर विद्वान निम्न दोहे के आधार पर उनकी मृत्यु संवत् 1575 विक्रमी सन् 1518 ई. मानते हैं।

सम्वत पन्द्रह सौ पछहत्तर कियो मगहर को गौन,
माग सुधी एकादसी रलो पौन में पौन।।

विश्वभर में जितने भी धर्म-संप्रदाय हुए हैं उनके अनुयायियों में अपने गुरु या आदि-पुरुष के चमत्कारी स्वरूप की कथाएं, जैसे प्रचलित हैं वैसे ही कबीरपंथियों में भी हैं। जैसे जन्म को लेकर कबीर को अवतारी पुरुष सिद्ध करने के लिए उन्हें आयोनिज माना जाता है। यह विश्वास है कि कबीर दिव्यपुंज के रूप में कमल-पुष्प के ऊपर अवतरित हुए। इसी प्रकार देहावसान के समय हिंदू-मुसलमान जब परस्पर लड़ रहे थे–अपनी-अपनी रीति अनुसार हिंदू उनके शव का दाह संस्कार करना चाहते थे और मुसलमान उस शव को दफनाना चाहते थे–तब उनके शव पर पड़ी चादर हटायी गई तो शव के स्थान पर पुष्प पड़े मिले। दोनों तरफ के लोगों ने आधे-आधे पुष्प ले लिए और अपनी-अपनी रीति से अंतिम क्रिया की।

अपने गुरु के चमत्कारी रूप में विश्वास करना धार्मिक विश्वासों का अतिरंजित रूप हो सकता है परंतु यह अस्वाभाविक नहीं है। कबीर-भक्तों की श्रद्धा की अभिव्यक्ति अधिक है इसमें, तथ्यों की जानकारी भले ही कम है।

कबीर के नाम पर मिलने वाले ग्रंथों की संख्या के संबंध में भी भिन्न-भिन्न खोजों के आधार पर अलग-अलग मत हैं। सबसे पहली खोज सन् 1903 में श्री एच.एच. विल्सन द्वारा की गई। उन्होंने कबीर साहब के कुल आठ ग्रंथों की सूची गिनाई। किंतु अंतिम व्यापक खोज जो नागरी प्रचारिणी सभा द्वारा कराई गई उनके अनुसार 140 ग्रंथों की सूची प्रकाशित की गई। किंतु इन रचनाओं के प्रामाणिक-अप्रामाणिक होने का निर्णय अभी भी शेष है। बीजक नाम के उनके प्रमुख ग्रंथ में रमैनी, शबद,

साखी, कहरा, बसंत, बेलि, बिरहुली, चांचरि, हिंडोला, चौंतीसा, विप्रमतीसी आदि काव्य रूप मिलते हैं।

कबीर साहब की भाषा में अनेक क्षेत्रीय बोलियों, भाषाओं के शब्द सम्मिलित हैं। अतः उनकी भाषा को सधुक्कड़ी या खिचड़ी कहा गया है। अभिप्राय है कि साधु-संगति में विकसित भाषा। किंतु मुख्य बात यह है कि उन्होंने जो भी सूक्ष्म से सूक्ष्म बात कहनी चाही है, उसके लिए भाषा अपने आप उतरती चली आयी है। उन्हें भाषा की मुहताजी नहीं करनी पड़ी, बल्कि भाषा ही उनकी मुहताज रही है। उन्होंने लोक से भाषा ली और उसमें अपना तेज मिलाकर लोक को भाषा दी।

कबीर जुलाहा हैं या कोरी हैं। मुसलमान हैं या नाथपंथी जुलाहा हैं किंतु इन सबके बावजूद कबीर अंततः वैष्णव हैं और सबसे ऊपर एक विशुद्ध संत हैं। विभिन्न विवादों, तर्कों में जाने का यहां अवकाश भी नहीं है और उद्देश्य भी नहीं। उन्हीं के सर्वाधिक प्रसिद्ध हो चुके शब्दों में—

साकत मरै संत जन जीवै।
भरी भरी राम रसायन पीवै।।

इस अंतः साक्ष्य में, जिस राम रसायन की बात कबीर ने की है वह दुर्लभ है और बोध की गहन प्रक्रियाओं से छनकर आया है—होश ओ हवास में ग्रहण किया गया है। इसके साथ ही—

तनना बुनना तज्या कबीर।
राम नाम लिख लिया शरीर।।

कहकर राम नाम को अपने लिए जितना सहज सुलभ बना लिया है—राम श्वासों में रम गया है उनके लिए यह प्रेरणा का विषय है। 'राम रसायन' शब्द की अर्थवत्ता को गहन आशयों में सार्थक किया है कबीर ने, जीवन, सोच और कर्म में। राम रक्त में, विचार में, व्यवहार में प्रवाहित है और जीवन मुक्ति का उपाय बन गया है। यह रसायन जीवन में ही मुक्त करने वाला, बेखौफ बनाने वाला, निर्द्वंद्व करने वाला, तथाकथित ऊंचे श्रेष्ठ कहलाने वाले लोगों की मूढ़ता पर हंसना सिखाने वाला है। दुःखों को भी इसलिए महिमामंडित करते हैं कबीर, क्योंकि दुःख भी राम का नाम पल-पल रटवाता है। यानि दुःख न आए तो मनुष्य राम को भूल जाता है, तो ऐसे में दुःख भी स्वागत योग्य है, जो राम का स्मरण कराये रखता है। ऐसा सुख भी त्याज्य

है, जिसके कारण हरि का, राम का नाम ही भूल जाय—

सुख के माथे सिल परै, नाम हरि का जाय।
बलिहारी वा दुख की, पल पल नाम रटाय।।

कबीर को राम का नाम रटवाने वाला दुःख भी प्रिय है। गरीबी और दुःख को, निम्न उपेक्षित लोगों को, दीन-दुखियों को इसीलिए कबीर का बड़ा भरोसा हैं, क्योकि सुख और धन व्यक्ति की श्रेष्ठता की कसौटी नहीं है, मनुष्यता, मानवोचित संवेदना, सहानुभूति ही सर्वोच्च हैं, जो हमारे में मानवीय गुणों का संचार करती हैं।

कबीर मूलतः अध्यात्म-पुरुष थे। दूसरे शब्दों में वह प्रकृति-पुरुष थे। आत्मा के गायक थे। वहतत्व चिंतक थे। वैदिक ऋषियों की भांति मूलगामी और मूल्यगामी दृष्टि के संत थे। वेदकालीन तत्वचिंतन की परंपरा को मध्य युग में पुनः उपलब्ध करने वाले दुःसाहसी सत्यवादी मसीहा, सृष्टि में व्याप्त परम-आत्म चेतना को चीन्हकर स्वयं भी निर्भय हो गए और विश्व को निर्भयता का अपूर्व संदेश दिया। वह ऐसे आत्मवेत्ता थे, जिसने आत्म-साक्षात्कार कर आत्म-चेतना का गुरुमंत्र दिया। वह जीवंत अनुभूति थे, जागृत संवेदना पुंज। इसलिए वह आत्मसाक्ष्य प्राप्त कर आत्म अनुभव की राह चले। यही उनका मूल मार्ग है। इसी भूमि पर उन्होंने व्यक्ति, समाज, धर्म आदि की सीमाओं को तोड़ा, लोगों को मुक्त किया। 'बंदी छोड़' कहलाए। आत्म-मुक्त व्यक्ति ही दूसरों को मुक्त कर सकता है। इसी दिशा में बढ़कर कबीर, कबीर कहलाए—

कबीरा मन निर्मल भया जैसे गंगा नीर।
पीछे पीछे हरि फिरे कहत कबीर कबीर।।

व्यक्ति अपने व्यक्तित्व-विकास में हरि से भी आगे निकल सकता है। आत्म सत्ता, परमात्म सत्ता से भी ऊपर उठ सकती है। मनुष्य के लिए इतनी महती संभावनाएं जगाने वाला संत वेदकाल और महावीर, बुद्ध के बाद भारत में उत्पन्न हुआ जिसका गुणगान बाद के सभी संतों ने मुक्त कंठ से किया। समूची संतमाल कबीर के मार्ग की अनुगामिनी और उपकृत है। कहीं-कहीं कबीर से भी भिन्न और चटख-शोख रंगों में दीप्त—कहीं आगे, कहीं दुःसाहसी, कहीं वाचाल, कहीं मौन—रैदास, नानक, दादू, मलूक, रज्जब, धन्ना आदि की संपूर्ण संतमाल।

कबीर समाज-सुधारक से पहले आत्म-सुधारक हैं। वह व्यक्ति और उसकी

आत्मा को सुधारना चाहते हैं। क्योंकि व्यक्ति ही समाज है। व्यक्ति को सुधारने से समाज सुधर जाता है। समाज को सुधारने से व्यक्ति नहीं सुधरता। विश्व का वर्तमान परिदृश्य और सामाजिक क्रांतियां इसका प्रमाण हैं। आज तक की सभी क्रांतियां भौतिक–बाहरी होने के कारण कुछ ही वर्षों-दशकों में विफल होती गई हैं। जबकि समाज का प्रत्येक व्यक्ति सुधर जाए तो पूरा समाज स्वयमेव सुधर सकता है। इसका यह अर्थ नहीं कि कबीर और कबीरी-परंपरा के संतों ने तथा भारतीय भक्तों ने, दार्शनिकों ने समाज को अनदेखा कर दिया। ऐसा कदापि नहीं है। उन सबका मुख्य सरोकार इस धरती पर के समूचे जीवन-समाज को (जीव मात्र–पशु-पक्षी, जड़-चेतन आदि सहित) संभालना, संवारना रहा है। समूचा ब्रह्मांड एक समग्र इकाई के रूप में उनकी दृष्टि, चिंता और चिंतन के केंद्र में रहा है। वह समूचे को संवारना, सुधारना चाहते हैं। मनुष्य सर्वोच्च, विकसित रूप है, अतः उसी पर सर्वाधिक दायित्व आता है सबकी रक्षा, संरक्षा और देखभाल का। वह इस कार्य को सजग, जागृत चेतना के धरातल पर अंजाम दे सकता है। सजग-जागृत चेतना ही आत्मा है और सजग-जागृत सामूहिक आत्माएं ही परम आत्मा।

इस चैतन्य-स्पंदित-संवेदित मर्यादा-मंच पर स्थित होकर कबीर ने समूचे मनुष्य को, समाज को, उसके परिवेश को सुधारना-संवारना चाहा है। इसलिए कबीर की वाणी व्यक्ति या समाज-सुधार की वाणी नहीं–आत्म और अध्यात्म की वाणी है। जो समूची मानव सभ्यता के सुधार की आकांक्षी है। कबीर एक को साधना चाहता है–

एके साधे सब सधे सब साधे सब जाय।

वह एक, परम ब्रह्म, जो हर कहीं व्याप्त है। यह परमब्रह्म ही शब्दब्रह्म है। और गुरु ही साक्षी है इसका। कबीर वाणी में इसी कारण दोहा को साखी (साक्षी) कहा गया है। गुरु ने उसे दिव्य दृष्टि से देखा है। कहीं किसी पुस्तक में लिखा हुआ पढ़ा नहीं है–

लिखा पढ़ी की है नहीं, देखा देखी बात।
दूल्हा-दुलहिन मिल गए फीकी पड़ी बरात।।

और फिर इतना ही नहीं जिन लोगों ने स्वयं उस परमब्रह्म ज्योति को देखा नहीं, वे लोग झूठे हैं–

बिन देखे उस देस करि बात कहै सो कूर।
आपे खारी खात है बेचत फिरत कपूर।।

किंतु कबीर का यह दावा है कि उसने स्वयं देखा है, लक्ष्य किया है–

पीछै लागा जाय था लोक वेद के साथ।
आगे से गुरु मिलिया दीपक धरया हाथ।।

इतना ही नहीं उस ज्योति-प्रकाश-ज्ञान-वेद की साखी भरने से स्वयं भी वेद में स्थित हो गए हैं। वेदों की रचना (संकलन-संग्रहण) से पूर्व जो प्रकाश सृष्टि में व्याप्त था उस स्वसंवेद की, संवेद्य की,-बात कबीर कह रहे हैं–

वेद हमारा भेद है हम वेदन के मांहि।
जोन वेद में हम बसैं, वेदौ जानत नाहिं।।

इसी सार्वभौम, ब्रह्मांडीय, अक्षय ज्ञान की साक्षी भरने के कारण कबीर कहते हैं–

साखी आंखी ज्ञान की, समुझ देख मन मांहि।
बिन साखी संसार का, झगड़ा छूटत नांहि।।

अतः संत कबीर संवेद्यज्ञान, अपनी अपूर्व संवेदनीयता, संवेदनशीलता के बल पर इस संसार का झगड़ा निपटाना चाहते हैं। उन्होंने अपनी आंखों से इस संसार को जलते हुए देखा है। हर कोई यहां अनेक प्रकार के तापों में जल-झुलस रहा है। दैहिक, दैविक, भौतिक तापों के अतिरिक्त ऊंच-नीच, जाति-वरण, हिंदू-मुस्लिम, छूत-अछूत आदि के तापों में लोग जल-मर रहे हैं। इन्हें बचाने का प्रयत्न संत कबीर कर रहे हैं–

आग लगी आकाश में झरपर पड़े अंगार।
जो संत न होते जगत में जल जाता संसार।।

वस्तुतः कबीर का समय और समाज अनेक आधियों-व्याधियों में घिरा था। दो सौ वर्षों से चले आ रहे मुस्लिम शासकों के कारण सामाजिक, धार्मिक, आर्थिक

स्थितियां और भी अधिक गंभीर हो गयी थीं। गरीब, शोषित, पीड़ित-वर्ग हिंदू-मुसलमान, दोनों ओर से उपेक्षा और अपमान की मार सह रहा था। जाति-पांति का विष समाज-शरीर को बेहोशी और बेहाल तड़फड़ाहट में डाले हुए था। कबीर ने अपने से पूर्व एवं समकालीन धार्मिक आंदोलनों के प्रभावों को भी ग्रहण किया परंतु उन सबसे भिन्न नया मार्ग प्रशस्त किया। सिद्धों-नाथपंथी योगियों की धारा, जो शास्त्रीय स्मार्तगत, उपनिषद, ब्रह्मसूत्र, गीता पर आधारित दार्शनिक मतवाद को मानने को तैयार नहीं थी, उसके विद्रोही स्वरों को कबीर ने ग्रहण किया तो रामानुजाचार्य-रामानंद की प्रेम-भक्ति परंपरा को आत्मसात किया, जो मानव मात्र एवं जीवमात्र के अस्तित्व को अंगीकार करके एकता और समानता का मार्ग खोलती थी। तीसरा सूफी साधना की धारा के भी बहुत से प्रभाव ग्रहण किए, जिसमें एकेश्वरवाद से भिन्न विशिष्टाद्वैतवादी वेदांत के समान मानव उत्थान के तथा समानता के लक्षण अधिक सबल एवं मुखर थे। कबीर को इन धर्मांदोलनों के अनुभवों से बड़ी सहायता मिली। अतः कबीर ने जो नया पथ चुना, समाज के सुधार और पुनर्निर्माण का, उसका आधार प्रेम और ज्ञान है—

जाति पांति पूछे नहिं कोई।
हरि को भजै सो हरि का होई।।

पंडा, पुरोहित, मौलवी आदि के महत्व और अस्तित्व को नकार कर कबीर ने हरि को भजने और उसकी कृपा को प्राप्त करने का मार्ग खोल दिया। छुआछूत का खंडन तथा हिंदू-मुसलमान के भेदों पर प्रहार करते हुए सीधे उन्हें ललकारा—

जौ तूं बांमन बांमनी जाया।
तौ आन बाट ह्वै क्यों नहीं आया।।
जौ तूं तुरुक तुरकानी जाया।
तौ भीतर खतना क्यों न कराया।।

श्रम को महत्व देने से सारा श्रमिक वर्ग, निम्न वर्ग गौरवांवित अनुभव करने लगा और सिर ऊंचा कर चलने लगा। ऊंचे कुल में जन्म लेने मात्र से कोई व्यक्ति समाज में ऊंचा नहीं बन जाता। ऊंचा बनता है, ऊंचे सामाजिक कर्म से—

ऊंचे कुल क्या जनमिया जे करणी ऊंच न होई।

इतना ही नहीं कबीर दीन पर दया करने, दुखी से सहानुभूति रखने की शिक्षा देते हैं। कीड़ी और हाथी तक को समान तथा परमात्मा की रचना कहते हैं ताकि जीव-दया का अपना दायित्व मनुष्य निभाना सीखे–

साईं के सब जीव हैं, कीरी कुंजर दोय।

आज जिसे पर्यावरण चेतना के नाम से प्रचारित किया जा रहा है उसे कबीर ने मानव का चैतन्य परिवेश माना और पेड़-पौधों, पशु-पक्षियों को अपने समान प्राणवान मानकर उनकी रक्षा का बोध जगाया–

बकरी पाती खात है वाकि काढ़ी खाल।
जो नर बकरी खात है, ताको कवन हवाल।।

मानव-प्रेम, जीव-दया, समानता, भ्रातृत्व भाव की नई धारा कबीर ने प्रवाहित करके समाज की चली आयी कुरीतियों पर जहां तार्किक-कठोर प्रहार किए, वहीं नई समाज रचना का मार्ग प्रशस्त कर मानव मात्र के नए सूर्योदय की अतुल संभावनाएं जगाईं। अतः कहना न होगा कि कबीर के आने से ज्ञान की जो आंधी आयी उसके तीव्र आवेग में भ्रम की टाटी उड़ गई। मोह का बंधन टूट गया। तृष्णा गिर पड़ी और दुर्गति का भांडा फूट गया। इस आंधी के बाद जो जलवर्षा हुई उससे अंतर तक भीग गया तथा जब सूर्य का प्रकाश हुआ तब सब प्रकाशित हो गया। माया का अंधकार मिट गया। कबीर ने प्रकृति वर्षा की घटना को रूपक की भांति प्रयोग करके जिस रहस्यस्थिति का वर्णन किया है वह अध्यात्म को मूर्त्त करके कबीर वाणी के समाज-जीवन के गहरे सरोकारों से बखूबी उजागर करती है–

देखो भाई ज्ञान की आई आंधी।
सभै उड़ानी भ्रम की टाटी रहै न माइया बांधी।।
दुचिते की दुई धूनी गिरानी मोह बलेंडा टूटा।
तिसना ददानि पर कर अपरि दुरमति भांडा फूटा।
आंधी पाछे जो जलु बरखै तिहि मेरा जनु भीना।
कहि कबीर मानि भइया प्रगासा उदै भानु जब चीना।।

वर्तमान संदर्भों में कबीर का दर्शन

भारत और पूर्व को ही नहीं, आज संपूर्ण विश्व को अपूर्व निराशा-हताशा का अंधकार घेरे हुए है। मनुष्य जाति के सामने 20वीं सदी में ही अंधेरा घिरा हो, ऐसी बात नहीं है। हां, आज का अंधेरा बहुमुखी है, अनेक चेहरों वाला है। त्रेता युग में ही दशमुखी था रावण के रूप में। द्वापर में कंस` रूप में और भी व्यापक हो उसने ग्वाल-बाल चरवाहा संस्कृति प्रधान समूचे जनमानस को उत्पीड़ित कर दिया था, किंतु हमारी वर्तमान सदी का अंधकार अनेक आयामी, अनेक रूपी, अनेक स्तरीय है। कहीं जातिभेद, कहीं रंगभेद कहीं सांप्रदायिक, कहीं एक ही संप्रदाय में घोर शत्रुता वाला, कहीं भाषा, कहीं प्रांत, कहीं भिन्न वर्ण और वर्ग के आधार वाला अंधकार। इन सबके अलावा मनुष्य के भीतर ही स्वार्थ, लोभ, मोह, अहंकार रूपी अंधेरा बेरोक बढ़ता गया है। ये सभी रूप कबीर के समय में भी कमोबेश थे। सभी संतों की वाणी में बीज रूप में इनके प्रतिकार के स्वर मिल जाते हैं। जाति, संप्रदाय, ऊंच-नीच के आधार पर मनुष्य-मनुष्य में अंतर करना हर दृष्टि से अपराध हैं। इसका सबसे पहले और मुखर शब्दों में प्रतिकार किया संत कबीर ने। यूं संत नामदेव, ज्ञानदेव और नानकदेव, रैदास, दादू, मलूक आदि की पूरी परंपरा उक्त बुराइयों के विरोध में खड़ी हुई है और आज भी इन संतों की वाणी प्रासंगिक है। परंतु संत कबीर की वाणी और विचार दर्शन का जहां तक प्रश्न है वह तो उत्तरोत्तर अधिक प्रासंगिक व जरूरी होता जा रहा है।

वर्तमान समय में पश्चिमी विचारधारा और व्यवहार की भौतिकता प्रधान आंधी ने विश्व के अधिकांश भाग को झकझोरकर रख दिया है। भारत और इसके निकटवर्ती देशों को भी इस भौतिकवादी विचार-व्यवहार की आंधी ने अपनी लपेट में ले लिया है। खुली बाजार व्यवस्था के आगमन से परस्पर प्रेम भाव के स्थान पर 'गला काट प्रतिस्पर्धा' के कारण शत्रुता का भाव फैल रहा है। किंतु कबीर का कहना इसके विपरीत है। वह अध्यात्म और प्रेम भाव के गायक हैं—

कबीर बादल प्रेम का, हम पर बरस्या आइ।
अंतरि भीगी आत्मा, हरि भई बनराइ।।

सहजोबाई ने इसी भाव को 'बिनु घन परत फुहार' कहा है। प्रेम-अध्यात्म का बादल उमड़कर आया और हम पर बरस गया। इससे, भीतरी, हमारी आत्मा भी भीग गई और बाहर शरीर पर रोमावली भी खिल गई। रोमांच हो आया। जैसे धरती पर वर्षा होते ही धरती की आंतरिक प्यास भी बुझ जाती है और वनस्पतियां भी पुनः हरी-भरी हो उठती हैं।

आज भौतिकवादी प्रभावों के चलते सभी धन-दौलत को महत्व देते हैं। इंसान और इंसानियत को कोई महत्व नहीं दे रहा। निर्धन व्यक्ति की तो और भी अधिक उपेक्षा की जाती है। कबीर का कहना है–

निर्धन आदर कोई न देई, लाख जतन करै ओहु चित्त न धरेई।
कहि कबीर निर्धन है सोई, जाकै हिरदै नाम न होई।।

धनी या दरिद्र के भेद भी अज्ञानताजन्य हैं। ईश्वर के राज्य में कोई धनी या निर्धन नहीं है। वहां यदि कोई निर्धन है तो वह व्यक्ति है, जिसके मन में ईश्वर का नाम नहीं है, जिसके मन में भक्ति-प्रेम का भाव नहीं है। इस भाव का न होना ही अभाव है। इसी प्रकार साधना पद्धतियों के विभेदजन्य अहंकारी व्यवहार भी अनेक प्रकार के ढोंग, छद्म और उत्पात खड़े करते हैं। कबीर कहते हैं–

कबीर तन कौं जोगी सब करैं मनकौं बिरला कोई।
सब विधि सहजै पाइये, जे मन जोगी होइ।।

मन में योग का रंग चढ़ने से, सहजता आने से जोगी बना जाता है, मात्र तन पर जोगिया वस्त्र धारण करने से जोगी नहीं बना जा सकता। वर्तमान युग के धार्मिक-कर्मकांडी, छद्म धार्मिकों के आचरणों पर कबीर ने प्रहार किए हैं और वास्तविक धर्म व धार्मिकता की पहचान स्थापित की है। इसी प्रकार व्यक्ति के आचरण एवं सोच में, मनोविकारों की जड़ में काम, क्रोध आदि के कारण जो दोष उत्पन्न होते हैं, उन पर कबीर ने आक्रमण करते हुए वास्तविक विद्वान और ज्ञानवान की पहचान कराई है–

काम, क्रोध, मद, लोभ की जब लग घर में खान।
क्या मूरख क्या पंडित, दोनों एक समान।।

काम, वासना, क्रोध भाव, धन-पद आदि का मद जब तक मन में स्थित है, तब तक मूर्ख और ज्ञानी में कोई अंतर नहीं। प्रकृति, वनस्पति और प्राणी मात्र के प्रति अति संवेदनशीलता के भाव भी कबीर के दर्शन के आयाम हैं। कबीर की वाणी में अनेक प्रसंग, दृष्टांत, उल्लेख मिलते हैं जहां जीव दया से भी आगे बढ़कर जड़-चेतन के साथ अपने को जोड़कर देखने की सृष्टि मिलती है। फूल, पत्ती, फल आदि को ईश्वर का रूप माना गया है–

पाती ब्रह्मं पुष्पे विष्णु, फूल फल महादेवा।
तीनि देवी एक मूर्ति करै किसकी सेवा।।

कबीर वाणी में इन पंक्तियों में पत्तियों को ब्रह्मा, पुष्पों को विष्णु तथा फूल-फलों को महादेव का स्वरूप माना गया है। कबीर मालिन को यही प्रबोध देते हुए कह रहे हैं कि इन्हें तोड़कर भगवान की मूर्ति पर चढ़ाना पापा है। इन फूल-पत्तों आदि में हमें भगवान के ही रूप को मानना चाहिए। इतनी सूक्ष्म और गहरी संवेदनशीलता व चैतन्य दृष्टि आज से 600 वर्ष पहले कबीर ने दी है। आज के पर्यावरणविद् आज भी इस आत्मवत् दृष्टिकोण तक नहीं पहुंचे। उन्हें कबीर से आज भी सीख लेनी होगी।

कबीर मूलतः भक्त है। संत हैं। आध्यात्मिक पुरुष हैं। जो अपने युग में हिंदू-मुसलमान के धार्मिक विद्वेष और जहर को देखकर बेहद दुःखी हुए। सबसे पहले उन्होंने ही सांप्रदायिक शत्रुता की जड़ पर कुठाराघात किया। उन्होंने धर्म का नहीं, धार्मिकता का, आध्यात्मिक अनुभूति का प्रसंग उठाया और मनुष्य के जन्म से ही उठाया जहां न कोई हिंदू था, न मुसलमान, न ईसाई और न पारसी। कबीर इन संप्रदायों के पूर्व की बात उठाते हैं। वेद-पूर्व की अध्यात्मसत्य-प्रकृति की सम्मिलित सत्ता और अनुभूति की। इसलिए उनका कहना है कि 'केशव' कहो या 'करीम' कहो, दोनों में कोई अंतर नहीं–

हमारे राम रहीम करीमा केसो अलह राम सति सोई।
बिस्मिल मेटि बिसंभर सकै। और न दूजा कोई।।

ये अंतर लोगों ने अज्ञानवश उत्पन्न कर लिए हैं। नामों के अंतर से ईश्वरीय सत्ता में कोई अंतर नहीं आ जाता। कबीर की इस ज्ञानमूलकता या तर्कमूलकता के चलते विद्वानों ने उन्हें ज्ञानमार्गी संत कहा है। भले ही कबीर ने राम के सगुण-साकार रूपों के भी उल्लेख किए हैं, किंतु निर्गुण पक्ष ही प्रबल-प्रमुख रहा है–

एक निरंजन अलह मेरा, हिंदू तुरुक दुहूं नहिं मेरा।
न हज जाऊं न तीरथ-पूजा एक पिछाण्यां तौ क्या दूजा।
कहै कबीर भरम सब भागा, एक निरंजन सूं मन लागा।।

व्रत, मुहर्रम, पूजा, नमाज, हज, तीर्थ आदि का त्याग करके निराकार-निरंजन से मन लगाने की हिदायत कबीर देते हैं। इससे सब भेद, भ्रम नष्ट हो सकते हैं।

इसी प्रकार जातिभेद के विचारों-व्यवहारों को मानव विरोधी और निकृष्ट बताया है कबीर ने। भक्तिकाल के काव्य की प्रवृत्ति मुख्यतः संसार से विरक्ति प्रधान रही है, किंतु कबीर, नानक, रैदास आदि ने लोक में बढ़े हुए अनाचार को देखते हुए लोक ग्रहण की भावना को अधिक अपनाया।

मनुष्यों के साथ ऊंच-नीच के भेदभाव और जाति-पांति के आधार पर पशुतुल्य व्यवहार देखकर इन संतों की आत्मा तड़प उठी। फलतः इन्होंने इन प्रवृत्तियों का प्रबल विरोध किया। इन्होंने समाज जीवन से विरक्त होकर साधना करने, एकांत-प्रांतों में जाने को महत्व नहीं दिया, बल्कि इसके विपरीत समाज में रहकर विरक्तिपूर्ण साधना को महत्व दिया, साथ ही सामाजिकों, निम्नवर्गीय, निम्नजातीय व निरीह लोगों पर छुआछूत और अपमान जैसे अत्याचार देखकर इन्होंने प्रतिकार में स्वर उठाए हैं। कबीर ने भी जातिवादिता के भेदभावपूर्ण व्यवहारों पर प्रहार किए हैं–

जौ तूं बांमन बांमनी जाया।
तौ आन बाट ह्वे क्यों नहिं आया।।

कबीर ने गुण, कर्म विहीन केवल उत्पति के आधार पर अपनी श्रेष्ठता पर अभिमान करने वाले ब्राह्मणों को बुरा-भला कहा। उनका मत है कि व्यक्ति जाति के आधार पर नहीं, बल्कि अपने कर्मों के सहारे ऊंचा होता है।

साषत ते सूकर भला, सूचा राखे गांव।
बूढ़ा साषत बापुरा, लैसि सभरणी नांव।।

साषत ब्राह्मण जिनि मिलै, बैसनो मिलौ चंडाल।
अंक माल दै भेटिए, मानूं मिले गोपाल।।

कबीर शाक्त और ब्राह्मणों को अन्य ब्राह्मणों से भी हेय मानते हैं। वे शूकर को उनसे श्रेष्ठ मानते हैं। शूकर, जो गांव को स्वच्छ रखता है। इतना ही नहीं, ब्राह्मण और शूद्र को एक ही ज्योति से उत्पन्न हुआ बताकर कबीर दोनों को आत्मगत अभिन्नता में बंधा बताते हैं।

एक बूंद एकै मल-मूत्तर, एक चाम एक गूदा।
एक जोति मैं सब उतपनां, कौन ब्राह्मण को सूदा।।

कबीर जाति-पाति और संप्रदाय की व्यर्थता व संकीर्णता दिखाकर मनुष्य मात्र की आत्मिक समानता—समता व एकता सिद्ध कर रहे हैं। वर्तमान अनेकशः बंटे, विभाजित समाज में अनेक प्रकार की असमानताओं में एकता-समानता की राह दिखाने वाले कबीर अपनी वाणी की संवेदनशीलता, मानवीयता, आध्यात्मिक प्रकाश से सर्वाधिक प्रासंगिक हैं। उनका विचार-दर्शन वर्तमान संदर्भों में मानवता की आवाज है और भविष्य की आशा।

आज के टूटे-बिखरे-उखड़े मनुष्य की पुनः खोज है एक आश्वस्तिमय शरण-स्थली की। आंतरिक कराहों के खुलते बियाबानों में अकेला पड़ गए या अपने ही भीतर के हिंसक रूपों में घिर गए मनुष्य को पुनः निरापद धरती-विश्वासों की बेहतरीन खोज है। उसकी बेबसी यह है कि तमाम अराजक नैतिकताओं में वह नैतिक होने का दंभ पाल चुका है। और यह अराजक नैतिकता अनैतिकता से अधिक कुछ नहीं है। वह टुकड़ों-टुकड़ों में विभक्त होकर पूर्णता प्राप्त करना चाहता है। अंशों में बंटकर समग्रता की अनुभूति करना चाहता है। 'जो चाहे करे' की सीमा तक स्वेच्छाचारी होकर 'स्वतंत्र' होना चाहता है। किंतु यह नहीं समझ पा रहा कि यह मनुष्यों का समाज, मनुष्य होने में ही पूर्ण, समग्र और स्वतंत्र हो सकता है। मनुष्यता ही मनुष्य की शरण-स्थली है, जो आश्वस्तिभरी स्वतंत्रता, पूर्णता और समग्रता दे सकती है। भारतीय जीवन-दर्शन या धर्म-दर्शन व्यक्ति को उसकी इयत्ता में स्वतंत्र रखकर दूसरों के हित-भाव में बांधकर पूर्ण और मुक्त करता है। व्यक्तित्व के समग्र विकास में जहां स्वतंत्रता आवश्यक है वहां परस्परता के हित में आबद्ध होकर ही सुखी आश्वस्त और मुक्त हुआ जा सकता है। यहीं पर हम यह भी समझ लें कि पश्चिम की विचारना व्यक्ति की स्वेच्छाचारिता को अस्तित्ववादी स्वतंत्रता की

छत्रछाया में मनमानी करने की छुट्टा दौड़ में झोंक रही है तो साम्यवादिता की मात्र आर्थिक-साम्य लाने की समूहवादिता मनुष्य की आज तक की 'स्व' की खोज की विविध संभावनाओं को पुनः पहचानरहित रेगिस्तानी रेत के जर्रों की एकरूपता में बदलकर आत्यांतिक पिपासा के नखलिस्तान में भटका-भटकाकर मार देने की युक्ति भर रह गयी है।

जबकि भारत में व्यवहारतः देखा गया है कि धर्म को रूढ़ि नहीं बनने दिया जाता या रूढ़ हठधर्मिता के रूप में नहीं ढलने दिया जाता, बल्कि मानवीय व्यवहार की विभिन्न स्थितियों में विकसित होने की संभावनाओं में लिया जाता है। जीवन की विविध अवस्थाओं में विचारों को अनुकूल बनाते जाने की प्रवृत्ति मुखर रही है। दार्शनिक सत्य आम आदमी के रोजमर्रा के जीवन में घटित होकर ही सजीवता, सप्राणता एवं प्रामाणिकता अर्जित करता हुआ विकसित होता आया है। अतः भारतीय जीवन में धर्म या दर्शन भी रूढ़ होकर टिक नहीं सकता। धार्मिक भावनाएं इसी भूमि पर दर्शन से अनुप्राणित होती रही हैं और दर्शन को जीवन में उतारती हुई स्वयं भी प्रमाणित होती हैं। सबसे अधिक ध्यान देने की बात यह है कि धर्म की इस लोच और व्यवहारिक विद्यमानता के प्रति हम जड़ या ठूंठ या विद्वेषी न बनें। विवेक के प्रति, विचार के प्रति विद्वेषी न बनना ज्ञान की पहली शर्त है। सतत क्रियाशीलता ही सतत विकासशीलता की कुंजी है, जो भारतीय धर्म-दर्शन की प्रकृति को समझने में हमारी सहायता कर सकती है। वेद—(ज्ञान) स्वयं में अंतःबाह्य (आत्मिक-भौतिक) परिप्रेक्ष्यों में—सतत विकासशील बौद्धिक प्रक्रिया है। उपनिषदों का दर्शन प्रकृति, जीवन, चेतना, प्रज्ञा, आनंद तथा आनंद की विभिन्न दशाओं के विषय में शंकर, रामानुज आदि के विचार—ब्रह्म, जीव, जगत की अद्वैत सत्ता और वेदांत तक की विचार की विकास यात्रा इसी तथ्य को रेखांकित करती है। महाकाव्य काल 600 वर्ष ईसा पूर्व से लेकर 200 वर्ष ईसा पश्चात तक बहुपक्षीय दार्शनिक हलचल नैतिक विद्रोह की उत्तरोत्तर विकसित प्रवृत्तियां या आत्मा-मन-प्राण देह तक और ईश्वर के अस्तित्व के निषेध की आनंदमार्गियों की नीतिशास्त्रीय व्याख्याएं या जैनियों का अनेकांतवादी यथार्थवाद, बौद्धमत के नैतिक आदर्शवाद को लें और भगवदगीता के दर्शन को उठाएं तो धर्म-दर्शन-जीवन की उक्त सतत विकासमान क्रियाशीलता बखूबी समझी जासकती है। इसी क्रियाशीलता और विकसनशील समंवय की प्रवृत्ति के तहत नाथों-सिद्धों और सूफियों की धार्मिक-दार्शनिक अवधारणाओं को टकराहट, चुनौती और स्वीकार की अनुकूलता के आधार पर लिया गया है।

इसी पृष्ठभूमि में निर्गुण संतों के धर्म-दर्शन को समझने की ओर बढ़ा जा सकता है। इन संतों ने जीवन की प्रगाढ़ता और धर्म-दर्शन को विकसित किया था। जीवन

और अस्तित्व उनके लिए सर्वोपरि रहा है। जहां धर्म के लिए जीवन को हाशिए पर ले जाकर मठों, मस्जिदों में कैद करने की हठधर्मिता देखने को मिली, वहीं संतों ने इन धर्मों के बाह्याडंबरों को खुले शब्दों में नकारा। इनकी भर्त्सना की। वे मनुष्यों की बदहाली, बेहाली से अंतरमन तक व्यथित हुए और विद्रोही वाणी में चौराहों पर चुनौती देने लगे। उनका हृदय ही विह्वल नहीं हो उठा, अपितु उनके मस्तिष्क से निकले अकाट्य तर्कों ने मंदिरों-गठों मस्जिदों के महंतों-मुल्लाओं पर अचूक प्रहार किए। संतों के समय तक आते-आते वेद और शास्त्र के प्रमाण की दुहाई या प्रमाण देकर आम, साधारण जन के जीवन को इतना त्रस्त और उपेक्षित कर दिया गया कि जिसे देखकर संतों की आत्मा तड़प उठी। अतः संतों के धर्म या ठीक-ठीक कहना होगा कि आध्यात्मिक दर्शन को किसी विशेष खाते में नहीं रखा जा सकता। मुख्यतः यदि पारंपरिक प्रचलित मतवाद में रखना चाहें तो शंकर के अद्वैत का रंग सबसे मुखर और चटख है। अन्यथा अद्वैत, विशिष्टाद्वैत, द्वैताद्वैत, नाथपंथ, सिद्धपंथ, सूफीमत आदि के रंगों की छीटें और रंगते मिल जाएंगी। पर हमारे मत से, सदैव सतत् विकासशील उत्तरोत्तर गहराती, समृद्ध होती संत चेतना अद्वैत भावना का लोकाधृत रूप है, जिसमें जीव, जगत, माया, ब्रह्म आदि को साक्षी भाव से अनुभव किया गया है। 'आंखिन देखी' का आत्मिक उच्छलन है। 'सह' और 'सहज' की ज्ञानमय (अनुभवगत) व्याप्ति में अद्वैत वेदांत भावना की प्रतिष्ठा।

संत कबीर ने जो स्वानुभूत किया उसे ही 'साखी' (दोहा) एवं 'पद' एवं 'रमैनी' रूप में वाणी दी। वाणी क्योंकि वाक् और कथन प्रकार को इंगित करती है इसलिए वह भक्तों के काव्य में भिन्न मानी जाती है, जिसमें लोकपक्ष के अनुभवगत वाग्मी अर्थों की व्यंजना भी समाहित है। 'निर्वाण-पद' और 'निर्गुण राम' तभी सार्थक भी होते हैं। अतः संतों ने वेद की जगह संवेद, संवेदना और संवेदनीयता की राह पकड़ी। विषय को संवेद्य बनाकर अंगीकार किया। ऐसा नहीं है, जैसाकि लोग रूढ़ अर्थ में पूर्वाग्रही दृष्टि से मान लेते हैं कि कबीर वेद-विरोधी थे, बल्कि वे वेद को संवेद (संवेद्य) बनाकर आगे के युगों के लिए अधिक ठोस, प्रामाणिक, सामाजिक एवं सापेक्ष आधार-भूमि पर प्रतिष्ठित कर देते हैं। जहां उसका उपसरण संभव नहीं रहता। भ्रम की कोई गुंजाइश ही शेष नहीं बचती। गुरु-परंपरा को दो टूक शब्दों में कबीर कैसे मनवा सकते। गोविंद से भी पहले गुरु के महत्व को कबीर ने महत्ता दी है—

गुरु गोबिंद दोऊ खड़े काके लागौं पांय।
बलिहारी गुरु आपने, गोबिंद दियो मिलाय।।

कबीर ही नहीं अन्य सभी संतों की वाणी में धर्म-दर्शन के उक्त सोच के अंतर्गत ही गुरु, ब्रह्म, जीव, जगत, माया आदि के विभिन्न पक्षों को देखा जा सकता है। गुरु नानक देव कहते हैं–*गुरु परसादि रतन हरि लाभै, मिटै अगिआन, होइ उजियारा।* इतना ही नहीं गुरु नानक देव मानते हैं कि ऐसा श्रेष्ठ गुरु तभी मिलता है यदि व्यक्ति ने पूर्व जन्म में श्रेष्ठ कर्म किए हों–

पूरब होवे लिखिया, तां सतिगुरु पावै।

संत दादू दयाल कहते हैं–

घट घट रामहिं रतन है, दादू लखै न कोई।
सतगुरु सबदों पाइये, सहजे ही गम होइ।।

संत मलूकदास ने तो गुरु और परब्रह्म में अंतर ही नहीं स्वीकार किया। उनका सतगुरु परमात्मा की भांति ही अनोखे कार्य कर सकताहै। सूई के छेद में से सुमेरु गुजार सकता है–

हमारा सतगुरु बिरले जानै,
सुई के नाके सुमेर चलावै, सो यह रूप बखानै।

संत चरनदास जी की शिष्या सहजोबाई अपने गुरु को ही गोबिंद मानती हैं। उन्होंने गुरु के चार प्रकार बताए हैं–

गुरु हैं चार प्रकार के, अपने अपने अंग।
गुरु पारस, दीपक गुरु, मलय गुरु, गुरु भृंग।।

धनी धर्मदास ने गुरु को चारों वर्णों से भी ऊपर बताया है–

सतगुरु चारिउ बरन से ऊंच।

ब्रह्म : कबीर ने अपने उपास्य राम को निर्गुण माना, जो जन्म-मरण से परे है। तथा यौनिज मनुष्य की भांति सत, रज, तम गुणों में बंधता नहीं। वह पुष्प की सुगंध

से भी सूक्ष्म है। उसे उन्होंने अनेक नामों से पुकारा है जैसे–हरि, गोबिंद, केशव, माधव, गोपाल, निरंजन, रघुनाथ, सहज, शून्य, रहीम, अल्लाह, विश्वंभर आदि। और गुरु नानक देव भी निरंकार, निराला मानते हैं–

तू सदा सलामति निरंकार
एकग एकमूकारू निराला
ना तिसु मात पिता सुन भ्राता

तथा वह जन्म-मरण से परे है और उसके माता, पिता, पुत्र एवं भाई जैसे दुनियावी नाते नहीं हैं।

संत दादू दयाल भी ब्रह्म का परिचय देते हुए कहते हैं कि यह बिना कानों के भी सब कुछ सुनता है, बिना नैनों के सब कुछ देखता है, बिना जिह्वा के सब बोलता है–

बिनु श्रवणह सब कुछ सुणै, बिन नैनहु सब देखै।
बिन रसना मुख सब कुछ बोलै, यह दादू अचरज पेखै।।

जीवात्मा : निर्गुण संतों के आध्यात्मिक चिंतन में जीव वह है जो माया में लिप्त है, जिसमें चेतना, जीवन और प्राण हो, जो अपनी इच्छा अनुसार हिल-डुल सकता हो, खा-पी सकता हो–वह जीव कहलाता है। संत दादू के शब्दों में–

दादू बंध्या जीव है, छूटा ब्रह्म समान।
दादू दोनों देखिये, दूजा ना आन।।

और यही जीव जब माया के बंधन में बंधा हो तो जीव है, और यदि माया के बंधन से मुक्त हो जाए तो यही ब्रह्म समान हो जाता है। कर्मों के वश में है तो जीव है, कर्मों के बंधन से मुक्त है तो ब्रह्म है। जहां आत्मा है वहीं परमात्मा है। गुरु नानक ने भी जीव को ब्रह्म की शक्ति का अंश बताया है। उसी ब्रह्म ने जीव को शरीर में सजाया है–

आपे खसमि निवाजिया। जिउ पिंड दे साजिया।।

संत रैदास का मानना है कि ब्रह्म और जीव दृष्टिभ्रम के कारण ही पृथक हैं।

सोने और कुंडल, जल और तरंग, पत्थर और प्रतिमा जैसी द्वैत है–

जल तरंग पाहन प्रतिमा ज्यूं, ब्रह्म जीव दुति जैसा...

इसलिए हे जीव तुम भ्रम में नहीं पड़ो और राम के नाम का जाप करो–

ऐसे जानि जपि रे जीव, जपि ल्यौ राम न भरमौ जीव।

संत रज्जब भी जीव और ब्रह्म को बीज और वृक्ष, कुआं और जल से भरे पात्र के रूप में मानते हैं–

बीज माहि वृच्छ समाणा हांडी कण मैं पाकी।
कुवां भरे कुंभ मैं पाणी, कहत न आवै ताकी।।

माया : भारतीय आध्यात्मिक साहित्य में माया की बड़ी विशिष्ट चर्चा सदा होती रही है। माया को भ्रामक, विस्मयकारी, रहस्यमय, धोखा देने वाली, आवरण रूप में अज्ञान और अविद्या रूप में माना गया है। शंकर इसे ईश्वर की शक्ति मानते हैं, जैसे अग्नि और उसकी दाहकता–दोनों अभिन्न हैं इसी प्रकार ब्रह्म और माया भी अभिन्न हैं किंतु भ्रमवश भिन्न दिखाई देते हैं। यही जीव का अज्ञान या अविद्या है कि वह माया को ही यथार्थ मान लेता है। तत्वदर्शी इस लीला को समझ जाते हैं।

कबीर की चिंता एवं मूल आधार

वेद (ज्ञान) पढ़ने की अपेक्षा अनुभूति और आचरण का विषय है। जिन लोगों ने वेद (ज्ञान) को निजी स्वार्थों, अपने सीमित सोच के कारण संप्रदायगत हितों के पोषण में लगाया उन्होंने निश्चय ही समूचे समाज और देश और विश्व का बड़ा अहित किया है। कबीर इन अर्थों में आज तक के विश्व के सर्वाधिक ज्ञानवान महामानव हुए हैं। उन्होंने न केवल मनुष्य-मात्र की अपितु, समस्त जीव-जंतु की और जड़-चेतन की समान रूप से चिंता की है। इतना बड़ा व्यक्तितव, मात्र सामाजिक या राजनीतिक या भौतिक चिंताओं के कारण ऐसी अपूर्व विराटता न पा सकता जो कबीर ने पायी है।

कबीर का चिंतन, दर्शन के स्तर को यदि उपलब्ध करता है तो वह भारतीय दार्शनिक परिप्रेक्ष्य में ही और वह भी पूर्ण ज्ञान के धरातल पर, जिसमें मनुष्य के जन्म से मरण तक, धरती से आकाश तक और जीवन के सर्वांग तक फैली स्थितियों के प्रति चैतन्य, समानता और संवेदनशीलता सन्निहित है, अन्यथा आर्यसमाजियों ने सनातनी धर्म-व्यवहार को नकारकर भी वेदों को न स्वीकारा होता। एक प्रबल लहर उत्पन्न हुई थी आर्यसमाज के रूप में। वैदिक-ज्ञान के माध्यम से हिंदू समाज को सूक्ष्म, वृहत्तर, विशाल जीवन-परिवेश से संयुक्त करके जातिवाद, अस्पृश्यता, रूढ़िवादिता जैसे महारोगों पर बड़े, तर्कसंगत और प्रहारक हमले करके शास्त्रार्थों के माध्यम से 'पाखंड-खंडिनी पताकाएं' फहराकर ललकारा गया। गंभीर चुनौतियां दी गयीं। वह प्रखर लहर अपना अपेक्षित कार्य पूरा किए बिना ही आज बलहीन और क्षीण हो चुकी है। पूर्व के इन सारे प्रयत्नों को आज पुनः देखने-जांचने और खुले दिमाग से परखने की बड़ी जरूरत है। न कि सिर्फ एकतरफा नकार की और अतर्क्य बयानों की। आज हो यह रहा है कि मात्र आधे सोच, पर पूरे अहं के बल पर वेद ज्ञान को नकारने से, जो कि पूरी मानव जाति का, लाखों वर्षों से कमाया और वेदकाल में सहेजा ज्ञान है, उससे कबीर को काटकर देखने की और स्वयं को काटकर मानने-जानने की

कोशिश हो रही है। यह किसी भी प्रकार, किसी के भी हित में नहीं है, न इन कबीरपंथियों के, न समाज के, न देश के। वेदांत कबीर की सीमा नहीं खूबी है। यही उनकी शक्ति भी है। यही वह जमीन है, जिस पर खड़े होकर कबीर पंडित-मुल्ला को ललकारते हैं और मानवमात्र को आत्मिक सम आधार पर खड़ा कर देते हैं। कबीर तो समूचे मनुष्य को, आत्यंतिक रूप में पहले और बाद में भी मनुष्य के रूप में ही देखते-सोचते हैं, हिंदू या मुसलमान के रूप में नहीं। हिंदुओं और मुसलमानों का सोच ही आज खोटा या छोटा नहीं 'दलित' (तथाकथित) को दलित मानना ही ईश्वर के प्रति आज मनुष्य और मनुष्य-सभ्यता के लिए घोर अपराध है। जिन्होंने हिंदू को जातिवादी, अधिकार-भेद की सोच से देखा है, आज उस दृष्टि की बदली हुई मानव-दृष्टि में कोई भी वैधता क्या प्रासंगिकता तक नहीं रह गई। जो लोग आज भी हिंदू-समाज को लेकर ऐसा सोचते हैं—अर्थात वर्णवादी, जातिवादी सोच से, वे पूरे वृहत्तर समाज के शत्रु हैं। बहुत स्पष्ट सोच है कबीर की। वह हिंदू-मुस्लिम सांप्रदायिक सोच से मनुष्य को नहीं देखते, दलितों-मजदूरों श्रमिकों को भी किसी भी प्रकार हीन या छोटा या ओछा करके न देखते हैं, न देखने की छूट देते हैं। जो ऐसी भेदवादी दृष्टि से देखते हैं, वे किसी भी दृष्टि से कबीर को और कबीर के राम को प्रिय नहीं हैं। बल्कि निंदा के पात्र हैं। कबीर के राम कण-मण में व्याप्त, निर्गुण, निराकार होने से समूचे ब्रह्मांड में व्याप्त हैं। यदि उस राम को मूर्त्त रूप में देखना है तो मंदिर-मस्जिद में नहीं, निर्धन, उपेक्षित, दलित, उत्पीड़ित, बीमार, निर्बल के हृदय में देखा जा सकता है। पूजा जा सकता है, प्रसन्न किया जा सकता है।

कबीर का ब्रह्म मनुष्य के भीतर है, बाहर नहीं। वह हर कण में, जर्रे में समाया हुआ है, इसलिए क्योंकि समूचा ब्रह्मांड चैतन्य है। यही दृष्टि आर्य समाज के प्रवर्तक महर्षि दयानंद की थी। यही दृष्टि वेदांती विवेकानंद की और महात्मा गांधी की थी। ये सब महात्मा लोग परमात्मा को 'प्रकृति' के भीतर ही देखते-मानते थे। यही विश्व-मानव को समानता, बंधुत्व और स्वतंत्रता देने वाली दृष्टि है, दर्शन है। जो लोग ब्रह्म को 'प्रकृति' के बाहर मानते हैं, उनकी दृष्टि एक सीमा में बंधी हुई होने से आज किसी भी प्रकार उचित या उपयुक्त नहीं जान पड़ती। अतः कबीर का उपयोग मात्र सामाजिक-राजनीतिक समत्व की दृष्टि से करना भी अनुचित और उनुपयुक्त है। जबकि कबीर की चिंता तो पूरे समूचे मनुष्य एवं अस्तित्व मात्र को चैतन्य मानने-मनवाने की है। वेदांत की ही एक दृष्टि यह भी है कि परमात्मा प्रकृति के बाहर है। इससे भी कबीर तथा दयानंद, विवेकानंद, गांधी सहमत नहीं हैं। अतः कबीर की दृष्टि से भ्रम की कोई सीमा नहीं रह जाती, न जातिवादी, वर्णवादी, अधिकारी-अनाधिकारी सोचवादी दृष्टि की कोई गुंजाइश रह जाती है, अन्यथा व्यर्थ

का वितंडावाद खड़ा करना भी उतना ही हेय और निंद्य सोच है। इक्कीसवीं शताब्दी में, साफ और सीधी एकात्मवादी दृष्टि से जानना ही भारत के अपने लिए और पुनः विश्वकल्याण हेतु नेतृत्व के लिए अपनाना पूर्णतः शुद्ध, सत्य एवं मानवीय होगा।

हमारी दृष्टि में कबीर सर्वप्रथम संत हैं, फिर समाज-सुधारक, फिर कवि। उनकी एकात्मवादी विश्व-दृष्टि उन्हें अध्यात्म-दृष्टि संपन्न क्रांतिकारी सोच वाला मसीहा सिद्ध करती है। इस सोच और दृष्टि के रहते उनकी क्रांति , परिवर्तन और सोच की भूमिका स्वयं ही सुनिश्चित हो जाती हैं। और इस सोच को व्यक्त करना लोगों तक पहुंचाने के लिए, उन्होंने जो भाषा और माध्यम चुना वह, काव्य-रूप में सामने आया। उनके लिए प्रयुक्त 'संत कवि' कोई नहीं कहता-मानता उन्हें। कबीर की सोच और चिंता सेमेटिक सोच (ईसाइयत, मुस्लिम) से भिन्न तथा समग्र है, क्योंकि वह अंशों में नहीं समूचे ब्रह्मांड को ही एक इकाई के रूप में लेती है।

कबीर ने मानव के विकसित ज्ञान और भाव को इनके मूल स्वरूप और प्रकृति में पहचाना है। इसी कारण वेद (ज्ञान) को संवेद बनाकर युग को समझने, युग की पीड़ाओं, विसंगतियों, विभेदों को मिटाने की ओर बढ़े भाव को उसकी समूची व्यापकता और गहराई में धारण करके दोनों को परस्परता से संयुक्त किया। समूचे ब्रह्मांड को भावना में लेकर, ब्रह्म कृत होने के कारण, संवेदनात्मक जल से पूरित माना *जल विच मीन प्यासी, सुन-सुन आवै हांसी,* यह समूचा ब्रह्मांड ही चैतन्य-पूरित है। ऐसी भरपूर संवेदना! ऐसी विराट भावना! पहले ईश्वर और अब मनुष्य की मृत्यु की घोषणा करने वाली उत्तर आधुनिक सोच कितनी पिटी और पिछड़ी हुई है।

एक अन्य तथ्य लें। कबीर का कर्म में अटूट विश्वास है। बल्कि, अपने विचार को कर्म में परिणत करके कबीर सबसे अधिक बल विचार और कर्म की संयुति पर देते हैं। आज विचार-परिसरों में केवल और मात्र विचारों के बखान के बढ़-चढ़कर उल्लेख मिलते हैं। विचारों की आंधियां झुलाई जाती हैं। इलैक्ट्रानिक माध्यमों की सुविधा-सहयोग से आज और भी सुविधा हो गई है। लोगों के घरों में ही नहीं उनकी आंखों, कानों, दिलों और दिमागों के अति निकट पहुंच रखने वाले माध्यमों के भरोसे व्यापारी, बाजारी, प्रचारी लोग इन माध्यमों पर कब्जा करके जनता को भ्रमित, प्रभावित करने में लगे हैं। स्वयं को कर्म-मुक्त कर लेने की सुविधाएं पाए विचारवान लोग (बुद्धिजीवी) अराजक होते गए हैं। विचार से कर्म को काट देने के विचार इन अर्थों में विशृंखल होकर उत्-शृंखल हो जाता है, क्योंकि वह व्यक्ति या व्यक्ति समूहों को गहन, विचार-निष्ठाओं को सामने लाने की बजाय विचार द्वारा प्रतिष्ठा पाने तक सीमित रह जाता है। आज विचारों से प्रतिष्ठा अर्जित की जा रही है। व्यवहार में उन विचारों को प्रामाणिकता देने की बाध्यता से मुक्त लोग ही हर प्रकार के अनाचार,

व्यभिचार, अतिचार में व्यस्त हैं। विचारों और विचारधाराओं की ओट में वे उन विचारों और विचारधाराओं के उलट कार्य करते हुए भी प्रतिष्ठा पा रहे हैं। क्योंकि उनके विचार उनके कर्म और व्यवहार से कटे हुए हैं। प्रमाणित नहीं हो रहे।

चैतन्य प्रकाश, धरती पर मनुष्य के अतीत इतिहास को ही नहीं, भावी अस्तित्व की राह को भी आलोकित करता है। संतों की मानवीय चैतन्य प्रकाश को विकिरणित करने वाली वाणी ही भावी विश्व की संरक्षिका भी होगी और पथ-प्रदर्शिका भी। इस वाणी में लोक और लोकायत की संवेदनशीलता, सत्य पर आधारित होने से, जीव-मात्र को ही नहीं, समूचे परिवेश को, ब्रह्मांड मात्र को आत्मीय संदर्भों में अस्तित्व का अंग मानती है। समूचा ब्रह्मांड चैतन्य से पूर्ण है। संतों की दृष्टि में जड़-चेतन में जीव-अजीव का अंतर तो है तथाकथित जड़-चेतन का अंतर नहीं है। जड़ वस्तुओं, पदार्थों में भी न्यूनाधिक चेतना विद्यमान है। जो स्थापनाएं आधुनिक विज्ञान ने पहले दो-ढाई सौ वर्षों में की हैं उनकी स्थापनाएं संतों ने पांच-छः सौ वर्षों पूर्व अपनी वाणी में सहज ही दे रखी हैं। संत दादू दयाल कहते हैं–

सरवर भरया दह दिसि पंछी प्यासा जाइ।
दादू गुरु परसाद बिन, क्यों जल पीवै आइ।।

समूचा ब्रह्मांड, दसों दिशाओं से ब्रह्मचेतनारूपी जल से भरा हुआ है, किन्तु इस तालाब से मनुष्य जीवनरूपी पक्षी प्यासा ही जाता है। केवल गुरु के कृपापूर्ण ज्ञानरूपी प्रसाद से लाभांवित होकर वह इस ब्रह्मजल को पीकर अपनी प्यास बुझा सकता है, अन्यथा नहीं। इस तथ्य को कबीर इन शब्दों में रखते हैं–

जल बिच मीन प्यासी।
मुझे सुन-सुन आवै हांसी।।

जल में रहती हुई भी मछली प्यासी रहती है–इस बात पर मुझे हंसी आती है। यहां भी पुनः ब्रह्म-जल और जीव-मछली के रूपक के माध्यम से बात कही गई है। संत कवि मलूक पेड़-पौधों में प्राण-चेतना का उल्लेख बड़ी मार्मिकता से करते हैं और मनुष्य-प्राणियों के समतुल्य संवेदनशीलता का उल्लेख करते हैं–

हरी डार मत तोड़िये, लागे छूरा बान।
दास मलूका यों कहे, अपना-सा जिव जान।।

स्पष्ट है हरी टहनी, जीवंत वृक्ष का जीवित अंग है। उस टहनी को तोड़ने से वृक्ष को भी ऐसी ही पीड़ा होती है, जैसे किसी मनुष्य प्राणी को वक्ष में छुरा या बाण लगने से होती है। अतः वृक्षों में भी हमें अपने जैसा जीव मानना चाहिए।

कबीर को भी आज अधूरे मन से, आधे-अधूरे रूप में लिया जा रहा है। भारतीय परिवेश में मार्क्सवाद जैसे आधुनिक दर्शन की विफलता और अप्रभावीकारण का यही सबसे बड़ा एवं ज्वलंत कारण है। यही दशा अन्य विचार-दर्शनों, विचारधाराओं की है। सनातनी पूरा सनातनी नहीं, आर्यसमाजी पूरा आर्यसमाजी नहीं, कबीरपंथी तक, व्यवहार में पूरा कबीरपंथी नहीं, अतः एक व्यापक ढोंग छाया है। देखने में आ रहा है हर कहीं, चाहे मार्क्स के नाम पर हो चाहे सनातन धर्म के नाम पर, चाहे आर्यसमाज के नाम पर या प्रचलित रूप में कबीरपंथ के नाम पर। आधे-अधूरे विचार-दर्शन को लेना सबसे बड़ी बेईमानी है। धोखा है। जबकि कबीर अपने समय में प्राणांतक एवं आत्मिक पीड़ा तक मूल्य चुकाकर अपने विचारों को जीते हैं। प्रमाणित करते हैं। काशी से, अपने जीवन के उत्तरार्द्ध में, मगहर चले जाने की उनकी पीड़ा से सब अवगत हैं। काशी नगरी तीर्थराज मानी जाती है। वहां ढोंग, छल के रहते भी आध्यात्मिक-संस्कारों का एक वातावरण था, जो मगहर में नहीं था। क्योंकि कबीर तीर्थों के दर्शन, स्नान, पूजन आदि में व्याप्त ढोंग के कारण, इनके विरुद्ध थे, इसलिए अपनी वाणी में आत्म-दर्शन, आत्म-प्रक्षालन, आत्म-पूजन की ओर लोगों को मोड़ना चाहते थे। आत्म-सजग करना उनका सबसे बड़ा उद्देश्य था। उन्हें यही अभीष्ट था। इसलिए वे तीर्थों के मात्र बाहरी दिखावे, ढोंगी आचरण के विरुद्ध बोलते रहे। लोग बाहरी, चर्म-चक्षुओं से दीखने वाले पत्थर, मिट्टी के देवी-देवताओं को पूजते, तीर्थाटन करते उन्हीं स्थूल, बाहरी बुतों-पुण्यों तक रुके हुए हैं। पंडे-पंडित और धार्मिक क्रिया-कलापों में लगे तथाकथित धर्माचारी वास्तव में बाह्याचारी और कदाचारी बने हुए हैं स्वयं भी, और उन्होंने अपने स्वार्थों और अंधविश्वासों, अंध-परंपराओं में लोगों को भी आगे बढ़ने से रोक रखा है। बाह्य स्थूल मंदिरों-बुतों-तीर्थों से आगे बढ़कर मन-आत्मा के आयामों में बढ़ने से रोक रखा है। एक तरह से वे समाज के प्रति जाने-अनजाने (आज वृहत्तर नालायकी के समय में) अयोग्यतावश अपराधी हैं। क्या ऐसा ही अपराध पढ़े-लिखे, विचारवान लोग नहीं कर रहे?

अतः जितनी जल्दी यह समाज उक्त बुराइयों से मुक्त हो जाए और अछूत, अस्पृश्य कहे जाने वालों से इस निर्लज्ज बर्ताव के लिए सामूहिक रूप से क्षमा याचना करे और भविष्य में सामाजिक, धार्मिक आत्मीय समानता का भरोसा दिलाए तो कबीर की वाणी का वास्तविक सम्मान होगा। संतों के दाय का शिरोधार्य होगा। अन्यथा अपने दोहरे आचरण, कथनी-करनी में भिन्नता के चलते दुराचरण का, वह

नयी शताब्दी में विश्व में सबसे पिछड़ा हुआ समाज रह जाएगा।

इस मुद्दे को विश्व राजनीति के परिप्रेक्ष्य में भी यदि देखें तो भी भारत के बाहर के बौद्ध धर्मावलंबी देशों की सामूहिक शक्ति को एकत्र करना अपने ही वृहत् स्वरूप-विराट रूप को पुनः सुगठित-संगठित करना होगा। संकुचित, अनीश्वरवाद के विचारों के अधीन भारतीयों ने अपने ही महापुरुष महात्मा बुद्ध को और बौद्धों को इतिहास के जिस प्रवाह में पृथक मान लिया था, उस महाभूल को सुधारने का यही उचित अवसर है। कबीर की छः सौवीं शताब्दी मनाने के साथ ही समूची मानव जाति नयी शताब्दी-इक्कीसवीं शताब्दी में पदार्पण कर चुकी है। भले ही भारतीय कालगणना के अनुसार हमारे लिए यह कोई विभाजक या प्रभावकारी घटना न हो, किंतु इक्कीसवीं शताब्दी ईस्वी सन् के अनुसार हमारे कार्य, व्यवहार और हमारे मौजूदा संसार को तो कालबोध का छोर पकड़वाने जा रही है। कबीर से शब्द उधार लेते हुए कहा जा सकता है–

अब के चूके न जुड़ें, दूर पड़ेंगे जाइ। (रेखांकित शब्द हमारे हैं)

आधे-अधूरे मन, सोच और दृष्टि से कबीर को लेने से ही हमारे ढोंगी वर्तमान की समस्याएं बढ़ रही हैं। यही स्थिति लेकर हम नयी सदी में जा रहे हैं। अन्यथा कबीर और कबीरी पूरी परंपरा–संत परंपरा–रैदास, नानक, दादू, मलूकदास आदि ही आज भारत का और विश्व का कल्याण कर सकती है। राष्ट्रसंघ भी आज तक मनुष्य और उसके परिवेश को खंडों में, अंशों में देखता है, इसलिए कभी पर्यावरण दिवस-वर्ष, कभी वृद्ध वर्ष, कभी बाल-वर्ष, कभी नारी-वर्ष मनाता है। पूरे मनुष्य समाज-परिवेश को एक अखंड इकाई के रूप में, वह भी चैतन्य इकाई के रूप में कभी नहीं लिया गया। कभी ऐसे सोचा ही नहीं गया। इसलिए नये-नये शस्त्रास्त्र, शोषण की नीतियां, पर्यावरण दोहन, विनाशीकरण की बाजारी पद्धतियां विकसित और लागू की जाती हैं। देश से लेकर विश्व-स्तर तक ढोंगियों, स्वार्थियों, हत्यारों, बदमाशों, आधी-अधूरी सोच वाले चतुर सुजानों को लक्षित किया जा सकता है। जबकि कबीर अंध-विचारवानों, अमानवीय सोच वालों, रूढ़िवादियों, गैर-बराबरी वालों के लिए विष हैं, वे कबीर रसायन को लेते ही मर जाएंगे। अन्यथा कबीर अपने आप में समूचा अमृत-कुंड हैं। पूरा विश्व जी जाए कबीर के रास्ते पर चलकर, आज कबीर पर भी, बाजारवादी दृष्टि से सोचने वाले कब्जा करने की होड़ में लगे हैं। कबीर के विचारों को पूरा पाने, पचाने और मानव समाज को बनाने में नहीं। उन्हें शायद भरोसा भी नहीं कि कबीर समूची आग हैं जो रूखी-सूखी-निर्दयी संवेदना-शून्य घास-फूस को

जलाकर राख कर देती है। अन्याय के महलों को भी विनष्ट कर देती है। शोषण एवं अत्याचार के प्रसादों को राख का ढेर बना देती है। आज जरूरत निष्ठावान, पूरी सोच और विश्वास के कबीरपंथियों की है। उनके संगठित होने की है। उनकी नहीं जो कबीर के नाम पर स्वयं को पुजवा रहे हैं। या कमा-खा रहे हैं। ऐसे मठाधीशों को स्मरण रखना चाहिए कि कबीर दोधारी शस्त्र है। सामने वाले को तो काटता ही है, असावधान, नकली और कायर को भी काटकर फेंक देता है।

कबीर का मत और मूल आधार ज्ञान और प्रेम है। इस मार्ग पर चलकर कबीर ने जो देखा और पाया उसका साक्ष्य एक साखी में इस प्रकार प्रस्तुत किया है—

शून्य मरै अजपा मरै अनहद हू मरि जाय।
राम सनेही न मरै रहा कबीर समुझाय।।

यानि बौद्धों, सिद्धों नाथपंथियों आदि का शून्यवाद, अजपा जप और अनहद नाद तक मरणशील हैं, मृणमय हैं, किंतु राम सनेही अमर हैं। पूछा जा सकता है कि यह 'राम सनेही' कौन है? जो 'शून्य ब्रह्म' 'अजपा जप' की दुर्लभ सिद्धि और 'नाद ब्रह्म' से भी ऊंचा है, श्रेष्ठ है, अमर है। यह ऐसा राम सनेही नहीं जैसा पाखंडी पंडा-पुजारी या रामनाम जपने वाला मात्र छापा-तिलकधारी-आडंबरी कोई व्यक्ति। क्योंकि कबीर ने ऊपर जिन धार्मिक अवधारणाओं की आध्यात्मिक ऊंचाइयों को 'राम सनेही' के सामने छोटा या नीचा बना दिया है, वहां यह 'राम सनेही' जरूर ही कोई सहज किंतु दुर्लभ अवस्था होनी चाहिए। और सचमुच में वह है भी।

क्योंकि कबीर का राम एक तरफ तो निराकार, निर्गुण राम है, तो दूसरा उक्त साखी में ऐसे राम का उल्लेख है, जो मूर्त्त होने की संभावनाएं लिए है। कबीर का राम घट-घट वासी है। दलित, उपेक्षित, उत्पीड़ित, भूखे-प्यासे और अपमानित के हृदय में वास करता है। अतः राम-स्नेही का भाजन है। जिसे उत्पीड़ित मानव ने अपने हित में चुन लिया है। यह बुद्ध हो सकता है, विवेकानंद-अरविंद-गांधी-अंबेडकर हो सकता है। कबीर भाव और भावना में तर्कशील अध्यात्म के संस्थापकों में वैदिक ज्ञान और वेदांतिक प्रेम के पथिक हुए हैं। अतः किसी भी वायवीय, अतर्क्य, पाखंड या ढोंग को अस्वीकार करते हैं तथा ब्रह्मांडीय अध्यात्म चेतना के अद्वैत वेदांत को पुष्ट करने वाले संत हैं। उनकी चिंता उत्तर आधुनिक समय में भी काल, महाकाल, मंवंतरों (मनु से मनु तक का अंतर) तक को लांघती हुई ब्रह्मांडीय, मानवीय चिंता है।

कबीर ने नया वेद रचा

हां, कबीर ने वंचितों के लिए नया वेद रचा। यह संभव है। कबीर, क्योंकि, समूची सृजनशीलता का पर्याय हैं। कबीर आत्मिक अनुभूति की तीव्र गंध हैं, सुगंध हैं। परम आत्मा का मुक्त छंद हैं। ऐसी पूरी मनुष्यता कि भगवत्ता भी जिसकी मुखापेक्षी है। सत्य को पाकर, कबीर स्वयं पूरापन उपलब्ध कर गए, जिसे काल भी न खा सकता है, न नष्ट कर सकता है। *पूरा साहब सेइये, सब विधि पूरा होय*—की भावना कबीर का अनुभूत सत्य है तो साथ ही कबीर ब्रह्म का स्थान भी लक्ष्य कर वहीं अपना ठिकाना बनाकर स्थित हो गए। सुर, नर, मुनिजन, औलियाओं की तो बात ही क्या, यहां इस दुर्गम स्थान पर मुसलमानों के अल्लाह और हिंदूओं के राम (सगुण राम) की पहुंच तक नहीं है। ये सब उरली ओर—इहलोक में—इस दुनिया में ही रह जाते हैं। परली (अक्षरातीत) ओर जाना इनके लिए भी संभव नहीं। वहां कबीर के राम (निर्गुण राम) का निवास है। उसी स्थान पर कबीर ने घर बना लिया है।

सुर नर मुनिजन औलिया, ये सब उरली तीर।
अलह राम का गम नहीं, तहं घर किया कबीर।।

कबीर ने अपने समय-समाज में देखा-भोगा कि नारी और शूद्र को वेद-पाठ से वंचित कर दिया गया है। भारतीय समाज का आधा हिस्सा—नारियां हैं। इन्हें वेद ज्ञान से बाहर कर दिया जाने से शेष आधा हिस्सा पुरुषों का बचा। इन पुरुषों में से भी शूद्रों को बाहर कर देने से यानी लगभग बीस प्रतिशत (बहुसंख्या होने से) कम कर देने पर शेष तीस प्रतिशत (पचास प्रतिशत में से बीस प्रतिशत घटाकर) बचे। इनमें क्षत्रिय दस प्रतिशत शस्त्र संचालनादि में और वैश्य (दस प्रतिशत) कृषि व्यापारादि में व्यस्त रहते हैं। शेष बचे कुल दस प्रतिशत ब्राह्मणों में भी सभी तो साक्षर नहीं होते। अधिक से अधिक वैदिक कर्म-कांड, अध्ययनादि में लगे एक या दो

प्रतिशत ब्राह्मणों ने अपने हाथों में पूरे समाज की नकेल थामकर क्षत्रिय तथा वैश्यों के सहयोग से वृहत्तर नारी और शूद्र वर्गों को अज्ञानता के गर्त्त में धकेल दिया। साक्षरता ही पर्याप्त नहीं होती, मनुष्य के लिए आत्मज्ञान ही पूरा ज्ञान होता है। इसी से मनुष्य पूरा मनुष्य बनता है। कुछ ब्राह्मण-वर्ग ने इस तरह पूरे समाज पर अपना शासनाधिकार सुरक्षित कर लिया। वर्चस्व स्थापित कर लिया। शेष पर अपनी मनमर्जी की छूट प्राप्त कर ली। इस जाति-वर्ण भेद के चलते पूरा भारतीय समाज पंगु बनकर रह गया। मजे की बात यह है कि वेद-ग्रंथों में कहीं भी नारी, शूद्र को वेद-ज्ञान से वंचित करने की बात नहीं लिखी गई। कुछ ऐसी ही स्थिति कबीर ने मुस्लिम समाज में भी देखी। कुछ मुल्ला वर्ग भी कुरान की आयतों को मात्र रटता और अनपढ़ भोले-भाले लोगों पर अपनी विद्वता का रौब गांठता अपने जीवन-व्यवहार में कुरान की शिक्षाओं को लागू नहीं करता। ऐसा पुस्तक-ज्ञान बिल्कुल निरर्थक है, किसी काम का नहीं—

काजी कौन कतेब बषानै
पढ़त पढ़त केते दिन बीते, गति एकौ नहिं जानै।

काज़ी-मुल्ला की इस तोतारटंत और जीवन में कुरान विरोधी आचारण को देखकर कबीर उनके प्रति भी कटु होते गए। मुस्लिम संप्रदाय में भी निम्न-निर्धन वर्ग की और नारियों की दुर्गति—उच्च वर्ग तथा पुरुष वर्ग के हाथों में देखकर कबीर आहत हुए। उन्होंने कहा मैं न हिंदू हूं, न मुसलमान हूं। दोनों से अपना संबंध तोड़ लिया। अंततः कबीर ने नया रास्ता निकालने का निर्णय लिया। ज्ञान का मार्ग जो अवरुद्ध कर दिया गया था, उसे पुनः सबके हित में, सबके लिए प्रशस्त करने का मार्ग खोला। सभी दलितों, उपेक्षितों, नारियों, शूद्रों, वंचितों के लिए व्यवहारिक, सरल, समझ में आने वाला ऐसा ज्ञान मार्ग स्थापित किया, जो इन सबकी पहुंच में हो। यह अक्षर-ज्ञान नहीं, बल्कि आत्म-ज्ञान का मार्ग था, आत्मवान बनाने का मार्ग था। आत्मवान व्यक्ति आर्थिक रूप में कमजोर होकर भी कमजोर नहीं रहता। वह सत्य का बल प्राप्त कर, चरित्रवान बन जाता है और धन-बल, सत्ता-शासन के बल पर अत्याचार करने वालों को ललकारता है, निर्भय, निर्द्वंद्व, निश्शंक तथा सच्चे अर्थों में वीर होता है, और आर्थिक दृष्टि से सम्पन्न, बलवान लोगों पर भी भारी पड़ता है। नारी और शूद्र और दलित लोग धर्म के इन ठेकेदारों की अनैतिकता, चरित्रहीनता, अमानवीयता को देख-समझकर स्वयं की स्थिति पर गर्व करें, अपने को उनसे श्रेष्ठ समझे, इसके लिए कबीर ने स्व-संवेद की स्थापना की। युगानुरूप नये वेद की

स्थापना की–

वेद हमारा भेद है, हम वेदन के मांहि।
जोन वेद में हम रहें, वेदौ जानत नांहि।।

हमारा वेद आपके वेद से भिन्न है। अलग है। इतना ही नहीं, हम अपने इन वेदों में समाए हुए हैं। ऐसा नहीं कि हमारे वेद हमसे पृथक हों। बल्कि हम तो अपने इन वेदों में रहते हैं। आचरण करते हैं। हम और हमारे वेद एकमेक हैं। इस स्थिति को आप ही क्या आपके वेद भी नहीं जानते। अन्यथा कबीर ने इस स्थिति से पूर्व कहा था–

पीछे लागा जाय था, लोक वेद के साथ।
आगे से गुरु मिलिया दीपक धरया हाथ।।

लोक और लोक-ज्ञान के अनुसार मैं जीवन व्यतीत कर रहा था किंतु आगे से आता हुआ गरु मिल गया, उस गरु ने वास्तविक ज्ञान का, आत्म-ज्ञान का दीपक मेरी हथेली पर धर दिया। मुझे वास्तविक ज्ञान का बोध हुआ। कबीर-वाणी में गुरु, सद्गुरु, शब्द ब्रह्म, अनहद, शून्य आदि शब्द प्रायः पर्यायवाची शब्द हैं। यहां यह तथ्य भी समझ लेना होगा कि कबीर तथाकथित वेदवादियों के विरुद्ध जरूर रहे हैं, किंतु 'वेद' के विरुद्ध नहीं रहे। वेद-परंपरा गुरु की स्थापना करती है और कबीर और बाद की समूची संत-परंपरा गुरु को सर्वोच्च स्थान और मान देती है। इतना ही नहीं वेद का शब्दकोशीय अर्थ ज्ञान है : संपूर्ण ज्ञान। और कहना न होगा कि ज्ञान को मानने वाले–ज्ञानमार्गी कहलाने वाले कबीर वेद-विरोधी कैसे हो सकते हैं? वेद-विरोधी होने का अर्थ है ज्ञान-विरोधी होना। राम-विरोधी होना। वेद-विरोधी होने के बाद कबीर दर्शन को समझने का कौन सा आधार शेष रहता है?

आज दलित राजनीति में, दलितों पर सहानुभूति जताने वाले कुछ समीक्षक अतिरिक्त उत्साह में कबीर को 'वेद-भंजक' मान रहे हैं। वे कबीर के विधायी, चिंतक के कद और दाय को अपने अल्प-ज्ञान के कारण छोटा बनाने पर तुले हैं। तोड़ना ही इन लोगों की समझ में बड़ा काम है, जबकि कबीर ने तोड़ा नहीं, नया बनाकर दिखाया। कबीर ने वेद-पुरान से अधिक, इनका दुरुपयोग करने वाले, इनकी शिक्षाओं के उलट आचरण करने वाले लोगों को अधिक कोसा है। उन्हें चरित्रहीन, अन्यायी, अत्याचारी और हिंसक माना है। वेद-पुराण को पढ़कर उसमें बताए मानवीय,

संवेदनीय, आचरण को यदि नहीं अपनाया तो ऐसा ही मानना होगा जैसे गधे के ऊपर चंदन का बोझ लदा हो। राम नाम का मर्म एवं गति—कि आत्मा रूप में राम हर कहीं रमा हुआ है, यदि नहीं जाना—तो कैसे इस भव-सागर से, इस जीवन से सफलतापूर्वक मुक्त हुआ जा सकता है—

वेद पुरान पढ़े का क्या गुनु, खर चन्दन जस भारा।
राम नाम की गति नहिं जानी, कैसे उतरसि पारा।।

यहां यह तथ्य ध्यान देने योग्य है कि कबीर ने वेद-पुराण को चंदन की लकड़ी से—लकड़ियों में सर्वश्रेष्ठ, सुगंधित, पावन लकड़ी की उपमा दी है। और वेद-पुराण के सार को न समझने वाले संवेदनाविहीन, जड़ लोगों को गधे की उपमा दी है। यहां यह भी जान लेना ज़रूरी है कि वेद से ही वेदना, संवेदना, संवेदनशीलता शब्दों का विकास हुआ है। जो साहित्यकार—कवि आज संवेदना और संवेदनशीलता शब्दों का व्यवहार युग-चेतना को रेखांकित करने के लिए करते हैं, किंतु 'वेद' शब्द से तमकते हैं या दूर भागते हैं, उन्हें अपनी समझ दुरुस्त कर लेनी चाहिए। शब्द को, उसके मूल उद्गम सहित अपनाना होता है, उद्गम को छोड़कर नहीं। अतः वेद को किसी जाति संप्रदाय की संपत्ति न मानकर, सृष्टि क्रम में उत्पन्न समूची मानव जाति के अर्जित ज्ञान—देह-मन-चेतना का तथा समूचा ब्रह्मांडीय ज्ञान मानकर चलना चाहिए। दूसरी ओर वेद-पुराण का पाखंडपूर्ण बखान करने वाले लोग अपने ही अधूरेपन के कारण उलझ-पुलझकर मर रहे हैं। वे लोग जगत का गुरु होने का घमंड पाले रहते हैं किंतु संत-साधु लोगों पर इनका बस नहीं चलता, प्रभाव नहीं पड़ता—

ब्राह्मण गुरु है जगत का, साधु का गुरु नाहिं।
उरझि-पुरझि करि मरि रह्या, चारिउ वेदां माहिं।।

वेदों का स्वार्थी उपयोग, उल्लेख एक बात है और उनके मर्म को जानकर—अनुभूत करना, संवेदनीय व्यवहार करना दूसरी बात है। अतः आज भी कमोबेश यही स्थिति देखने को मिल रही है। आत्मानुभव एवं आत्मानुभूति से विहीन कुछ लोगों ने वेद को धंधा बनाया हुआ है।

आचरणगत विरोधाभासों, विसंगतियों को देखते हुए ढोंगी व्यवहारों को लक्ष्य कर कबीर नें कुछ अति कटु बातें कहीं हैं—चारों वर्णों को। उन्होंने देखा कि समाज में चारों वर्णों के लोग जड़वादी, भौतिकवादी हुए जा रहे हैं। सत गुरु, ब्रह्म, राम आदि

से इन्हें न परिचय है, न वास्ता है, ऐसे लोगों के लिए कबीर की यह साखी–

बड़े ते गये बड़ापने, रोम रोम हंकार।
सत गुरु की परिचय बिना, चारों वरन चमार।।

स्पष्टतः कबीर ने 'चमार' शब्द का उल्लेख भौतिकवादी मानसिक सोच, आचरणगत प्रवृत्ति के रूप में किया है और पुनः परोक्ष रूप में सत गुरु–परम ब्रह्म की, शब्द-ब्रह्म की, वेद-ज्ञान की पुष्टि की है। इस ज्ञान से, चेतना से अनभिज्ञ व्यक्ति चारों वर्णों में से, किसी भी वर्ण का क्यों न हो, अर्थात ब्राह्मण, क्षत्रिय, वैश्य या शूद्र क्यों न हो, वह चमार है। चमड़ी तक सीमित उसके सरोकार और सोच हैं। अतः कबीर आत्मीयता को, मानवीयता और संवेदनीयता को पुनः पुष्ट करते हैं। वे इनकी संपुष्टि के लिए और आगे बढ़कर एक नये 'निरपेक्ष पंथ' की स्थापना करते हुए कहते हैं–

पछा पछी के कारने, सब जग रहा भुलान।
निरपछ हो के हरि भजै, सोई संत सुजान।।

लोग, समाज, देश दो धड़ों में बंटे हुए हैं। हमारे वर्तमान समाज में, विश्व में आज साफ-साफ दो पक्ष परस्पर घोर घृणा, शत्रुता के वशीभूत होकर–सभ्यता विभाजन की बात करते हैं। विश्वभर में आज आतंकवाद अपने विषैले प्रभावों से समूची मानवता के लिए खतरा बनता जा रहा है, तो इसके पीछे सभ्यता-विभाजन ही मूल कारण है। हरि यानी राम यानी ईश्वर-अल्ला का ध्यान किया जाए, आत्मीय दृष्टि से देखा जाए तो सारे संकट दूर हो जायें। धर्मों-मजहबों के बाहरी चिह्नों को मंदिर-मस्जिद आदि को छोड़कर अंतरात्मा की अनुभूति को अपनाने पर कबीर ने बल दिया है। क्योंकि कुछ लोगों ने वेद (ज्ञान) को अपनी संपत्ति मानकर शेष समाज–शूद्र और नारी को वेद-पाठ से वंचित कर दिया, इसलिए कबीर ने नया वेद रच डाला कि तुम अपना वेद अपने पास रखो। कबीर ने नया वेद समूची कबीर वाणी के रूप में रच डाला, जो सबके लिए सर्व सुलभ, सार्वभौम और सर्वव्यापक है। इसके माध्यम से सब हरि को प्राप्त कर सकते हैं। हरि के हो सकते हैं। यह वेद वेदवादियों के वेद से भी अधिक जीवंत, अनुभवगम्य, अति मानवीय वेद है, क्योंकि यह स्व-संवेद है, स्व-संवेद्य है! क्योंकि कबीर ने जिस वेद की रचना की है, वह किसी या किन्हीं शास्त्रों पर आधारित नहीं है। लोक-अनुभव और संवेदना और स्पंदन पर आकार ले

सका है। मानवीय संवेदना की धड़कनों और श्वासों से तपा-रचा है। ऐसे अनुभव के साक्ष्य को अपने में समाए हुए कबीर की पूरी नहीं आधी साखी ही पर्याप्त है—

बलिहारी वह दूध की, जामैं निकसे घीव।
आधी साखी कबीर की, चार वेद का जीव।।

कबीर ने, कहा जाना चाहिए कि एक बड़ी और विधायी लकीर खींच दी है, जिसके सामने कुछ वेदवादी (अहंकारी), कठमुल्ला—ब्राह्मण, मुल्ला स्वयमेव छोटे हो जाते हैं। अतः कबीर ने जो अनुभूत, संवेदित, स्पंदित वेद रचा है उसकी आधी साखी भी अतुलनीय है!

कबीर का संदेश

कबीर की वाणी को विद्वानों और कबीर के अनुयायियों ने अनूठी, अपूर्व, अभौतिक एवं पूर्ण कहा है। इसमें अवश्य ही अतिशयोक्ति हो सकती है, किंतु तथ्य उसे अनूठा ही सिद्ध करते हैं। क्योंकि उसमें मनुष्य की ही नहीं ब्रह्मांड की चिंता व्याप्त है, बिना किसी भी जैविक विभाजन के, तो समूचे जीवन की हर क्रिया, धड़कन और अनुभूति की गहराई को व्यक्त करने के लिए परिवेश से ही उदाहरण, साक्ष्य, दृष्टांत, प्रतीक एवं रूपक जुटाए गए हैं। जिस जगत को आज वैज्ञानिक खंडों में देखने के आदी हैं उसे कबीर संपूर्ण में देखते और दिखाते है। कहीं, किसी स्तर पर कोई विभाजन नहीं है। संपूर्ण ब्रह्मांड एक जैविक इकाई है। उनकी वाणी में यह अवधारणा मूर्त होकर सामने आती है–"यथा पिंडे तथा ब्रह्मांडे" या "यथा ब्रह्मांडे तथा पिंडे।" फिर कुछ शेष नहीं, विभाजित नहीं, विभिन्न नहीं रहता। कबीरपंथियों का तो यहां तक कहना है–

जेते पत्र बनसपती, औ गंगा की रैन।
पंडित बिचारा क्या कहै, कबीर कही मुख बैन।।

(बीजक साखी 261)

कबीर-बीजक में (पृ. 20-21 पर) एक घटना के अनुसार सिकंदर शाह लोदी ने कबीर की महिमा को सुनकर उनसे न्याय, व्याकरण आदि विभिन्न शास्त्रों पर अपना मत लिखने हेतु हजारों गाड़ियों में कागज भरकर भेजा तो कबीर ने केवल एक स्थान पर 'राम' शब्द लिखकर उन्हें वापिस भिजवा दिया। इस प्रकार केवल एक शब्द 'राम' को लिखने से सारा ज्ञान-विज्ञान, अध्यात्म-धर्म और धर्मों की व्याख्या उसी एक में समा गयी।

अतः जिसे आज वैज्ञानिक-विद्वान 'पर्यावरण' कहते हैं, कबीर की दृष्टि में वह ब्रह्मांड का ही अभिन्न एक पक्ष है, परिवेश है। पत्र, पुष्प, पत्ती हो या पशु, पक्षी,

पहाड़ हो या बूंद, कुआं, नदी-नद, बावड़ी समुद्र हो या धरती, आकाश, आकाश, नक्षत्र, सूरज चांद हो—कबीर के लिए सब ब्रह्ममय, चैतन्य इकाई के अंश हैं—

चौंसठि दीवा जोइ करि, चौदह चंदा मांहि।
तिहि घर किसकौ चांदना, जिहि घर गोबिंद नांहि।।

जैसे किसी घर में कोई चौंसठ दीपक जलाए और चंद्रमा अपनी चौदहों कलाओं से प्रकाशमान हो, परंतु यदि उसमें गोबिंद का, ब्रह्म का वास नहीं तो कितने ही उपाय करो वहां प्रकाश नहीं होगा। अंधेरा ही रहेगा।

मनुष्य के भीतर का पर्यावरण हो—मानसिक-आत्मिक आयामों का या बाहरी पर्यावरण हो—सांसारिक-भौतिक आयामों का—दोनों ही कबीर की वाणी में चिंता के विषय हैं। पेड़, पौधे, पत्तों में छः सौ वर्षों पूर्व प्राणतत्व के होने की, मनुष्यों की भांति सांस लेने, दुःख-सुख तथा पीड़ा मानने की अवधारणा कबीर ने व्यक्त की और उन्हें नष्ट न करने की बात कही। बकरी और पौधे के दृष्टांत के माध्यम से उन्होंने कहा—

बकरी पाती खात है, वाकि काढ़ी खाल।
जो नर बकरी खात हैं, तिनको कौन हवाल।।

अर्थात् बकरी पशु होने के कारण स्वाभाविक रूप में भी यदि किसी जीवित हरे-भरे पौधे से पत्तियों को खाती है तो इसकी बदौलत उसे अपनी खाल नुचवानी पड़ती है। किंतु मनुष्य, सोच-समझ-विवेक के रहते हुए बकरी को मारकर खाते हैं, उनकी क्या दशा हो सकती है, स्वयं ही अनुमान लगा लें। क्योंकि समूचा ब्रह्मांड ही एक पूर्ण इकाई है—ब्रह्ममय और चैतन्य है इस कारण जल की एक-एक बूंद भी चैतन्य जल के समान है; कबीर कहते हैं—

हेरत हेरत हे सखि, रहा कबीर हेराई।
बूंद समानी समुद में, सो कत हेरी जाई।।

भले ही मनुष्य के चैतन्य ज्ञान के महत्व को कबीर यहां प्रस्तुत कर रहे हैं कि आत्मज्ञान-सजग व्यक्ति पानी की उस बूंद की भांति है, जो देह का अंत हो जाने पर ब्रह्मजल से पूरित सागर में समा जाती है, उसे पुनः ढूंढ़ना असंभव होता है। इसी तथ्य को उलटकर कबीर ब्रह्मवेत्ता महापुरुषों के अध्यात्मप्रकाश तथा विराट चैतन्य

व्यक्तित्व को लक्ष्य करते हुए कहते हैं–

हेरत हेरत हे सखि, रहा कबीर हेराई।
बूंद समानी समुद में, सो कत हेरी जाई।।

अर्थात् कितना ही मैं खोजता रहा, खोजते-खोजते थक लिया, किंतु समूचा समुद्र ही बूंद में समा गया, उसे कैसे खोजा जा सकता है। समूची ब्रह्मचेतना को उपलब्ध संत लोग ऐसे ही धरती पर चलते-फिरते प्रेम रस के सागर हैं। गहन-गंभीर समुद्र हैं, अथाह हैं।

कबीर बादल प्रेम का, हम परि बरस्या आइ।
अंतरि भीगी आतमा, हरी भई बनराइ।।

कबीर कहते हैं कि सद्गुरु के बताए मार्ग पर चलने से प्रेम का बादल ही उमड़कर हमारे ऊपर बरसने लगा। हमारी आत्मा तो भीगी ही, जीवनरूपी वनराजि भी हरी हो गई। आत्मा प्रसन्न और आनंदित होने से रौंगटों पर भी प्रफुल्लता नाच गयी। क्योंकि हरि तो प्रेम का सागर है। इसलिए–

कबीर राम ध्याइ लै, जिभ्या सौं हरि मंत।
हरि सागर जिनि बीसरै, छीलर देखि अनंत।।

कबीर कहते हैं राम का नाम जीभ से मंत्र की भांति जप ले। प्रभु सागर के समान हैं। अन्य देवी-देवता आदि तो छिछले तालाब और पोखर के समान हैं। इनकी खातिर सागर जैसे असीम-अगाध प्रभु को मत भुला देना।

प्रेम की दशा के विपरीत विरह की दशा है। धरती पर और आकाश में, पेड़-पौधे, जीव-जंतु में विरह भी बड़ी पीड़ा उत्पन्न करती है। कबीर कहते हैं–

अंबर कुंजा कुरलियां, गरजि भरे सब ताल।
जिन ते गोबिंद बीछुटे, तिन कौ कौन हवाल।।

आकाश में क्रौंच पक्षी अपनी प्रिया की विरह-वेदना से रो रहा है। इस पीड़ा से

उसने सब तालाबों को भर दिया है। जब मात्र एक रात के वियोग से एक पक्षी की यह अवस्था हो जाती है, तो उस जीव का क्या हाल होगा, जो अनेक जन्मों से प्रभु से बिछुड़ा हुआ है।

क्रौंच पक्षी के रुदन को इतने मार्मिक शब्दों में व्यक्त करके कबीर ध्वनि और उसके प्रति हमारी संवेदना को जगाना चाहते हैं। हमारे पर्यावरण में आज जो प्रदूषण भरता जा रहा है उसके कई रूप और स्वर हैं। जल, वायु और ध्वनि आदि के प्रदूषण से हमारा पर्यावरण कितना नष्ट हो रहा है—इसका अहसास हमें उतना गहरा नहीं हो रहा, जितना गहरा होना चाहिए। क्रौंच पक्षी की विरह-वेदनामयी चीख-पुकार से पानी से भरे तालाब तक प्रति-स्पंदित हो रहे हैं। भर रहे हैं। मानवों के करुणा जल से भरे हुए तालाबरूपी मन स्पंदित-संवेदित नहीं हो रहे।

चकवा-चकवी के दृष्टांत से कबीर रात-दिन की, बिछुड़ने और मिलने की बात कहते हैं। विरहरूपी सर्प की बात कहते हैं कि इसके डसने से जो विष चढ़ता है उसे फिर कोई भी मंत्र उतार नहीं सकता।

जंगलों में लगी आग से कितना-कैसा विनाश होता है, और कैसा दृश्य उत्पन्न हो आता है। वृक्षों के जलने के 'सत्य' से बाहरी-भीतरी पर्यावरण की विभिन्न दशाओं को दर्शाते हुए कबीर कहते हैं—

आगे आगे दौ जलैं, पीछे हरिया होइ।
बलिहारी ता विरष की, जड़काटे, फल जोइ।।

मायारूपी वन बड़ा अद्भुत है, जब इसे जलाओ तो यह जैसे-जैसे आगे से जलता जाता है, वैसे-वैसे पीछे से हरा होता जाता है। माया को बनावटी उपायों से दबाया नहीं जा सकता। अवसर और सहारा पाकर दमित वासनाएं फिर से हरी-भरी हो जाती हैं। और यह अविद्या-मायारूपी वृक्ष भी ऐसा है कि इसे जड़ से काट दो तभी मुक्ति रूपी फल मिलताहै। ऐसे वृक्ष की बलिहारी हे। विरोधाभास अलंकार के माध्यम से 'हरियाली', 'आग', 'वृक्ष', 'जड़े', 'फल' आदि प्रतीकों के प्रयोग से कबीर अध्यात्म संसार के तथ्यों को उजागर कर रहे हैं। जैसे बाहरी अंधकार को हटाने के लिए हम दीपक जलाकर हथेली पर रखते हैं और तब चलते हैं। अंधेरा हटता जाता है और हमारा मार्ग रोशन होता जाता है। इस तथ्य से कबीर व्यक्ति के भीतरी अंधकार को मिटाने का दृष्टांत देते हुए कहते हैं—

पीछे लागा जाय था, लोक वेद के साथ।

आगे से गुरु मिलिया, दीपक धरया हाथ।।

मैं तो लोकधारणा एवं ज्ञान के अनुसार जीवनमार्ग पर चला जा रहा था कि आगे से आकर मेरा गुरु मिला, उसने आत्म-ज्ञान से प्रकाशित दीपक मेरी हथेली पर धर दिया। इससे मेरे भीतर का अंधकार भी मिट गया। वहां भी ब्रह्म का प्रकाश फैल गया और फिर ज्ञान से प्रकाशित इस मार्ग पर चलते रहने से अर्थात बाहर और भीतर–दोनों ओर की पहचान से–ब्रह्ममय जगत की सच्ची समझ विकसित होने से–सब जीवों को, पर्यावरण को, धरती, आकाश आदि को अभिन्न रूप में एक मानने और उसी के अनुरूप आचरण करने से क्या लाभ होता है, कबीर एक साखी में कहते हैं–

कबिरा मन निर्मल भया, जैसे गंगा नीर।
पीछे-पीछे हरि फिरे, कहत कबीर-कबीर।।

अब तो गंगा का पानी भी प्रदूषित हो गया है वरना गंगा के स्वच्छ, पवित्र और पारदर्शी जल से मन की निश्छलता, पवित्रता और पारदर्शिता की उपमा दी जाती थी, कबीर ने भी मानसिक प्रदूषण को मिटाने की बात कही है। मन निर्मल हो जाए मन–चाहे विषय-वासनाओं का हो या अहंकार, ईर्ष्या-द्वेष का उससे रहित होने पर परमात्मा के दर्शन होते ही होते हैं, बल्कि हरि भी ऐसे व्यक्ति के पीछे-पीछे डोलने लगते हैं। अर्थात् मन के साफ-पाक हो जाने पर परमात्मा से भी ऊपर उठ जाता है व्यक्ति। आंतरिक पर्यावरण स्वच्छ होने से भगवत्ता मिलती है तो बाहरी पर्यावरण साफ-स्वच्छ होने से धरती का जीवन स्वर्ग-तुल्य हो सकता है।

संतों की वाणियों की नयी व्याख्या क्या संभव है? यदि है तो किस आधार पर? और क्या वह आधार पूर्णतः नया है या पुरातन के ही किसी उस पक्ष पर बल देना है, जो पहले गौण रूप में विद्यमान और अलक्षित रहा है? सत्य-असत्य का और स्थिति-गति का आधार निर्गुण-निराकार का आधार भले ही सुविदित है। सत्य ही स्थिर है, और स्थिर ही सत्य है। या यों कहें कि असत्य ही इस जगत में अस्थिर है और जो अस्थिर है वह अवश्य ही असत्य है। और सत्य ही ब्रह्म है। ब्रह्म 'शब्द' में ज्योति बनकर समाया हुआ है। तथा शब्द ब्रह्म है। वेदांत की इन सुपरिचित धारणाओं के अनुसार ही ब्रह्म को सत्य और जगत को मिथ्या माना गया है। किंतु ब्रह्म को सत्य और जगत को भी सत्य का ही अंश मानकर अद्वैत की अवधारणा को संतों ने स्वीकार किया है और आगे बढ़ाया है। अद्वैतवादी अवधारणा वास्तव में सत्य

के साथ ही सतत विकसनशीलता की संस्थापक है।

कबीर ने सत, रज, तम तीन प्रकार बताए हैं ईश्वर के। ब्रह्मा, विष्णु, महेश के आधार पर निर्मित तीन रूप हैं–

रज गुन ब्रह्म तम गुन संकर सत गुन हरि सोई।
कहै कबीर राम रमि रहिये, हिन्दू तुरक न कोई।।

कबीर ने शुद्ध उपाधि को माया और अशुद्ध को अविद्या कहा है। अर्थात माया और अविद्या–दोनों को अलग-अलग पहचान दी है। माया के पाश में बंधा हुआ मनुष्य अविद्या द्वारा विमूढ़ित और भ्रमित होता है, तथा इस सारे जाल-जंजाल से मुक्त होने के केवल दो उपाय हैं–सतसंगति और भक्ति।

संगति भगति से बोधनि माया।

सतसंगति और भगति द्वारा ही आत्म सजगता, आत्मज्ञान एवं आत्मबोध प्राप्त होता है, अतः आत्मदर्शन ही जीव-मुक्ति का साधन है। अतः कबीर महान आत्मज्ञानी संत एवं आत्मयोगी, सक्रांत दृष्टा, मौलिक चिंतक एवं उद्धारक सिद्ध होते हैं।

मोक्ष-प्राप्ति के कई साधन हैं। इनमें कर्म, ज्ञान और भक्ति प्रमुख हैं। शरीर द्वारा की जाने वाली विभिन्न क्रियाओं को यदि प्रभु के लेखे लगा दिया जाए, प्रभु को समर्पित करके, संसार में रहते हुए भी की गई विभिन्न क्रियाएं भी कर्म में सम्मिलित हो जाती हैं और मुक्तिदायिनी बन जाती हैं। कर्म का संबंध वैसे तो संसार से है, किंतु संतों ने इस कर्म को योग से मिलाकर कर्मयोग की महत्ता दे दी है। बस करना यह होगा कि कर्म में से स्वार्थभाव को हटा लेना होगा। निष्काम कर्म ही कर्मयोग है। यही मोक्ष का द्वार बन जाता है।

ज्ञान भी मोक्ष-प्राप्ति का साधन है। ज्ञान से अभिप्राय आत्मज्ञानसे है। आत्मज्ञान–आत्म प्रकाश से सत्य का साक्षात्कार होता है। सत्य अक्षय आनंद का–परमानंद का रूप है। ज्ञान के द्वारा ही हम इसे समझ और पहचान पाते हैं, भारतीय लोग वेद को सर्वाधिक महत्व देते हैं। वेद का अर्थ ज्ञान है। अपने से इतर प्राणियों को, वनस्पति को आत्मवत मानना, उनकी पीड़ा को आत्मवत अनुभव करना–यह वेदविहित ज्ञान है। क्योंकि सारी सृष्टि का निर्माण जिस विधाता ने किया है, उसमें सबसे अधिक विकसित चेतना का प्राणी मनुष्य है, इसलिए समस्त

चराचर की संभाल का दायित्व भी इसी पर जाता है। वेद-वेदांग की यह ज्ञान-परंपरा वेदना-संवेदना-संवेदनीयता भारतीय मनीषा की वह धुरी है, जिस पर द्वैत-अद्वैत-विशिष्ट अद्वैत आदि के दार्शनिक सिद्धांत टिके हुए हैं। भले ही कितना ही कबीर को वेद विरोधी सिद्ध किया जाए, कबीर के दार्शनिक विचारों की मूल आधार-स्थली विशिष्ट अद्वैत ही सिद्ध होती है। गुरु-परंपरा की कसौटी ही इस तथ्य को प्रमाणित करने के लिए पर्याप्त है कि कबीर वेद-पोषक थे, विरोधी नहीं। ज्ञानमार्गी कबीर भला कैसे वेद (ज्ञान) विरोधी हो सकता है? और समूची भारतीय जाति ज्ञानोपासक है। विश्व में अकेली ज्ञानोपासक जाति आज ज्ञान की ओर पीठ देकर विभिन्न प्रकार के अंधकार से ग्रस्त है।

भारतीय समाज में जातिवादी व्यवस्था के साथ ही सामंतवादी व्यवस्था के विरुद्ध तो कबीर विद्रोही थे ही इसके अतिरिक्त रूढ़ियों-पाखंडों, आडंबरों-मिथ्याचारों के भी विध्वंसक थे। उन के चिंतन का मूल, मुख्य आधार अध्यात्म और ब्रह्म ही है। इस मूल आधारभूमि से हटाकर कबीर को न पूरी तरह समझा जा सकता है, न पूरा मूल्यांकन ही किया जा सकता है। कुछ आलोचक जिस प्रकार कबीर का आधा-अधूरा साक्षात्कार करते हैं, उसी तरह से लगभग वैसे ही राजनीतिक कारणों से दलितपंथी विचारक भी कबीर को उनके मूल आधार, ब्रह्म से, काटकर देखना-दिखाना चाह रहे हैं। बाहरी-भौतिक समानता पर ही उनका आग्रह है, जबकि पूरा व्यक्ति—देह-मन-आत्मा (चेतना) सहित, उनकी दृष्टि में नहीं तो पूरा कबीर भी नहीं, जबकि कबीर जब पूरे से परिचय की बात करते हैं तो वह ब्रह्म से परिचय की बात कर रहे होते हैं। किंतु यहीं ब्रह्म के नाम पर, तथाकथित उन ब्रह्मवादियों, वेदवादियों से कबीर पूर्णतः असहमत हैं जो वर्ण-वर्ग वाद के हिमायती रहे हैं। जिन्होंने मनुष्य मात्र को अपने भौतिक स्वार्थों के कारण पशुतुल्य बना दिया और हीन से हीनतर स्थितियों में पहुंचा दिया। कबीर पूरे से परिचय पाकर हर मनुष्य को भीतर-बाहर—आत्मिक-भौतिक दोनों प्रकार की समानता देने के पक्षधर हैं। किसी भी प्रकार के एकतरफा व्यवहार के विरोधी हैं कबीर। यह अधूरापन होगा, जो पहले मात्र 'धर्म' के नाम पर चलता रहा है तो आज मात्र समाज के या मात्र दलित के नाम पर चलाया जा रहा है। न पहले पूरे मनुष्य को उसकी पहचान दी गई और न आज दी जाने की विचारना दीख रही है। कबीर जीव-जंतु तक की संभाल और रक्षा की बात कहते हैं, तो मनुष्य-मनुष्य में आत्मिक-भौतिक स्तरों पर गैर-बराबरी कैसे सह सकते हैं? मात्र भौतिक स्तरों पर घटित क्रांतियां तो देखते-देखते बिखर गयी हैं, कबीर क्रांति में नहीं संक्रांति में विश्वास करते हैं, जो समाज सापेक्ष तो अवश्य हो, किंतु आत्म-अध्यात्म सापेक्ष भी अनिवार्य रूप में हो। इसे कबीरपंथी आचार्य गृंध मुनीनाम साहब ने

आध्यात्मिक समाजवाद कहा है।

आज मनुष्य को धर्म नहीं धार्मिकता चाहिए। धर्म अपने बाहरी चिह्नों-मंदिर, मस्जिद, गिरजा की खातिर लड़वा रहा है। जबकि धर्म की आंतरिक, अनुभूति संवेदना हमें परस्पर जोड़ती है। गांधी इन्हीं अर्थों में रामराज्य की जरूरत पर बल देते हैं, उसे आदर्श राज्य मानते हैं। धर्म का बाहरीपन धर्मांधता उत्पन्न करता है, जबकि धार्मिकता-आध्यात्मिकता मनुष्य ही नहीं जीव मात्र और प्राकृतिक परिवेश के प्रति भी हमें संवेद्य बनाती है।

ऐसे में संतों में संत कबीर अपनी अद्वितीयता के साथ हमारा ध्यान आकृष्ट करते हैं। उनकी वाणी परंपरागत सभी बनी-बनाई विभाजक हदों को मिटाती है तो मानवीय संवेदना के मूल उत्स से हमें जोड़कर अखुट संवेदनीयता से भर देती है, पूरे परिवेश के प्रति संवेदित करती है, मनुष्य होने की तमीज पैदा करती है। हमें हमारा मूल स्वरूप याद दिलाती है। श्रेष्ठ मनुष्य बनने के सबक हमारे सामने रखती है ताकि हम अपना आपा पुनः याद करके अपने को और अपनी दुनिया को संभालें। कबीर इन अर्थों में औलिया हैं, मसीहा हैं, क्रांतिचेता हैं। रक्षक और उद्धारक हैं।

प्रेम-दीवानी मीरांबाई का जीवन

भारतीय संत परंपरा में मीरां का नाम बड़े आदर-भाव से लिया जाता है। महिला संत होने के कारण जहां संतों-भक्तों में वह अत्याधिक आदर और मान प्राप्त कर पाई, वहीं उसके समकालीन समाज में उसके व्यक्तित्व और चरित्र को लेकर उतना प्रभाव नहीं देखा जाता। इसका एक कारण तो उसका राजघराने से संबंधित होना और राजघराने द्वारा उसके विरक्त-रूप का विरोध था तो दूसरा कारण तत्कालीन सामंती समाज-व्यवस्था एवं मूल्यों के कारण एक नारी का उन्मुक्त रूप से संतों की संगति में उठना-बैठना-घूमना पसंद न किया जाना था।

मीरां का जन्म संवत् 1515 (सन् 1498 ई.) में हुआ माना जाता है। कुड़की नामक ग्राम में जन्मी मीरां की माता का देहांत तब हो गया, जब वह केवल दो वर्ष की बालिका थी। मीरां के दादा राव दूदा मेड़ता के नरेश थे। उनके छोटे बेटे रतनसिंह की पुत्री थी मीरां। रतनसिंह बारह छोटे शहरों और ग्रामों के सरदार थे। मीरां की माता के देहांत के उपरांत मीरां के दादा राव दूदा उसे मेड़ता में अपने पास ले आए और उसका पालन-पोषण इन्हीं के देखरेख में होने लगा। उसके दादा राव दूदा बड़े धार्मिक स्वभाव के व्यक्ति थे। वह भगवान चतुर्भुज के उपासक थे। उन्होंने चतुर्भुज भगवान का भव्य मंदिर भी बनवाया था। अतः स्वाभाविक ही परिवार का झुकाव धर्म-भावनाओं की ओर था। फिर उनके घर साधु-संतों का आना भी लगा रहता। कहते हैं, जब मीरां की माता जीवित थी एक बार एक साधु उनके घर आया। उनके पास गोपाल कृष्ण की एक अति सुंदर, आकर्षक मूर्ति देख मीरां उसे लेने के लिए मचल उठी। साधु सहज ही उस मूर्ति को देना नहीं चाहता था। इधर मीरां की हठ कि वह खाना-पीना ही छोड़ बैठी। साधु वहां से चला तो गया किंतु मीरां की बाल-हठ देख पुनः लौटकर आना पड़ा। उसने वह मूर्ति मीरां को दे दी। यही कृष्ण-प्रेम का बीज बाद में पल्लवित-पुष्पित हुआ और मीरां, मीरां कहलाई। बालपन की ही एक अन्य घटना के अनुसार एक बारात देख मीरां भी पूछ बैठी, मेरा वह कौन है? मां ने कृष्ण-मूर्ति की ओर संकेत कर दिया। तब से मीरां कृष्ण-प्रेम की दीवानी हो गई। मीरां को सपने

में भी कृष्ण के दर्शन होने लगे, जिसका उल्लेख मीरां के पदों में भी मिलता है–

माइ री म्हांने सुपने में परण गयो गोपाल।
राती पीरी चूनर पहरी, महंदी पान रसाल।
कांइ करां और संग भंवर, म्हांने जग जंजाल।
मीरा प्रभु गिरधरन लालसूं, करी सगाई हाल।

मीरां की शिक्षा-दीक्षा दादा की देखरेख में चलती रही। यहीं पर दूदा जी के बड़े पुत्र वीरमदेव जी का एक पुत्र जयमल भी रहता था। मीरां और जयमल, दोनों को ही दूदा जी का स्नेह और धार्मिक संस्कार प्राप्त हुए। दोनों की प्राथमिक शिक्षा भी उन्हीं की छत्रछाया में हुई। राजवंश की परंपरा के अनुसार मीरां को वेद, पुराण आदि धार्मिक ग्रंथों की तथा संगीत की शिक्षा के साथ ही तलवार चलाने, घुड़सवारी करने आदि की शिक्षा भी दी गई। मीरां का धार्मिक दृष्टिकोण उदार हो गया और वह साहसी, दृढ़निश्चयी, मृदुभाषिणी एवं सहृदय भी बन गई। वह अत्यधिक आकर्षक एवं रूपवती थी। अतः मीरां के उक्त गुणों की चर्चा सुनकर मेवाड़ के नरेश राणा संग्राम सिंह ने अपने बड़े पुत्र युवराज भोजराज के साथ विवाह का प्रस्ताव मीरां के दादा के पास भेजा। उन्होंने इसे सहर्ष स्वीकार कर लिया। सगाई की रस्म धूमधाम से की गई और चित्तौड़ एवं मेड़ता में खूब खुशियां मनाई गई। किंतु राव दूदा कुछ ही महीनों बाद मृत्यु को प्राप्त हुए। माता की मृत्यु के समय मीरां बहुत छोटी थी, इसलिए उनकी मृत्यु पर इतना आघात न लगा, किंतु माता और पिता दोनों का प्यार देने वाले दादा के देहांत पर गहरा आघात लगा। मीरां के पिता प्रायः युद्धों में व्यस्त रहते। सन् 1516 ई. में, अठारह वर्ष की आयु में मीरां का विवाह उसके चाचा वीरमदेव ने कर दिया। वीरमदेव भी मीरां से बहुत स्नेह करते थे। अतः उन्होंने दहेज में वस्त्र आभूषणों आदि के साथ कई गांव भी दिए। उधर राणा सांगा ने भी नववधू को बड़े स्नेह-सम्मान से अपनाया। बहुमूल्य अलंकारों के साथ कई ग्रामों की आय भी मीरां के नाम कर दी। मीरां के प्रति भोजराज युद्धों में अपनी वीरता से यश प्राप्त कर चुके थे। उनका दांपत्य जीवन सुखपूर्वक चल रहा था, किंतु सन् 1525-26 ई. में हुए युद्ध में भोजराज की मृत्यु हो गई। मीरां को गहरा मानसिक आघात लगा। इतना ही नहीं पति की मृत्यु के छः महीने बाद ही सन् 1527 ई. में खानवा की लड़ाई में राणा सांगा की ओर से बाबर से लड़ते हुए मीरां के पिता का स्वर्गवास हो गया। नियति को अभी और आघात देने थे। राणा सांगा भी लड़ाई में गंभीर रूप से घायल हो गए। कुछ महीनों तक उनका उपचार होता रहा। फिर कुछ षड्यंत्रकारी सामंतों

द्वारा जहर दे दिए जाने पर उनका भी देहांत हो गया। इन लगातार आघातों ने स्नेहीजनों को, आत्मीयों को, मीरां से छीन लिया। इन झटकों से मीरां को सारा संसार और सांसारिक जीवन निःसार लगने लगा। भक्ति की ओर झुकाव और भी अधिक हो गया। विरक्ति की भावना ने घेर लिया—

कोन करे जंजाल, जग में जीवन थोरो।
झूठी रे काया रे झूठी रे माया, झूठो सब संसार।

कहते हैं मीरां जब विवाह के बाद मेवाड़ आई तो अपने इष्ट गोपाल कृष्ण की मूर्ति भी साथ ले आई थी। भोजराज के जीवित रहते ही मीरां कृष्ण उपासना सतत् किया करती। अतः विधवा होने के उपरांत और कई मानसिक आघात खाने के बाद मीरां के अंदर अलौकिक प्रेम और भक्ति-भावना और भी अधिक गहरी हो गई। वह सदा भगवद्भजन में मग्न रहती। साधु-संतों के आने पर उनका आदर-सत्कार बड़ी भावनापूर्ण रीति से करती। भगवान् के दर्शनों के लिए प्रायः बाहर के मंदिर में जाती और प्रेमभाव में भरकर नाचने लगती। पैरों में घुंघरू, हाथों में करताल लिए तन्मय होकर नृत्य करते वह राजघराने की मर्यादा एवं लोकलाज की, रानियों के लिए चली आती परिपाटियों को भी त्याग देती। इस तरह के भाव मीरां ने अपने पदों में भी पिरोए हैं—

माई सांवरे रंग राची।
साज सिंगार बांध पग घंघरू, लोकलाज तज नाची।
गयां कुमत लयां साधां संगत, स्याम प्रीत जग सांची।
गायां गायां हरि गुण निसिदिन, काल व्याल री बांची।
स्याम बिना जग खारां लागां, जगरी बातां कांची।
मीरां सिरि गिरधर नट नागर, भगति रसीली जांची।

सांवरे कृष्ण के रंग में रंगी हुई मीरां जब पैरों में घुंघरू बांधकर नाची, साधुओं की संगत में स्याम से सच्ची प्रीत की, तब मृत्युरूपी सर्प के दंश से भी बच निकली और जगत की कच्ची बातों को भी नकार पाई। मधुरा-भक्ति के रसीले आनंद का आस्वादन भी किया।

मीरां की ख्याति बढ़ने लगी। दूर-दूर से लोग मीरां के दर्शनों को आने लगे। 'चौरासी वैष्णवों की वार्ता' के आधार पर यह भी प्रसिद्ध है कि मीरां के पास सत्संग

करने वल्लभ संप्रदाय के विद्वान् गोबिंद दुबे तथा कृष्णदास शूद्र भी आए थे। लोक-प्रसिद्धि तो यहां तक है कि बादशाह अकबर और महान् गायक तानसेन भी मीरां के दर्शन-भेंट करने पहुंचे थे तथा धर्म-चर्चा भी की थी। यह तथ्य ऐतिहासिक रूप से भले ही प्रमाणित न हो सके किंतु मीरां के लोक-चित्त में पड़े प्रभाव को तो सूचित करता ही है।

राणा सांगा सन् 1529 ई. में स्वर्ग सिधार गए। उसके बाद गद्दी पर बैठे महाराणा रत्नसिंह ने मीरां को कोई कष्ट दिया हो, ऐसा पता नहीं चलता, किंतु उनकी हत्या के उपरांत उनके छोटे भाई महाराणा विक्रमजीत सिंह ने मीरां को जान से मारने के कई प्रयास किए। भोजराज की बहन और मीरां की ननद ऊदाबाई ने भी मीरां को सुधारने का कार्य अपने ऊपर लिया तथा इस क्रम में मीरां से द्वेष तथा घृणा-भाव के कारण उसे बदनाम करने, तरह-तरह के लांछन लगाने में कोई कमी नहीं छोड़ी। विक्रमजीत सिंह ने विष का प्याला मीरां के पास भेजा, यह कहकर कि यह चरणामृत है, इसे पी लो। मीरां इस धोखे को जानती थी, फिर भी कृष्ण के नाम का अमृत मानकर पी गई–

राणा जी थे जहर दियो म्हे जाणी।
जैसे कंचन दहत अगिन में, निकसत वारावाणी।
लोकलाज कुलकाण जगत की, दइ बहाय जस पाणी।
अपनो घर का परदा कर ले, मैं अबला बौराणी।
तरकस तीर लग्यो मेरे हियरे, गरक गयो सनकाणी।
सब संतन पर तन मन वारों, चरण कंवल लपटाणी।
मीरां के प्रभु राखि लई है, दासी अपणी जाणी।

जहर के प्याले का असर मीरां पर नहीं हुआ, तब राणा ने पिटारी में बंद करके सांप भेजा, ताकि मीरां पिटारी खोले तो सांप के डसने से उसका प्राणांत हो जाए किंतु नहा-धोकर जब शृंगार करने के लिए उसने पिटारी खोली तो सांप सालिगराम बन गया–

मीरां मगन भई हरि के गुण गाय।
सांप पिटारा राणा भेज्या, मीरां हाथ दियो जाय।
न्याह धोय जब देखण लागी, सालिगराम गई पाय।

कहते हैं कि विक्रमजीत के दीवान बीजावर्गी जाति के महाजन ने मीरां को राणा द्वारा भेजा गया जहर का प्याला दिया था। इस कृत्य के लिए मीरांबाई का श्राप बीजवर्गी जाति को आज तक लगा हुआ है और वे लोग मानते हैं कि इस श्रापवश उनकी संतानों की और धन-दौलत की उन्नति नहीं होती।

मीरां के गुरु को लेकर भी यह प्रसिद्ध है कि मीरांबाई के गुरु रैदास हैं, किंतु विद्वानों, शोधकर्ताओं ने अंततः यह निष्कर्ष निकाला कि क्योंकि रैदास मीरां के पूर्व हुए हैं, अतः कोई रैदासी संत मीरां के गुरु हो सकते हैं। मीरां के पदों में स्पष्ट उल्लेख आता है रैदास का। संभवतः भ्रम का एक आधार यह भी बनता है कि नाभादास जी ने अपने ग्रंथ 'भक्तमाल' में रैदास का मीरां के गुरु होने का उल्लेख नहीं किया है। हां, यह एक तथ्य हो सकता है इस प्रसिद्धि का, क्योंकि चित्तौड़ के महाराणा कुंभा जी की चित्तौड़ की झाली रानी के गुरु रैदास अवश्य थे। जो भी हो, मीरां ने भी अन्य संतों कबीर आदि की भांति गुरु की महत्ता के पद गाए हैं। गुरु के शब्द-बाण से कबीर भी बिंधे थे, मीरां भी बिंधी है–

भर मारी रे बानां, मेरे सतगुरु बिरह लगाय के।
पांवन पंगा कानन बहिरा, सूझत नांही नैना।
खड़ी-खड़ी रे पंथ निहारूं, मरम न कोई जाना।
सतगुरु औषध ऐसी दीन्हीं, रूम रूम भई चैना।
सतगुरु जस्या बैद न कोई, पूछो बेद पुराना।
मीरां के प्रभु गिरधर नागर, अमर लोक में रहना।

गुरु ने शब्दरूपी बाण मारकर हृदय में विरह जगा दिया है। अब पांवों से चलना, कानों से सुनना और आंखों से देखना दूभर हो गया है। अब केवल प्रियतम का मार्ग जोहने के अतिरिक्त कोई उपाय नहीं है। सतगुरु ने ही कृपा करके इस रोग की औषध दी है, जिससे रोम-रोम में चैन पड़ गया है। संसार की ज्वाला से तप्त तन-मन में शीतलता आ गई है।

सन् 1534 ई. के अंत में मीरां ने मेवाड़ छोड़ दिया था। सन् 1532 ई. और सन् 1535 ई. में मेवाड़ पर दो भारी आक्रमण हुए। सन् 1536 ई. के आक्रमण में तो महाराणा की माता कर्मवती देवी तक को प्राणों की आहुति देनी पड़ी। गुजरात के बादशाह बहादुरशाह का चित्तौड़ पर अधिकार हो गया था। इससे पूर्व ही मीरां मेवाड़ छोड़कर अपने मायके मेड़ता में अपने चाचा वीरमदेव जी के बुलाने पर आ गई थी। यहां मीरां का स्वागत हुआ। वह पूजा-पाठ, भजन-कीर्तन में निमग्न रहने लगी। किंतु

यहां धर्म के बाहरी रूपों-पद्धतियों को ही धर्म मानने वाले, रूढ़िवादी पंडितों के साथ मीरां का वैचारिक संघर्ष भी उभरने लगा। मात्र बाहरी क्रियाओं, तीर्थयात्रा, उपवास आदि को कट्टरता से धर्म मानने-मनवाने वालों, कर्मकांडी पंडितों से मत-भिन्नता के कारण मीरां का विरोध होने लगा। मीरां का एक पद इस ओर स्पष्ट उल्लेख करता है। उसके ये तर्क संत कबीर जैसे हैं—

साधन करना चाही रे मनवा, भजन करना चाही।
प्रेम लगाना चाही रे मनवा, प्रीत करना चाही।
नित नहान से हरि मिलें, तो मैं जल जंतु होई।
फल फल खाये हरि मिलें, तो मैं बानर बंदर होई।
तृण भाखण से हरि मिलें, तो बहुतहि मिले अजा।
तुलसी पूजें हरि मिलें, तो मैं पूजूं तुलसी झाड़।
पत्थर पूजें हरि मिलें, तो मैं पूजूं पहाड़।
दूध पिये ते हरि मिलें, तो बहुत हैं भक्ति वाला।
मीरां कहे बिन प्रेम के, नहिं मिलें नन्द लाला।

अर्थात् परमात्म की प्राप्ति के लिए भजना करना चाहिए। भगवान् से प्रीतिपूर्वक अपना मन लगाना चाहिए। केवल व्रत रखकर फलादि खाने, तुलसी पत्थर आदि की मात्र पूजा करने आदि बाहरी क्रियाएं दोहराते-करते रहने से नंदलाल कृष्ण मिलने वाले नहीं। परमात्म-प्राप्ति के लिए सच्चे प्रेम की लगन होना अनिवार्य है। कहना न होगा कि मीरां के इस प्रकार के कथनों से निर्गुण ब्रह्म की उपासना के विचारों से कट्टर सगुणवादियों की मान्यताओं पर कठोर प्रहार हुए। वे तिलमिला उठे, मीरां के विरोधी हो गए। उस समय उनका पूरे राजस्थान पर प्रभाव था। सामान्य जन भी उन्हीं के विचारों में रंगे हुए थे। धर्म-नेताओं, सामंतों, प्रमुख जन-नेताओं और युद्धों की विभीषिकाओं में शत्रुता और अशांति एवं विरोधपूर्ण वातावरण को मीरां ने एक दिन चुपचाप, बिना किसी पूर्व सूचना के छोड़ दिया।

मेवाड़ छोड़ने के बाद मीरां वृंदावन गई। वहां उसे धार्मिक शांतिपूर्ण वातावरण मिला। वहां मीरां जीव गोस्वामी से मिली। वहां भी मीरां अधिक समय नहीं रुकी। कहते हैं कि जीव गोस्वामी ने मीरां से इस कारण मिलने से इंकार कर दिया था कि वह नारियों से नहीं मिलते। मीरां ने संदेशा भेजा कि गोपी भावना के अनुसार मैं समझती थी कि वृंदावन में केवल एक ही पुरुष है—कृष्ण। शेष सब गोपियां हैं। किंतु एक और भी पुरुष है वृंदावन में, यह हैरानी की बात है। कहते हैं, इतना सुनकर

जीव गोस्वामी तुरंत बाहर आए और मीरां का स्वागत किया। हाथ जोड़कर अभिवादन किया। किंतु मीरां वृंदावन के परिवेश को भी छोड़कर गुजरात की यात्रा पर निकल गई। यहां मीरां पर्याप्त समय रही। 38 वर्ष के लगभग उसकी उम्र हो चुकी थी। आंतरिक अनुभव और आत्म-ज्ञान का प्रकाश मीरां को प्रौढ़ विचारों की दृढ़ता दे रहा था। वहां मीरां ने गुजराती भाषा में भी अनेक पदों की रचना की, जो गुजराती साहित्य की अमूल्य निधि हैं। मीरां को गुजरात के श्रेष्ठ संत कवियों में माना जाता है।

मीरां की लोकप्रियता राजस्थान में भी अब बढ़ चली थी। मीरां के वहां से चले जाने पर लोगों में पश्चाताप था। विशेषकर चित्तौड़ की स्थिति बड़ी करुणापूर्ण थी। राणा विक्रम को सामंतों ने फिर गद्दी पर बैठा दिया था, किंतु एक ही वर्ष में उसके चचेरे भाई बनवारी ने उसे मारकर गद्दी हथिया ली। सन् 1537 ई. से सन् 1540 ई. तक वह राजा रहा। फिर राणा सांगा के सबसे छोटे पुत्र और मीरां के देवर ने कुछ राजभक्त सामंतों की सहायता से बनवारी को गद्दी छोड़कर भागने को विवश कर दिया। इस प्रकार बनवारी की दुष्टताओं से प्रजा को राहत मिली, किंतु निम्न परिवारों के दबे-कुचले, युद्धों में उजड़े एवं बर्बाद लोग गहरे मानसिक संताप में मीरां को याद करके, उसके प्रति किए गए अत्याचारों का ही इसे परिणाम मानने लगे, इसे मीरां का श्राप मानने लगे। वे लोग मीरां के पद गाते और सोचते कि मीरां को गुजरात से वापस राजस्थान-चित्तौड़ में लाया जाए। किंतु मीरां तो द्वारिका धाम में रणछोड़ जी के मंदिर में मग्न होकर भक्ति में लीन थी। कहते हैं, मेड़ता और मेवाड़ के ब्राह्मणों को द्वारिका भेजा गया कि वे किसी प्रकार मीरां को अवश्य वापस लेकर आएं। अतः वे वहां गए। उन्होंने बहुत हठ किया, धरना भी दिया कि मीरां वापस चलें। कहते हैं, मीरां मंदिर के भीतर गई। रणछोड़ जी से आज्ञा लेकर मीरां वहां से गायब हो गई। पुजारियों ने दूसरे दिन मंदिर के द्वार खोले तो मीरां वहां नहीं थी। केवल उसकी ओढ़नी मूर्ति के हाथ में लटकी हुई मिली। पंडितों-पुजारियों ने यह मान लिया कि मीरां तो कृष्ण की मूर्ति में समा गई है। यह घटना सन् 1546 ई. की मानी जाती है। किंतु कुछ विद्वानों का विश्वास है कि मीरांबाई उसके बाद भी विद्यमान रही। सन् 1546 ई. में मीरां 48 वर्ष की थी। किंतु उसके पदों में ही वर्णन है जहां वह कहती है कि वह अब वृद्ध हो चुकी है। उसके केश सफेद हो आए हैं। इससे अनुमान लगता है कि मीरां ने पूरी अवस्था प्राप्त की थी। ऐसे विद्वानों के कथनानुसार मीरां सन् 1563 ई. से सन् 1573 ई. के मध्य तक जीवित रही। वह द्वारिका से चलकर उत्तर भारत में आई और कई स्थानों पर घूम-घूमकर प्रेम का संदेश देती रही। यही कारण है कि तब के संयुक्त पंजाब में मीरां के गीतों का बहुत गहरा प्रभाव पड़ा। घर-घर में मीरां के गीत गाए जाते हैं। क्योंकि मीरां के पदों में प्रेम और विरह की

अनूठी अनुभूतियां पिरोई हुई हैं, जो प्रत्येक व्यक्ति को अपनी ही पीड़ा और वेदना का अहसास कराती हैं–

हे री मैं तो प्रेम दिवानी, मेरो दरद न जाने कोय।
सूली ऊपर सेज हमारी, सोवण किस विध होय।
गगन मंडल पर सेज पिया की, किस विध मिलणा होय।
घायल की गति घायल ज़ाने, या जिन लाई होय।
दरद की मारी बन-बन डोलूं, बैद मिल्या नहिं कोय।
मीरां के प्रभु पीर मिटेगी, जब बैद सांवलिया होय।

मीरां कहती है, मैं कृष्ण के प्रेम की दीवानी हो गई हूं। मेरी वेदना की थाह कोई नहीं जानता। विरह की विकट दशा में मेरी सेज भी मुझे सूली के समान पीड़ादायक, मृत्यु-समान लगती है। अतः नींद कैसे आ सकती है। दूसरी ओर पिया की सेज गगन-मंडल में है, जहां जाना मेरे लिए संभव नहीं है। ऐसे में मुझे जो मर्मांतक घाव मिला है, उसे कोई मेरे जैसा घायल ही समझ सकता है, जिसने प्रभु से प्रीत जोड़ी हो। विहर-वेदना को लेकर बावरी बनी जगह-जगह भटकती फिर रही हूं, कोई वैद्य नहीं मिला, जो इस रोग का उपचार कर सके। और मीरां स्वयं ही उत्तर भी देती है कि मेरी इस पीड़ा का शमन तभी संभव है, जब स्वयं सांवलिया कृष्ण वैद्य बनकर उपचार करे। एक अन्य पद में मीरां कहती है कि यदि मुझे पता होता कि प्रेम करने से ऐसा दुसह दुःख होता है तो मैं मुनादी करवाकर सबको चेता देती–

जो मैं ऐसो जाणती रे के प्रीत कियां दुःख होय।
नगर ढंढोरा फेरती रे प्रीत करो मत कोय।।

मीरां ने प्रेम और विरह का बड़ा मानवीय और मार्मिक चित्रण किया है। एक पद में वह कहती है कि प्रियतम की मनोहारी छवि मेरे हृदय में गहरे में बिंध गई है। उसके बिना भी मेरे प्राण नहीं बचने वाले, क्योंकि वही मेरे जीवन की रक्षा करने वाली मूल जड़ी है। वही विरह-ताप हरने वाली औषधि है। मीरां कहती है कि मैंने कृष्ण के हाथों प्रेम में सब कुछ गंवा दिया है। अब बिलकुल विवश हूं, किंतु लोग कहते हैं, मैं बिगड़ गई हूं, चरित्रहीन हो गई हूं। मेरे नेत्रों को उस प्रिय की मूर्ति को देखते, देखते रहने की आदत पड़ गई है। उसे देखे बिना चैन ही नहीं पड़ता। अतः मेरे प्रिय पति, मेरे मालिक ने मुझे दर्शन दिए हैं, अपनी झलक दिखाई है–

चित चढ़ी मेरे माधुरी मूरत, उर विच आन पड़ी।
कैसे प्राण पिया बिन राखूं, जीवन मूर जड़ी।
मीरां प्रभु के हाथ बिकानी लोग कहें बिगड़ी।
नैना मोरे बान पड़ी, सांईं मोहि दरस दिखाई।

मीरां अपने प्रेम की गहराई, विरह की तड़प के साथ ही आत्मानंद का उल्लेख भी करती है। वह कहती है, लोग कहते हैं कि मीरां दीवानी हो गई है, पगला गई है, किंतु मैं क्या करूं मेरे पास इसका कोई उत्तर ही नहीं, कोई चारा ही नहीं। वह तो देह-रूपी मंदिर में ढोलक बजाकर—नाद ब्रह्म में डूबकर राम-नाम गाने में आनंद पा रही है। जैसे मिट्टी का घड़ा टूट जाने से उसमें भरा हुआ पानी बिखर जाता है, उसी प्रकार उसकी, मीरां की, आत्मा शरीर के मृत्तिकाधर्मी बंधनों से मुक्त होकर भीतर के मंडलों में पक्षी की भांति उड़कर पहुंच गई है। अब शरीर उसे व्यर्थ लगता है। जब मीरां अपने सतगुरु के चरणों में स्थान पा गई है। वह तो सनाथ होकर रानी बन गई है। उसकी वाणी जगह-जगह फैल गई है और गाई जाती है—

मीरां हो गईदीवानी, मैं कैसी करूं रे।
अपने मंदिर में ढोलक बजावे,
ढोलक के नाद में राम नाम गावे।
फूट गया कलसा बिखर गया पाणी,
उड़ गया हंसा ये काया बिरानी।
हाट बजार में मीरां की जानी,
सद्गुरु के चरणों में मीरांबाई राणी।।

और अंततः इस प्रेम-दीवानी मीरां को उसका प्रियतम मिल गया। विरह की पीड़ा का शमन हुआ। इस प्रकार सच्चा प्रभु-प्रेम भक्ति को सच्चा और मजबूत बनाता है। एक पद में मीरां प्रियतम से मिलाप के आनंद का बड़ा ही भावनापूर्ण वर्णन करती है। क्योंकि उसका साजन घर आ गया है। वह रतन आदि बहुमूल्य धन उस पर वार कर लुटा देना चाहती है। उसकी आरती उतारना चाहती है। प्रिय का संदेश मिला। उसका वह अत्यधिक सम्मान करती है। पांच सखी अर्थात् पांचों इंद्रियां मिलकर मंगल गीत गा रही हैं। आज इस बेला में जो आनंद उसे मिल रहा है, वह उसके देह-अंगों में समा नहीं पा रहा। हरि रूपी सागर से स्नेह का वार-पार नहीं है। उसकी आत्मा रूपी बूंद परमात्मा रूपी समुद्र में समाकर समुद्र हो गई है। आज मीरां

के घर-आंगन में दूध की वर्षा हो रही है। उसकी सभी मनोकामनाएं पूर्ण हो गई हैं—

सहेलियां साजन घर आया हो।
बहोत दिनां की जोवती, बिरहिन पिव पाया हो।
रतन करूं नेछावरी ले आरति साजूं हो।
पिव का दिया सनेहड़ा, ताहि बहोत निवाजूं हो।
पांच सखी इकठी भई, मिलि मंगल गावै हो।
पिय की रली बधावणा, आनंद अंग न मावै हो।
हरि सागर सूं नेहरो, नैणां बंध्या सनेह हो।
मीरां सखी के आंगणै, दूधां बूठा मेह हो।

इस प्रकार मीरां अपने प्रियतम गिरधर को प्राप्त करके आनंद में विभोर होकर नाचती है। वह अकेली नहीं, उसकी पांचों सहेलियां, पांचों इंद्रियां एवं आत्मा भी नृत्यरत हैं। मीरां की आत्म-ज्योति परमात्म-ज्योति में विलीन हो गई, जैसे जल की बूंद सागर में विलीन हो जाती है। यह परम आनंद का, मुक्ति का पर्व है। मीरां इस महापर्व में आनंदमग्न हो दीवानों की तरह नृत्यरत है।

आधुनिक संदर्भ में मीरांबाई

अध्यात्म-लोकवातायन से मीरां

भारतीय दार्शनिक वाङ्मय में परमात्मा के साथ आत्मा का संबंध पुरुष ओर नारी के संबंध के तुल्य है। पुरुष प्रकृति का युगलभाव इसके आधार में है। सत्य और ऋत् की शाश्वत चेतना को भारतीय मानस की चितिगत धुरी स्वीकार करके विकसित चिंतना के परिप्रेक्ष्य हैं ये। तब जीवन, सोच की सभी शाखाएं—कला, साहित्य, संस्कृति आदि भी इन्हीं ध्रुवांतों पर विकसित और भिन्न होते हुए भी एक ही भावना-बिंदु पर केंद्रित हैं। भारतीय भाषाओं का विकास भी वृहत सांस्कृतिक नारी/स्त्रैण चेतना के अनुरूप है, जो उर्दू और अंग्रेजी से नितांत भिन्न तासीर लिए है। पुरुष के प्रति प्रकृति का, परमात्मा के प्रति आत्मा का समर्पण और विलय-भाव भारतीय चिंतन का अनिवार्य परिप्रेक्ष्य है।

इसी संदर्भ में संतों की वाणी को, विशेषकर पुरोधा कबीर की वाणी को लें। कबीर का कथन—स्वयं को 'राम की बहुरिया बताना और दूल्हा राम का बारात लेकर ब्याहने आना'—इसी तथ्य को पुष्ट करता है। ऐसी स्थिति में कवि, साधक, संत यदि नारी हो तो सोने पे सुहागा। मीरां के साथ यही हुआ। मीरां की भक्ति-भावना पर उसके नारी होने की यथार्थता का अतिरिक्त रंग अनोखा, अद्वितीय, अलौकिक चमत्कार उत्पन्न कर गया। दक्षिण की कवयित्री गोदा आंडाल, के काव्य में भी यही चमत्कृति व्याप्त है। वह भी मीरां की भांति सपने में प्रेमी-कृष्ण से ब्याह रचाती है। इधर उत्तर में कश्मीर की संत कवयित्री ललद्यद और बाद में सहजोबाई, दयाबाई भी भारतीय अध्यात्म-चिंतन के ठेठ रंगों में अपना आत्म-समर्पण करती हैं।

अध्यात्म, भारतीय दर्शन के सभी पक्षों के केंद्रक के रूप में संबद्ध रहता है। अध्यात्म विद्या के मंत्रों से उपनिषद भरे हुए हैं। अध्यात्म विद्या ही मोक्ष-प्रदायी है। संसारी जीव अविद्याग्रस्त होकर क्लेशों से घिरा रहताहै। विद्या से अमृतत्व की प्राप्ति होती है। अतः संतों के सारे आग्रह विद्या—आत्म-ज्ञान, अध्यात्म-ज्ञान, प्राप्ति के रहते हैं। मीरां भी अपने गुरु रैदास और उनके समकालीन कबीर के मार्ग का

अनुसरण कर अध्यात्म की अमर गायिका बन गई।

लोक और लौकिक शब्दों में जिस वास्तविकनिःसर्ग की पहचान होती है, उसी लोक के प्रकाश एवं चेतना को अलौकिक एवं आलोक के स्व में देखना हमें अभीष्ट है, जिस लोक-संपर्क की स्वीकृति से भगवान की मूर्तियों में प्राण-प्रतिष्ठा होती है, वरना वे निर्जीव मानी जाती हैं; उस लोक की चेतना ही अलौकिक चेतना है, जो विकसित होकर विराट एवं सार्वभौम हो गई है।

भारतीय दर्शन में प्रकृति ही आद्यशक्ति का रूप हे। संसार की उत्पति के लिए ईश्वर ने स्वयं को व्यक्त करने के लिए पुरुष एवं प्रकृति—दो भागों में विभक्त किया। ईश्वर से प्रकृति के उत्पन्न होने से वह उसके सभी गुणों से युक्त है। इसलिए ईश्वर और प्रकृति का एक जैसा स्वभाव है। सृष्टि के विस्तार में प्रकृति ने अनेक शक्तियों कोजन्म दिया। अतः यह प्रकृति, महामाया, सर्वशक्तिरूपा है, जिससे रुद्र, वायु आदित्य तथा विश्व-देवों का विकास हुआ। वही मित्र, वरुण, इन्द्र, अग्नि आदि को धारण किए हुए है। वही समस्त जगत् की एकमात्र अधिष्ठात्री है। प्राणी को मोक्ष भी वही देती है, भोग भी वही प्रदान करती है। जीव-मात्र का अभ्युदय एवं निःश्रेयस सब उसी की कृपा पर निर्भर करते हैं।

मीरां इसी निःसर्ग लोक की आराधिका है। वह गिरधर के रंग में रंग गई है। उनके प्रेम में अनुरक्त हो गई है। पांच रंग का चोला पहनकर झिरमिट खेल खेलने जाती है। राजस्थान के खेल विशेष में पांच रंग के वस्त्र पहनने के यहां पांच तत्त्वों के बने शरीर से अभिप्राय है। शरीररूपी इन वस्त्रों को खोललकर आत्मरूप होकर परमात्मरूप प्रिय से वह आलिंगनबद्ध हो गई। जिनके पति परदेश में रहते हैं, वे तो उन्हें लिख-लिखकर भेजती हैं, किंतु मीरां कहती है, मेरा प्रियतम मेरे हृदय में निवास करता है, अतः मैं न कहीं जाती हूं, न कहीं आती हूं। जब चाहती हूं उसका हृदय में ध्यान कर दर्शन कर लेती हूं। यह सारा संसार नाशवान है। चांद, सूरज, धरा, आकाश, पवन, पानी सब नष्ट हो जाएंगे, केवल ईश्वर शेष रह जाएगा, अतः भगवत्स्मरण एवं ईश्वर-ध्यान का दीपक जलाकर, मन की बाती बना, प्रेम की हाट का तेल डालकर उसे दिन-रात जलाती हूं। इस रीति से सतगुरु मिल गया, जिसने मेरे सारे संशय दूर कर दिए। सच्ची राह दिखा दी। इससे मुझे ज्ञान हो गया है कि यह सारा संसार नाशवान है। यहां किसी का स्थायी घर-बार नहीं है, ठिकाना नहीं है। (पद-14)

अतः हम देखते हैं, मीरां जिस प्रियतम को अपना इष्ट मान चुकी है, वह शाश्वत पुरुष ब्रह्म है, और मीरां स्वयं प्रकृति है। पुरुष-प्रकृति के विशिष्ट अद्वैत का रूप व्यक्त हुआ है। इसी दर्शन को मीरां ने माधुर्य-भक्ति के रस में सरोबार कर सबको

अवगाहन करवाया है।

जब नियति ने किसी को उत्तम मनुष्य बनाना होता है तो उसे दुसह्य दुःख देकर या विक्षिप्तवावस्था में डालकर नंगी आंखों जीवन-यथार्थ की झांकी दिखाती है या फिर काम के उद्दाम प्रवाह में डाल कामनाओं की तरंगों पर घुमाती हुई भयंकर गहनता, अतलता से परिचय कराती है। अतः यह नियति ही थी जिसने मीरां को एक हितैषी की नजरों से देखा, अपनाया। उसे दो वर्ष की आयु में मातृस्नेह से वंचित कर दिया। उसकी माता का देहांत हो गया। अठारह वर्ष की आयु में उसके पालनहार चाचा मेड़ता के राणा राव वीरमदेव ने उसका विवाह कर दिया और उसे अत्यंत वात्सल्य देने वाले दादा राव दूदा भी मीरां की सगाई करके, उसके विवाह से पूर्व ही मृत्यु को प्राप्त हो गए। अर्थात् सन् 1498 ई. में कुड़की ग्राम में जन्मी मीरां ने विवाह की अठारह वर्ष की आयु तक दुःख की गहनता का अनुभव कर लिया था। सामंती-सामाजिक वर्जनाओं के प्रति लोकचित में स्वातंत्र्य की तीव्रता एवं आवेगी क्रांतिचेतना की अभिव्यक्ति, सामंती व्यवस्था, जिसने लोकसमाज-प्रवाही जीवन को बाधित-प्रभावित कर रखा था, उसके प्रति व्यक्ति-स्वातंत्र्य का विद्रोह मीरां के स्वरों में मुखर हुआ। लोकचित को अनुकूल एवं प्रियकर अनुभूतियों से भरकर मुक्त करता हुआ प्रतीत हुआ। आचारों की रूढ़ जकड़बंदियां, जाति-वर्ग भेद तथा नारी-उत्पीड़न एवं विभेदकारी अपमानित व्यवहारों के विरुद्ध संत कवयित्री मीरां का विस्फोटक स्वर लोक-चिति को गहरे तक छू गया। मीरां के स्वरों में उन्हें अपना हृदय बोलता हुआ लगा। सामंती मूल्यों के विरुद्ध समाज को मीरां में अपना मन ही बोलता प्रतीत हुआ।

मीरां लोक और निसर्ग लोक की आदिमता, आस-विश्वास, दुःख-उल्लास, विरह-वेदना की संत गायिका है। उतनी ही निडर, उतनी ही साहसी, उतनी ही गझिन पुष्प-बास। मीरां की आस्था लोकभूमि पर पली-पुसी, खिली-विकसी है। वह हर बात, उक्ति, उलाहना, राग, विराग, लोक-रंग की छटा में ही व्यक्त करती है। एक तरह से वह निर्भयता की सीमा पर खड़ी उन्मुक्त और दो-टूक व सटीक वचन कहने वाली लोक कवयित्री है। 'लोक-लाज छोड़कर' कहने से अभिप्राय सामंती समाज के मूल्यों को त्याग देना है।

मीरां की मनोव्यथा, व्यथा की रूपरेखा और वेदना एक शाश्वत नारी के शाश्वत घाव सरीखी है, जो जब भी दुःखों से घिरती है तो समूची एक आदिम व्यवस्था बन जाती है। यही कारण है कि भारतीय जन-मानस में मीरां ने उपचेतन तक अपनी पैठ-पहचान बनाई है। भारतीय जन-मानस अपनी प्रकृति में अति गहरा, अनेक परतीय, और अज्ञात-रहस्यसपूर्ण है, जैसे प्रकृति, संस्कृति, अध्यात्म हैं। वैसा ही अदम्य, सबल और उद्दाम भी। तथाकथित सामाजिकता के बंधनों को तोड़,

अध्यात्म-आकाश में मुक्त उड़ान भरे वाली अस्मिता।

सर्वाधिष्ठान, सर्वातीत शब्दातीत भी है। किंतु उसे जानने के लिए शब्दों का आश्रय लेना पड़ता है। अतः कहना होगा कि हमारी चेतना के तीन अंग हैं—1. अध्यात्म में बुद्धि का आश्रय लेना पड़ता है। 2. अधिभूत में इंद्रियों की प्रधानता होती है और 3. अधिदेव में हृदयपक्ष मुख्य होता है। ये तीनों ही व्यावहारिक सत्य हैं। अध्यात्म व्यक्ति को सतयुग, त्रेता या द्वापर युगों में नहीं ले जाता; अपितु अपने वर्तमान में अपने को सुखी बनाता है। इसमें भविष्य स्वयं ही समाहित हो जाता है, आनंदमय हो जाता है। अतः अध्यात्म व्यक्ति को मृत्यु के पश्चात किसी भावी जीवन की अपेक्षा वर्तमान को ही बंधनमुक्त एवं सुखी बनाने की सीख देता है, क्योंकि भौतिक अस्तित्व और आत्मिक अस्तित्व—दोनों को बराबर लक्ष्य में रखता है तथा दोनों के महत्त्व पर समान बल देता है अध्यात्म। आत्मरूप में सब समान और अभिन्न हैं। अतः जीवन को स्थगित करने और अंधविश्वास, जातिं-पांति के भेदभाव, छुआछूत के घृणित विभाजनों-अपमानों को नकारता है। ब्रह्मज्ञान-प्राप्त व्यक्ति कर्मकांडों से भी मुक्त आत्मकर्मों में प्रवृत्त होता है, अपने से भिन्न को परमात्म-रूप मानकर उसके कष्ट, क्लेश, संकट को अपने कष्ट, क्लेश, संकट जैसा मानकर दूर करने की ओर बढ़ता है। मीरां को जीवन के उत्तर भाग में संत रैदास के अध्यात्म ने अपने रंग में ऐसा रंगा कि मीरां सभी प्रकार के विभेद और सीमाएं लांघकर संत प्रकृति में रस-बस गई। क्योंकि गुरु जो स्वयं ईश्वर-रूप होता है, उसने 'ज्ञान की गुटकी' दे दी। अब मीरां महान गुरु की शरण में मन, अहंकार आदि को लुटाकर सदा-सर्वदा के लिए रहेगी—

गुरु मिलिया रैदास जी, दीन्ही ज्ञान की गुटकी।
परम गुरां के सरन में रहस्यां, परणाम करां लुटकी।।

सामाजिक नैतिकताओं का निर्वाह, सामाजिक व्यवस्था के निर्वहन के लिए आवश्यक होता है, किंतु एक संत के लिए सामाजिक नैतिकता के मूल्य तीाी तक जरूरी होते हैं, जब तक कि वह आत्मज्ञान प्राप्त नहीं कर लेता। आत्मज्ञानी के लिए ये नैतिक नियम-अनुशासन सीमा नहीं रह जाते, क्योंकि वह उन आत्मज्ञान के स्वतःस्फूर्त नियमों के क्षेत्र में पहुंच जाता है, जहां आत्म परमात्मा से साक्षात्कार करने लगता है। यहां पहुंचकर संत लोग पाप-पुण्य, नैतिक-अनैतिक, कर्म-अकर्म के बाहरी सामाजिक पैमाने अनिवार्यतः त्याग देते हैं। यहां से वृहत्तर, सार्वभौम, मानव-कल्याण, जीवमात्र की समता का क्षेत्र आरंभ होता है परमशांति की अवस्था

प्राप्त होती है। अति-नैतिकता की सीमाएं आरंभ होती हैं। जीवन-मुक्त दशा प्राप्त होती है। अनैतिकता का संबंध आत्मिक उन्मुक्त दशा से होने के कारण, वह नैतिक व्यवहार में बंधती नहीं, किंतु नैतिक व्यवहार में बाधक भी नहीं बनती; प्रत्युत् आत्मिक उन्मुक्तावस्था की प्रेरणाएं जगाकर आत्मिक-परमात्मिक व्यवस्थाओं को, बाहरी नैतिकताओं की भावनाओं को मानवीय और संवेद्य बनाती है। अतः कहना न होगा कि मीरां के काव्य में लोक-लाज तजने के कथनों के पीछे उसके द्वारा अर्जित आत्म-ज्ञान तथा परमात्म-ज्ञान (कृष्ण प्रेम) की ताब है। मीरां सामंतिक सामाजिक रूढ़ नैतिकताओं को त्यागकर, तोड़कर, आत्मिक अतिनैतिक मर्यादाओं को उपलब्ध कर लेती है, तब उसे समाज की चिंताएं व्यर्थ लगने लगती हैं; क्योंकि उसने गिरधर गोपाल का पति रूप में, एकनिष्ठ भाव से साक्षात्कार कर लिया है–

मेरे तो गिरधर गोपाल दूसरो न कोई। (टेक)
जाके सिर मोर मुकुट, मेरो पति सोई।।
छांडि दई कुल की कानि, कहा करि है कोई।
संतन ढिग बैठि-बैठि लोकलाज खोई।।
अंसवन जल सींचि-सींचि प्रेम-बेल बोई।
अब तो बेल फैलि गई आणंद फल होई।
दूध की मथनिया बड़े प्रेम से बिलोई।
दधि मथि धृत काढ़ि लियो, डारि दयी छोई।।
भगत देखि राजी हुई, जगत देखि रोई।
दासी मीरां लाल गिरधर, तारो अब मोहि।।

'कुल की कानि'–कुल की मर्यादा छोड़कर और संतों के मध्य बैठकर मीरां ने आनंद रूपी फल प्राप्त किया। उसने लोक-लाज छोड़कर जिस बेल को आंसुओं से सींचा, वह बेल सांसारिक जीवन-भोग से संबंध नहीं रखती, बल्कि कृष्ण के प्रेम की बेल है। संतों की संगति के काल-अंतराल में वह बेल विकसित होती गई और उस पर जो फल लगा, वह सुख (दैहिक पक्ष), खुशी (मानसिक पक्ष) से आगे आनंद (आत्मिक पक्ष) काफल देने वाला है। वहीं दही बिलोने, धृत निकालकर छाछ को फेंक देने के रूपक का प्रयोग है। और थोथी बची छाछ को फेंक दिया है। कृष्ण भक्त इस दशा को देखकर प्रसन्न हो रहे हैं, और संसार के लोग मीरां के इस कृत्य पर आंसू बहा रहे हैं। एक और पद लें, जहां एक लोक नहीं तीन लोकों का और परलोक का उल्लेख है–

जब तैं मोहि नंदनंदन दृष्टि पर्यो माई।
तब तैं परलोक लोक, कछु नां सुहाई।। (टेक)
मोरन की चंद्रकला, सीस मुकुट सोहै।
केसर को तिलक भाल, तीन लोक मोहै।।

जब से परमात्मा का साक्षात्कार मीरां ने कर लिया, तब से लोक और परलोक भी नाचीज हो गए। कुछ भी यहां का नहीं लुभाता। व्यर्थ हो गया। अपना इहलोक ही नहीं, परलोक का आकर्षण भी जाता रहा। क्योंकि कृष्ण के रूप-गुण में मोर-मुकुट की चंद्रकला के अलौकिक सौंदर्य पर तीनों लोक मोहित हैं। यह सब मीरां को यहीं इसी लोक में उपलब्ध हो गया है, इसलिए शेष सब आकर्षण क्षीण और निस्तेज हो गए हैं।

मीरां किस लोक-मर्यादा की बात कर रही हैं? मीरां का अपना कोई अलग लोक है क्या? अर्थात् दो भिन्न लोक हैं क्या? लोक तो प्रायः एक ही माना गया है। दूसरा पर-लोक है, जो इस संसार इहलोक से भिन्न है। जो स्थूल आंखों से देखा नहीं जा सकता, वह पर-लोक और जिसमें हम स्थूल देह से निवास करते हैं, वह इहलोक। किंतु मीरां पर-लोक की बात नहीं कर रही, परंतु इहलोक में रहती हुई भी लोक-मर्यादा को चुनौती देती हुई एक नए-तीसरे लोक की बात कर रही है, जिसमें संत हैं। उनकी संगति है। जहां गिरधर गोपाल हैं, रासलीला है, गोपिकाएं हैं। उनका मोर-मुकुट वाले कृष्ण के साथ निर्बाध नृत्य है। कहना होगा कि इस लोक में दो लोक हैं। एक भौतिक सामंती मूल्यों के अधीन है, जहां राणा है, उसका शासन है। सामंत लोग हैं, जिनके मूल्य-मान समाज का अनुशासन करते हैं। सामंती समाज और मूल्य-मर्यादाओं द्वारा शासित दमघोंटू तत्कालीन समाज है, जो राणाओं के, सामंतों के भय में जीता है। जहां अध्यात्म और धर्म की अनुभूति, आत्म और आत्म के सृजन-आयाम, स्वतंत्रता, प्रेम, समानता, भावना के मूल्यों-आयामों को अवकाश नहीं। जो राजसी (राणाओं-सामंतों) मूल्यों-मर्यादाओं में बंधा हुआ और एक तरह की कैद भुगत रहा समाज है। मीरां का विद्रोह इस भौतिकवादी, सामंती मूल्यों वाले, धर्म-अध्यात्म-विरोधी, जड़ एवं शुष्क परिपाटियों में घिरे, मृतकतुल्य समाज के प्रति है। मीरां का अध्यात्म जीवंत, आलोकमय लोक है। वह रस-रासपगे लोक की संस्थापिका-मुक्तिवाहिका की भांति प्रकट हुई है। एक अन्य पद में मीरां गाती हैं—

माई सांवरे रंग राची।
साज सिंगार बांध पग घूंघर, लोकलाज तज णाची।

गया कुमत लयां संगत स्याम प्रीत जग सांची।
गायां गायां हरि गुण निसदिन, काल ब्याल कांची।
मीरां सिरि गिरधर नट नागर, भगति रसाली जांची।

लोकलाज इसलिए छोड़ दी मीरां ने क्योंकि कुमति नष्ट हो गई है अब। संसार की असारता, व्यर्थता, भ्रमजाल समझ आ गया। इसी कारण उसने संतों-साधों की संगति अपना ली है। स्याम सुंदर से सच्ची प्रीत लगा ली है। जगत के संबंधों-प्राणियों की प्रीत भी झूठी एवं नश्वर है, इसलिए किसी अर्थ की नहीं। और अब रात-दिन हरि के गुण गाते-गाते काल-सर्प से, मृत्यु दंश से वह बच निकली है। उसने अब रसीली भगति की जांच-परख पहचान कर ली है। काल को परास्तकरके निश्चयतः मीरां कालातीत हो गई है। लोक के आलोक और अलौकिक वृत्त में स्थायी रूप से स्थिर हो गई है। मीरां ने स्वयं को उस परम पुरुष की शक्तिरूपा प्रकृति किंवा नारी में पहचान लिया है।

ध्यान देने की बात है कि द्वापर युग (कृष्ण) का लोक, त्रेता युग (राम) के लोक और मर्यादा से सर्वथा भिन्न लोक है। त्रेता युग की राम की अध्यात्म भावना, सुशासन, समता, संवेदना से पगा लोक, द्वापर में शेष नहीं रहा। न वह राजा, न वह समाज रहा। अतः द्वापर में कृष्ण ने समाज को रूढ़ मर्यादाओं से मुक्ति दिलाई। उसमें पुनः लोक की प्रवाही चेतना स्थापित-प्रतिष्ठित हुई। राम-युग की मूल्य-मर्यादा के स्थान पर कृष्ण-युग की रस-रास की लीला और लालित्य भाव को, आत्म-अध्यात्म अनुभूति को महत्त्व मिला। संवेदनशीलता, निःसर्ग की आह्लादित चेतना एवं प्रवहशीलता को नए आयामों से जोड़कर कृष्ण ने अपना सोलह-कलापूर्णत्व का परिचय दिया। यों कह सकते हैं कि मर्यादाओं से घिरे राम तथा अन्य भाई भी व्यापक समाज के संसर्ग में वैसे आए ही नहीं, जैसे कृष्ण और बलराम आए। क्योंकि कृष्ण-बलरामद्वापर युग में व्यापक सामाजिक वृत्तों में ग्वाल-बाल, चरवाहा संस्कृति के वारिस बने, उसमें रसे-रमे। राम-लक्ष्मण को ये अवसर चौदह वर्ष के वनवास-काल में थोड़ा उपलब्ध हुआ। कहना होगा कि राम मात्र चौदह वर्ष लोक-संपर्क में रहे, लोक-चेतना को उन्होंने लक्ष्य किया, संगठित किया और वृहत्तर सामाजिक सत्यों की स्थापना हेतु संघर्ष में रावण जैसी राक्षसी-शक्तियों के विरुद्ध भिड़ा दिया और इस कारण विजयी भी हुए। किंतु इधर कृष्ण तो बालपन से ही लोक में घुले-रचे-बसे और उन्होंने आरंभ से ही आलोकमयी रस-रासपगी लीलाओं की स्थापना की। राम ने जहां अपने पिता दशरथ के विपरीत, त्रेता में एक नारी-व्रती की मर्यादा की स्थापना की और उस ओर बढ़े, त्याग किया वहां द्वापर में कृष्ण रुक्मिणी के अतिरिक्त

राधाभाव में तथा गोपिकाओं के अलौकिक प्रेम की स्थापना में नए आत्म-आयामों को विकसित करने में सफल रहे। सूत्ररूप में यह एक विशिष्ट संदर्भ है मीरां के अध्यात्म लोक, लोक-मर्यादा और भक्ति का। इन्हीं परिप्रेक्ष्यों में हम मीरां की विशिष्टता को आंकना चाहेंगे और बाद के यानी इक्कीसवीं सदी के नारी-विमर्श को उठाना चाहेंगे

नारी-विमर्श : संघर्ष एवं मुक्ति

मीरां में अतीत को वर्तमानता में ढालने की तात्त्विक सामर्थ्य भी अद्भुत है। वह सामर्थ्य उसके उस अद्वैत दर्शन में है, जो समय की सीमाओं को और पर-भाव को मिटा देता है। मीरां ने इसे आत्म-विस्तार से प्राप्त किया है। अपनी निजता को अद्वैत में स्थापित किया है। ऐसे ही लौकिक समय को अलौकिक समय में परिवर्तित किया है मीरां ने, जो हमारा और आने वाली पीढ़ियों का वर्तमान बनता रहेगा। इसी संदर्भ में आचार्य हजारीप्रसाद द्विवेदी का कथन है, "अतीत क्या चला ही गया? अपने पीछे क्या हम एक विशाल शून्य मरुभूमि छोड़ते जा रहे हैं? आज जो कुछ हम कर रहे हैं, कल क्या वहसब लोप हो जाएगा?... मैं स्पष्ट देखता हूं कि अतीत कहीं गया नहीं है। वह मेरे रग-रग में लुप्त है। ना, अतीत एक विशाल मरुभूमि कभी नहीं है।" ('गतिशील चिंतन'—निबंध)

किंतु यहीं यह तथ्य भी रेखांकित करने योग्य है कि जीवंत, जीवन-रसपूर्ण परंपरा ही रग-रग में विलीन होती है और भावी संततियों के संस्कारों में ध्वनित होती है। मीरां की वाणी में वे अध्यात्म, जीवंत, मानवीय, शाश्वत तत्त्व प्रचुर मात्रा में ध्वनित हैं, जो पूर्वापर किसी पंथ, उत्तराधिकार के न होने पर भी मीरां को आज भी अनिवार्य बनाए हुए हैं।

भौतिक प्रेम ही प्रगाढ़ होकर आध्यात्मिक प्रेम में परिणत हो जाता है। प्रथम चरण तो ऐंद्रिक, भौतिक, स्थूल अस्तित्व पर घटित होता है। फिर सूक्ष्म (मन) और तीसरा चरण कारण शरीर (आत्मा) तक व्याप जाता है। किंतु यह कोई निर्धारित नियम नहीं है। संभावना है। एक साथ प्रथम दोनों या प्रथमतः तीनों स्थितियां भी पार हो जाती हैं, संतों के जीवन में। बस एक ही कदम या कूद पर्याप्त है। अभाव, दुःख, शोक, वेदना की आंच ऐसी ऊर्जा उत्पन्न करते हैं कि अस्तित्व निर्धूम जलता रहता है। समूचा ही रसायन में बदल जाता है। अपना-पराया कुछ शेष नहीं रहता। सीमाएं बिला जाती हैं। बस गोपाल, ईश, परमेश्वर, राम ही दीखता है, जिसकी विरह-वेदना व्याकुल किए रहती है। इस वेदना को मीरां ने नारी-वेदना के दोहरे यथार्थ की अनुभूतियों में ढाल दिया है। एक विरहिणी आत्मा, दूसरा नारी होने के यथार्थ

आयामों से जोड़ दिया है; जो भारतीय समाज में नारी के विडंबनात्मक जीवन-यथार्थ से गुण-क्रमानुसार बहुविध पीड़ाओं से जुड़ गए हैं। यहां हर प्रकार की असुरक्षा, भय उसे हर समय घेरे रहते हैं। पति-प्रेमी से वियुक्त होने की असुरक्षा सबसे बड़ी और गहन रूप में सालती है। विशेषकर, निम्न-वर्ग के पुरुष परदेस में खटने जाते हैं तो लौटने में बरसों लग जाते हैं। लोक की इस समष्टि वेदना को मीरां की वेदना में अपनी टीस, वेदना का स्वरूप दिखाई देता है। अपना लगता है। आत्मीय प्रतीति देता है।

मीरां के काव्य में 'घर' का उल्लेख बीसियों पदों में हुआ है। कहीं देह-रूपी घर का, कहीं भौतिक निवास-आवास के रूप में, कहीं पराये घर के रूप में और अंततः परलोक के–पिता-परमेश्वर गिरधर के घर का उल्लेख है–

मैं तो गिरधर के घर जाऊं।
गिरधर म्हारो सांचों प्रीतम, देखत रूप लुभाऊं।

पिया कब रे घर आवै।

सतगुरु मिलिया, सांसा भाग्या, सैन बताई सांची।
ना घर तेरा, ना घर मेरा, गावै मीरां दासी।

बड़े घर ताली लागी रे,
म्हारा मन री उणारथ भागी रे।

आवो सहेल्यां रली कहां हे, पर घर गवण निवरि।
झूंठी माणिक मोतिया री, झूंठी जगमग जोती।
झूंठा सब आभूषण री, सांची पिया जी री पोती।

इतना ही नहीं–'पिया अब घर आज्या मेरे', 'भवनपति तुम घरि आज्यौ हो', 'म्हारे घर रमतो ही जोगिया तू आव', 'पिया मोहिं दरसरण दीजे हो', 'आवो न या देस', 'म्हारे घर आवो स्याम', 'कबरे मिलोगे' इत्यादि आद्यंत ऐसे मार्मिक पद हैं, जो पति के परदेस जाने, परदेस जाकर भूल जाने, आदि की पीड़ादायक टीसों से भरे हुए हैं या मनुहारों से। इनसे नारी की सामाजिक स्थिति का परिचय भी मिलता है, जिसमें उसका अकेलापन और उसका परित्याग कर देने की असुरक्षा भी सम्मिलित है, तो

देह-रूपी घर की नश्वरता के साथ ही परमेश्वर के उस घर की ओर भी दृष्टि लगी होने के उल्लेख हैं, जो घर अगम है, जहां जाना दुर्लभ है। इस सारे झूठे संसार और इसके आकर्षणों को छोड़कर ही जाया जा सकता है।

कबीर ने भी अपने मूल निवास, आध्यात्मिक घर का पता एक साखी में दिया है, जहां जाना सुर, नर, मुनिजन, औलिया के लिए तो असंभव है ही, अल्लाह और राम की भी जहां गति नहीं–

सुर नर मुनिजन औलिया, ये सब उरलि तीर।
अल्ला राम का गम नहिं, तहां घर कियो कबीर।।

स्पष्ट ही कबीर परा लोक की ओर संकेत कर रहे हैं, जहां अल्लाह और राम (सगुण) भी पहुंच नहीं रखते। मीरांबाई भी एक पद में स्पष्टतः उसी अगम घर की सुरत की बात करती है–

मीरां के मन मानी, सुरत सैल असमानी।।
जब जब सूरत लगे वा घर की, पल पल नैनन पानी।
ज्यों हिये पीर तीर सम सालत, कसक कसक कसकानी।

खोज फिरों भेद वा घर को, कोइ न करत बखानी।
रैदास संत मिले मोहिं सतगुरु, दीन्ह मुख सहदानी।
मैं मिली जाय पाय पिय अपना, तब मोरी पीर बुझानी।
मीरां खाक खलक सिर डारी, मैं अपना घर जानी।

अपने मूल घर की पहचान सतगुरु रैदास ने बता दी तब जाकर सुख की अनुभूति हुई। अपने पिया को पा लिया तब जाकर विरहाग्नि शांत हुई। मन की पीड़ा बुझ पाई। मीरां कहती है, संसार के सिर में धूल डालकर मैं अपना घर पा गई। मीरां की यह धृष्टता वर्तमान नारी-विमर्शवादियों को समझ नहीं आने की, क्योंकि वे सब तो मात्र भौतिक, मात्र सांसारिक घर तक सीमित रहते हैं, जबकि मीरां 'सुरत सैल असमानी' अर्थात् आंतरिक ऊर्ध्व मंडलों की बात करती है, जो ध्यान योग की अवस्थाएं हैं। अध्यात्म लोक की सिद्धियां हैं। मीरां स्पष्ट ही अपने पिया-मिलाप के आनंद का उल्लेख बड़े ही भावपूर्ण शब्दों में करती है। वह कहती है कि मैं अपने प्रिय में समा गई हूं। मेरी ज्योति उस परमात्म ज्योति में विलीन हो गई, आत्मा रूपी

बूंद, परमात्मा रूपी बूंद (सागर) में विलय हो गई–

आई देखन मनमोहन कूं, मोरे मन मों छबि दाय रही।
मुख पर को अंचलों दूर कियो तब, ज्योति में ज्योति समाय रही।
सोच करे अब होत कहा है, प्रेम के फंदे में आय रही।
मीरां के प्रभु गिरधर नागर, बूंद में बूंद समाय रही।

मीरां की इस अनुभूति को कबीर भी अपनी वाणी में कह गए हैं–

हेरत हेरत हे सखी, रहा कबीर हेराई।
बूंद समानी समुद में, सो कत हेरी जाई।।

अतः मीरां की अध्यात्म-चेतना में लोक की आलोक चेतना, नारी-भावना, नारी-वेदना की बहुमुखी छवियां, देह से देहात्म-अध्यात्म का प्रसार समाहित है। मीरां के अध्यात्ममार्गी आग्रह आज हमारे लोकतांत्रिक जनोन्मुखी सजगता को पुष्ट-सबल बना सकते हैं और बढ़ते हुए जन-विरोधी, अध्यात्म-विरोधी, बाजारवादी, हिंसक, मानवघाती देशी-विदेशी नीतियों-व्यवहारों का प्रतिकार करने का सूत्र थमाते हैं। ग्वाल-बाल, चरवाहा संस्कृति के आत्म-पुंज, सजग लोकपाल कृष्ण मीरां के एवं अस्मिता के भी प्रेरक स्वीकार्य हैं। जिसका सुदर्शन चक्र-अध्यात्म चक्र (देह-आत्म-चेतना) बनकर आज की नितांत भौतिक, लोभी, स्वार्थांध, आतंकी प्रवृत्तियों का विनाश कर सकता है और मानव समाज में पुनः आध्यात्मिक नैतिकता, जिसे मानवीय स्वतंत्रता-समता का लोकतंत्र स्थापित कर सकता है। 'अध्यात्म' एक रहस्यवादी अवधारणा नहीं बल्कि यथार्थवादी तर्कयुक्त वैज्ञानिक विचार है।

मीरां के प्रेम का स्वरूप

मीरां संत है या भक्त है, यह विवाद का विषय है। मीरां की साधना नामदेव, रैदास की भांति सगुण से निर्गुण, साकार से निराकार की है। रैदास, कबीर की प्रेरणा से निर्गुण की ओर प्रवृत्त हुए, जैसे नामदेव ज्ञानदेव की प्रेरणा से निराकार की ओर बढ़े। मीरां भी अपने मानस गुरु रैदास की भांति पहले सगुण का ही विस्तार है। सूरदास ने और भी पहले इष्ट के बालरूप से उसे अपनाया, फिर युवा और प्रौढ़ रूप इष्ट का गुणगान किया। मीरां के पदों में निर्गुण परंपरा के 'जोगी', 'सुरत-निरत', 'त्रिकुटि महल', 'शून्य', इत्यादि शब्दों के प्रयोग उसके इष्ट के निर्गुण संत परंपरा के परम आत्म रूप को समक्ष रखते हैं। मीरां बचपन से ही कृष्ण को अपना बना चुकी है। युवा होकर, विवाह के उपरांत भी कृष्ण पति के रूप में मीरां के इष्ट हैं–'मेरे तो गिरधर गोपाल, दूसरो न कोई। जिसके सिर मोर मुकुट, मेरा पति सोई'–कहकर वह सगुण रूप को स्वीकार करती है। वस्तुतः निर्गुणी कबीर पुरुष होते हुए भी 'स्वयं को राम की बहुरिया' घोषित करते हैं। यह भारतीय भक्ति पद्धति में परमात्मा को पति रूप में स्वीकार करने की परंपरा का अनुसरण है। मीरां भी इसी का अनुसरण करती है। स्त्री होने से दांपत्य भाव की अनुभूति उसके लिए प्रकृत्यः एवं स्वभावतः सहज अनुकूल भाव है। उसने कृष्ण को बालपन में लोक में प्रचलित अबोध रूप में ही पति मान लिया था, फिर युवा होने पर स्वप्न में पति रूप में वर लिया–

माई री म्हाने सपने वरी गोपाल।
राती पीली चूनरि ओढ़ी, मेंहदी हाथ रसाल।

मीरां की प्रेम-प्रगाढ़ता इन शब्दों में समझी जा सकती है–

या तन को दियना करों, मनसा करौं बाती हो।
तेल भराओ सनेह का, बारों सारी राती हो।।

तन—दीया। मन—बाती। प्रेम रूपी तेल। सारी रात—विरह की अवधि। ये प्रतीक मीरां के इष्ट की अलौकिकता को प्रकट करते हैं। वह अन्यत्र भी स्पष्ट कहती है कि ऐसे लौकिक वर को क्या वरन करना, जो जन्म लेवे और फिर मरण को प्राप्त होवे। वह तो गोपाल को अपना वर चुनती है, जिससे उसका चूड़ा (सुहागिन की विवाह की चूड़ियां) सदा-सदा के लिए अमर हो जाए—

ऐसे वर को क्या वरूं, जो जनमैऔ मर जाय।
वर वरियां गोपाल को, म्हारो चुड़लौ अमर हो जाय।।

लौकिक (सुहाग चिन्ह) और अलौकिक पति गोपाल के प्रयोग से भी यह सिद्ध प्रमाणित होता है कि मीरां लौकिक प्रेमानुभूति के माध्यम से अलौकिक, अपार्थिव अनुभूति प्रिय-कृष्ण का ही वरण करती है, न कि किसी लौकिक पति का। कुछ आलोचकों, विद्वानों का मत है कि मीरां की प्रेम-अनुभूति लौकिक एवं उसका प्रिय पार्थिव है। यहीं इसी प्रकार यह भी सिद्ध पुष्ट होता है कि मीरां का इष्ट सगुण नहीं, निर्गुण है। मीरां के शब्दों को ही साक्ष्य रूप में लें—

ऊंची अटरिया लाल किवड़िया, निर्गुण सेज बिछी।
पचरंगी झालर शुभ होवे, फूलन फूली कली।।

ऊंची अटरिया—परा लोक। लाल किवड़िया—साधना लोक—अरुणोदय के पार। निर्गुण—निराकार ब्रह्म। पचरंग झालर—पंच तत्त्वों से निर्मित देह। आत्मरूपी पुष्प का विकसित रूप। इन प्रतीकों के प्रयोग भी मीरां के साधना-रूपक को निर्गुण धारा के संत के रूप में स्थापित करते हैं।

मीरां क्योंकि अन्यत्र लौकिक जीवन और प्रेम के शब्दों का खुलकर प्रयोग करती है, इस कारण लोगों का भ्रमित होना और मीरां के इष्ट को लौकिक तथा उसके प्रेम को वासनामय एवं शारीरिक मान लेना सरल लगता है—

मेरो मन बसिगो गिरधर लाल सों।
मोर मुकुट पीतांबर हो गले वैजंती माल।

मीरां ने अपने समय में प्रवाहित भक्तिधारा के प्रचलित दांपत्य रूप को स्वायत किया और उसे अपनी निजता में ढालकर उस पर अपनी अपूर्व छाप डाल दी। तुलसी

की भक्ति दास्यभाव लिए है। सूर की भक्ति सख्यभाव-प्रधान है। तो मीरां की भक्ति दांपत्यभाव से ओत-प्रोत। इसमें ऐंद्रिकता की शब्दावली भी सम्मिलित कर लेती है मीरां, परंतु प्रिय से अपनी नितांत निजता दर्शाने की खातिर ही–

मैं तो गिरधर के घर जाऊं।
गिरधर म्हांरो सांचो प्रीतम देखत रूप लुभाऊं।
रैण पड़ै तब ही उठि जाऊं, भोर भये उठि आऊं।
रैण दिना वाके संग खेलूं, ज्यूं ज्यूं वाहि रिझाऊं।

आचार्य परशुराम चतुर्वेदी, संत साहित्य के मर्मज्ञ विद्वान् के शब्द भ्रम दूर करते हैं, "संत केवल अपने उपास्य को निकट से जानना चाहता है। उसके साथ अपना तादात्म्य स्थिर कर लेना चाहता है। अपने भीतर से लेकर सर्वत्र बाहर तक भी उसे ओत-प्रोत समझकर उसके साथ साहचर्य का अनुभव करना चाहता है, जिसके कारण किसी प्रकार का सेवक-सेव्य भाव न रहकर उसमें शुद्ध सहानुभूति की स्थिति आ जाती है।"

सगुणोपासक भक्तों और निर्गुणोपासक संतों के ब्रह्म में मुख्य अंतर रूप को लेकर ही है। आचार्य हजारीप्रसाद द्विवेदी सगुण के संबंध में कहते हैं, "वह भक्त के चित्त में भावरूप में प्रकट होता है और उसके समस्त मनोविकारों के बंधन में बंधा रहता है।" अतः सगुण मनोविकारों में बंधा होता है। किंतु निर्गुण समस्त रूपों-सीमाओं से परे निर्बंध है, मुक्त है। निस्सीम है। उसे इंद्रियों–मन, बुद्धि में बांधा नहीं जा सकता। उसे केवल अंतरात्मा से ही देखा जा सकता है। वह केवल अनुभूति का विषय है। सत्य है, किंतु स्थूल-दृष्टिगोचर नहीं। यहां यह भी ध्यान देने योग्य है कि वैष्णव परंपरा में सगुण और निर्गुण दोनों को ही परमात्मा की परोक्ष सत्ता स्वीकार है, किंतु जहां सगुण भक्तों का कहना है कि परोक्ष सत्ता के निर्गुण ब्रह्म से, न तो कोई संबंध जोड़ा जा सकता है और न ही वह भक्त के हृदय को परितोष दे सकता है। दूसरी ओर संतों का निर्गुण ब्रह्म उस रूप में शुद्ध वैष्णव नहीं प्रतीत होता। उसमें नाथ पंथ के द्वैताद्वैत विलक्षण एवं हृदयस्थ यौगिक ब्रह्म की अवधारणा सम्मिलित है तो अद्वैतवादियों की निर्विशेष ब्रह्म की अवधारणा भी समाहित है। कबीर के शब्दों में–

जाके मुंह माथा नहीं, नाही रूप अरूप।
पुहुप बास से पातला, ऐसा तत्त्व अनूप।।

अर्थात् रूपमुक्त और रूपविहीन होते हुए भी वह दोनों से विलक्षण है। डॉ. वासुदेवशरण अग्रवाल संत की परिभाषा को यों स्पष्ट करते हैं, "जो पृथ्वी पर निवास करते हुए दिव्यलोक का संदेश भूतल पर लाता है, जो पक्षी के समान आकाश में उड़कर भी वृक्ष पर आकर विश्राम करता है, जो व्यष्टि के केंद्र में ऊंचा उठकर समष्टि के प्रति आस्थावान रहता है, वही संत है।" इस दृष्टि से 'सगुण-निर्गुण में बहुत सूक्ष्म अंतर रह जाता है। मीरां के आलंबन के रूप को देखें तो वह पुराणों में रूपायित कृष्ण है, जोकि सगुण हैं, किंतु मीरां की भक्ति-भावना निर्गुण कोटि की है। उसका इष्ट ज्योति-स्वरूप है, जिसमें वह ज्योतिवत् समा जानना चाहती है–

जोति में जोति मिला जा मोहन,
तरस रहीं दरसन बिनु अंखियां।

मीरां परोक्ष सत्ता के भावनारूप को ही अंततः पुकारती है। यह भावनारूप संतों के निर्गुण ब्रह्म के प्रेमपरक रूप वाला है। अतः मीरां को संत ही मानना समीचीन होगा। ब्रह्म ज्योति-रूप में ब्रह्मांड में व्याप्त है तथा वही इससे भिन्न भी है। व्यक्ति चेतना रूपी ज्योति उस सर्व-व्यापक ब्रह्म में समा जाए, तो मुक्ति है। सांसारिक जीवन का आवागमन छूट जाता है। ऐसे प्रकाश-चेतना रूपी ब्रह्म-कृष्ण पति के दर्शनों के बिना, साक्षात्कार किए बिना, अंतरात्मा की आंखें तरस रही हैं।

मीरां का आलंबन 'हरि-अविनाशी' है। उन हरिजी से सांची प्रीत की जा सकती है। वह पतिरूप में स्वीकार्य है। उसी हरिरूपी जोति में, जो ब्रह्मांड में व्याप्त है, मीरां की व्यक्ति-चेतना आत्मारूपी ज्योति समा गई। वह तो ज्योतिरूप हो मुक्ति पा गई। 'बूंद मां बूंद समाय गई।' मीरां फिर एक जगह कहती है–

फूट गया कलसा बिखर गया पाणी,
उड़ गया हंसा ये काया बिरानी।

इसी बात को कबीर यों कह गए हैं–

जल में कुंभ, कुंभ में जल है, बाहर भीतर पानी।
फूटा कुंभ जल जलहि समाना, यह तथ कथौ गिआनी।।

शरीर रूपी कलसा (कलश, कुंभ, घट) फूट जाने से पानी (रूह, आत्मा) बिखर

गया। ऐसे ही आत्मारूपी पक्षी (हंसा) भी उड़ गया और देह (काया) रूपी पिंजरा वीरान हो गया। मीरां के पिया की सेज 'गगनमंडल' में है। वहां जाना कठिन है। कबीर का घर भी 'उस पार' है—

सुर नर मुनि औलिया, ये सब उरली तीर।
अल्लाह राम का गम नहीं, तहां घर कियो कबीर।।

देवता, मुनि और औलिया—ये सब उरली तीर—इस भौतिक जग में इहलोक में—चैतन्य प्रवाह के उरले किनारे पर स्थित हैं। अल्लाह और राम (सगुण राम) तक में उस पार—गगनमंडल—परा लोक में जाने की सामर्थ्य नहीं है—वहां वे जा नहीं सकते, किंतु कबीर ने वहां घर बनाया है। कबीर का घर वहीं है।

मीरां अपने पति से मिलने की सोचती है, जो 'अगम के देस' में रहता है, जहां काल भी जाने से भय खाता है, जहां 'प्रेम का हौज' (तालाब) भरा है और 'हंस' (आत्मा) केलि करता है। वहां जाने की युक्ति ज्ञान द्वारा संभव है—'ग्यान जुगतां करां'। शील गुण के घूंघरू बांध, संतोषभाव का नृत्य करने से सांवलिया से प्रीत सध सकती है—

चालां अगम वा देस, काल देख्या डरां।
भरां प्रेम रा होज, हंस केल्या करां।
साधा संत रो संग, ग्याण जुगता करां।
धरां सांवरो ध्यान, चित्त उजलो करां।
सील घूंघरा बांध, तोस निरतां करां।
साजां सोल सिंगार, सोणारो राखड़ां।
सांवलिया सू प्रीत, मीरां सूं आखड़ां।

एक अन्य पद में मीरां अपने नयनों से साहिब को निहारती रहती है। वह उसे अपने नयनों में बसाना चाहती है। और फिर उसे अपने नयनों में पाकर पलक इसलिए नहीं झपकती कि कहीं वह ओट में गुम न जाए। वह फिर आंतरिक, आत्मिक मंडलों की यात्रा का, त्रिकुटि शिखर का संकेत करती हुई कहती है कि वह ध्यान में ऐसी टकटकी लगाएगी, जिससे तीसरे स्थान पर—सुन्न मंडल में अपनी सुरत को स्थिर कर लेगी—

नैनन बनज बसाऊं री, जो मैं साहिब पाऊं री।।
इन नैनन मेरा साहिब बसता, डरती पलक न नाऊं री।।
त्रिकुटी महल में बना है झरोखा, तहां से झांकी लगाऊं री।।
सुन्न महल में सुरत जमाऊं, सुख की सेज बिछाऊं री।।
मीरां के प्रभु गिरधर नागर, बार बार बलि जाऊं री।।

इतना ही नहीं मीरां निर्गुण संतों—कबीर, रैदास आदि की भांति साफ-मुखर शब्दों में तीर्थ-स्नान, देवी-देवताओं की उपासना, तीर्थों की यात्रा आदि का खंडन करती हुई कहती है—

बन जाऊं चरनन की दासी रे। दासी मैं भई उदासी।।
और देव कोई न जाणुं। हरि बिन भई उदासी।।
नहीं न्हावुं गंगा नहीं न्हावुं जमुना। नहीं न्हावुं कासी।।
मीरां कहे प्रभु गिरधर नागर। चरन कमल की प्यासी।।

इसमें कोई शंका नहीं कि मीरां ने बचपन से कृष्ण की मूर्ति प्राप्त कर उससे स्नेह किया। ज्यों-ज्यों वह बड़ी होती गई, कृष्ण का रंग और भी गहरा होता गया। यह मूर्त्त, सगुण, साकार कृष्ण मीरां की वाणी में अनेक नामों से अभिहित हुआ है—गिरधर गोपाल, हरि मोहन, प्रभु, पिया, सांवरिया, गोविंद, बंसीवारे ललना, बांके बिहारी, नंदलाल, नटवरनागर आदि नामों वाला अपनी बांकी चितवन से भीतर अटक गया है। किंतु हम देखते हैं कि ज्यों-ज्यों मीरां प्रौढ़ वय को प्राप्त करती हुई भक्ति एवं साधना की गहराइयां नापती है, संतों-साधुओं की विभिन्न धाराओं—विभिन्न संप्रदायों के साधु-संतों के ढिग बैठती है, त्यों-त्यों उसकी वाणी में नाथपंथी योगियों के शब्द ही नहीं, अवधारणाएं भी उतरती आती हैं। 'योगी' शब्द का कृष्ण के लिए उपयोग तो खासा भ्रम उत्पन्न कर विद्वानों में बहस का कारण बनता है—'जोगिया री सूरत मन में बसी'। किंतु बालपन और युवा भावनापरक उद्वेगी ज्वार के उतरने पर मीरां का सगुण कृष्ण कन्हाई निर्गुण ब्रह्ममय हरि अविनाशी में रूपांतरित हो जाता है। 'भक्ति' की जगह 'ज्ञान' ही समाधान बन जाता है। भले ही अल्प पदों में। गंगा, यमुना, कांशी अपने भीतर के मंडलों के आगे फीके ही नहीं व्यर्थ हो जाते हैं। मीरां की इस विकसित प्रौढ़ अध्यात्म-चेतना को कैसे बालपन-युवापन के आगे निरस्त्र किया जा सकता है? मीरां के विकसित 'स्व' को कैसे और क्यों द्वितीयक मानेंगे? क्या आप किसी भक्त के मनोवैज्ञानिक-आध्यात्मिक विकास की संभावनाओं को

नकार सकते हैं? और पचास साल पहले विद्वानों द्वारा दी गई स्थापनाओं को तर्कविहीन ढंग से दोहराते रहना चाहेंगे? जबकि तर्क बिलकुल भिन्न दिशाओं की ओर हमें ले जा रहे हों। इस संदर्भ में हम रैदास का उदाहरण देना चाहेंगे। सर्वविदित है कि रैदास पहले सगुणोपासक थे। कबीर के संपर्क में आने और चर्चाओं के उपरांत रैदास निर्गुण पंथ की ओर प्रवृत्त हुए। ऐसे ही नामदेव भी प्रथमतः सगुणोपासक थे। ज्ञानदेव की संगति में वह निर्गुण की आराधना करने लगे। यह स्वाभाविक पद्धति है—साकार, सगुण, स्थूल से निराकार, निर्गुण और सूक्ष्म की ओर विकास की।

युगबोध एवं तर्काश्रित ज्ञान के साथ मानव के बदलते-विकसित होते हुए समाज-वैज्ञानिक समीकरण और लोकतांत्रिक ज्ञान के साथ मानव के बदलते-विकसित होते हुए समाज-वैज्ञानिक समीरकण और लोकतांत्रिक क्षितिज हमें पुनः नए सोच के लिए दबाव दे रहे हैं। विश्व के बदले और तीव्रता से बदलते परिप्रेक्ष्य में जहां अध्यात्म विश्वमानव को भारत की ओर उन्मुख कर रहा है और यह अध्यात्म ही भौतिक, इकहरे-उथले सोच को संतुलित और गंभीर बनाकर मानवीय संकटों के समाधानों के मार्ग पर ला सकता है, वहीं धर्म एवं धार्मिक संप्रदायगत सोच थोड़ा संकोच और सीमाएं खड़ी कर सकता है। आज धर्म की रूढ़ अवधारणात्मक प्रकृति की अपेक्षा व्यावहारिक धार्मिकता-चेतना की जरूरत है। धर्म के बाह्य रूपों-पद्धतियों की अपेक्षा धर्म की आत्मा—अध्यात्म की आवश्यकता है। इसी प्रकार के सूक्ष्म तर्काश्रित निष्कर्षों को पुनः स्थापित करने हेतु हमें और अधिक सूक्ष्म विश्लेषणों-पद्धतियों-जांचों को स्वीकार करने में हिचक न होनी चाहिए।

कृष्णभक्त कवियों में अष्टछाप के कवियों को, जिन्हें पूर्वापर संप्रदाय की सरणि तथा भक्ति-परंपरा प्राप्त थी, मीरां के लिए तो वह भी सुलभ नहीं रही। वह किसी भी संप्रदाय से न जुड़ी न बंधी। जबकि अन्य अष्टछापी कृष्णभक्त हों या रामभक्त हों वे संप्रदाय, गुरु-दीक्षा और संप्रदाय द्वारा निर्धारित नियमों में सीमाबद्ध एवं संबद्ध रहकर चर्चा-भक्ति का निर्वाह करते हैं—मीरां इन सबसे मुक्त है। बल्कि इन सबको नकारती है। यों एक अन्य पक्ष से भी देखें तो मीरां इस दृष्टि से कहीं कबीर से भी भिन्न और लोकप्रिय, लोकमान्य संत ठहरती है कि कबीर के पूर्व यदि उन्हें सुस्पष्ट-स्थापित निर्गुण परंपरा उपलब्ध नहीं हुई, तो बाद में तो कबीरपंथ की एक लंबी परंपरा अभी तक कायम है, भले ही कई भेदों-रूपों में बंटी हुई है। मीरां को न तो पूर्व में स्थित ऐसी कोई संप्रदायगत परंपरा मिली, जिससे संबद्ध हो वह किसी सुनिश्चित मार्ग पर बढ़ती, न ही कोई घोषित-निर्विवाद गुरु परंपरा से वह जुड़ी तथा मीरां के बाद भी कोई संप्रदाय या उसके नाम से जुड़ी शिष्य-परंपरा स्थापित नहीं है। इस सबके उपरांत भी मीरां का नाम, ख्याति एवं उसकी वाणी का गायन-पारायण

दिनोंदिन विकासमान है तो यह मीरां के स्वर में निर्बाध, स्वतंत्र, मुक्त जनमानस की वेदना-संवेदनामयी संत वाणी का माहात्म्य ही है, जो अन्य संत-भक्तों से विशिष्ट है। उसमें दमितों, दलितों, उपेक्षितों, पीड़ितों की उन्मुक्त आत्मा को संबल मिलता है, जो हर प्रकार से, संतों की वाणी-प्रकृति के अति निकट है। अतः मीरां के उत्तर-साधनाकाल की प्रौढ़ वाणी-चेतना को, मर्म की दृष्टि से, संत ही स्वीकार किया जाना समीचीन है।

मीरां का लोक : लोक की मीरां

'लोक' बहुत व्यापक शब्द है। इसमें वह सब समाहित हो जाता है, जो परलोक से इधर इहलोक में है। अर्थात् स्थूल आंखों से दीखने वाला, मोटे अर्थों में, सब 'लोक' माना जा सकता है। इसी लोक की चेतना को वनवास-काल में राम ने जगाया, संगठित किया और रावण जैसे अति बलशाली के विरुद्ध भिड़ा दिया। फलस्वरूप विजय प्राप्त की। इसी लोक की चैतन्य साक्षी और आलोकमय चैतन्य स्पर्श से मंदिर में नई लाई गई भगवान् की मूर्ति में 'प्राण-प्रतिष्ठा' की जाती है, अन्यथा भगवान् भी 'प्राण-चेतना' की दृष्टि से विहीन माने जाते हैं। राम ने अयोध्या और जनकपुर की दो सेनाओं की सहायता लेकर रावण के विरुद्ध भिड़ने की अपेक्षा 'लोक' का सहारा लिया। इस लोक का एक अदना-सा प्राणी जटायु सीताहरण के बाद आकाश मार्ग से जाते रावण का मार्ग अकेला ही रोककर खड़ा हो जाता है। मानव प्राणी, पशु-पक्षी, वनस्पतियां आदि सब मिलकर जो लोक बनता है, उसी के बल पर रावण-विजयी राम को, उसके दो बालक-पुत्र लव तथा कुश पराजित करते हैं, क्योंकि राम अब राजा होते हैं और लोक लव-कुश के साथ होता है। आचार्य हजारीप्रसाद द्विवेदी के शब्दों में, "लोक...नगरों और ग्रामों में फैली हुई, वह समूची जनता है जिसके व्यवहारिक ज्ञान का आधार पोथियां नहीं हैं। ये लोग नगर में परिष्कृत रुचिसंपन्न तथा सुसंस्कृत समझे जाने वाले लोगों की अपेक्षा अधिक सरल और अकृत्रिम जीवन के अभ्यस्त होते हैं और परिष्कृत रुचि वाले लोगों की समूची विलासिता और सुकुमारिता को जीवित रखने के लिए जो भी वस्तुएं आवश्यक होती है, उनको उत्पन्न करते हैं।" साधारण जीवन में मानव के क्रियाकलापों में लोकपक्ष की पहचान द्विवेदी जी ने दी है। इस लोक की अकृत्रिम जीवनी शक्ति, सहज परंपरित रीति-रिवाजों, गहन विश्वासों, अनुष्ठानों, मान्यताओं, शकुन-अपशकुन, तंत्र-मंत्र, भूत-प्रेत, टोना-टोटका, स्वप्न, ज्योतिष आदि का अपना आत्मनिर्भर संसार होता है। लोकमानस से अधिक संबद्ध होने के कारण मध्ययुग में संतों की वाणी में यह लोक अधिक मुखर हुआ है। मीरां की वाणी लोकचित का गहनता से

अवगाहन करती है। लोकमानस में कागा, प्रिय का संदेसड़ा लाकर विरहिन का प्रेमभाजन बन जाता है। मीरां भी कागा का सहारा-सहायता लेती है। प्रिय का संदेश लाने पर उसकी चोंच को सोने से मढ़वाने का भरोसा देती ही। पंडित और जोशी (ज्योतिषी) भी मुंडेर पर कागा बोलने की कई-कई भविष्यवाणियां करते हैं। मीरां कहती है–

काग उड़ावत दिन गया, बूझे पंडत जोसी, हो।
मीरां विरहणि व्याकुली, दरसण कब होसी, हो।

विरहिण नायिका की बाईं आंख फड़कने के विश्वास के सहारे मीरां कहती है–

कद आसी गापियां वालो कान्ह फरूखै बाई आंखड़ी।

जो भाव हमारे चेतन मन में बाधा पाकर अवरुद्ध हो जाते हैं, वे अपने आवेगों सहित हमारे अवचेतन मन से सपने बनकर पुनः व्यक्त होते, आकार लेते हैं। फ्रायड की और लोक की इस अवधारणा के अनुसार राणा और श्रेष्ठि वर्ग-सामंतों और प्रचलित सामाजिक मर्यादाओं के अवरोध एवं भयवश मीरां भी सपने में गिरधर के साथ प्रणय-सूत्र में बंध जाती है। सुहाग पा जाती है–

मीरां को गिरधर मिल्याजी, पूर्व जनम के भाग।
सुपने में म्हांने परण गया जी, हो गया अचल सुहाग।।

मीरां के पदों में राजस्थान में मनाए जाने वाले पर्वों, उत्सवों का वर्णन भी उल्लेखनीय है। इनमें से होली और गणगौर पर्वों का विशेष उल्लेख है। गणगौर शिव-पार्वती पूजन का उत्सव है, जिसे कुंवारी युवतियां उत्तम वर-प्राप्ति हेतु एवं विवाहित पति के दीर्घ जीवन एवं मंगल कामनाओं के लिए मनाती हैं। मीरां कहती है–

रे सांवलिया म्हारे आज रंगीली गणगौर छै जी।
काली पीली बदली में बीजली चमके, मेघ घटा घनघोर, छै जी।

इसी प्रकार तीज, कार्तिक स्नान हों या सौगंध खाना या लोक-आभूषणों का

पहनना, चुड़ला, बाजूबंद, नथनी, बिछुआ आदि, पचरंग चोला पहनना, गिरमिट खेलना आदि का वर्णन मीरां ने किया है, जो लोकजीवन की समग्रता दिखता है।

मीरां की यह लोकचेतना की दृष्टि, भारतीय सांस्कृतिक दृष्टि का पुरातन आयाम है। भारतीय जीवन-दृष्टि समग्रतामयी है। वह अंशों, खंडों में स्थिति, घटना, देश-काल और समस्या को नहीं देखती, विशेषकर जब मूल्यों की और मूल्यांकन की आवश्यकता हो। जैसे ब्रह्मांड अपने आप में पूरा है, उसी प्रकार पिंड भी पूरा है। यही पिंड शब्द पंजाबी में, गांव के लिए प्रयुक्त होता है, जिसका आशय उस गांव से है जो आत्मनिर्भर और अपने आप में पूरा होता है। आयुर्वेद भी देह को विभिन्न अंगों में विभाजित न मानकर रोग की दैहिक समग्रता में देखता और उपचार करता है, जिसमें मन और प्राण भी सम्मिलित होते हैं। जब से पाश्चात्य खंडवादी दृष्टि अपनाई जाने लगी है, तब से समस्याओं के समाधान भी खंडित, ओछे, उथले, सतही और फौरी होने लगे हैं जो भिन्न-भिन्न रूपों में पुनः-पुनः उठ खड़े होते हैं। कबीर की भांति मीरां को भी विद्वानों ने खंडों में, अंशों में लिया और कई प्रकार के निर्णय दोहकर थोप दिए। कबीर के साथ ही विद्वानों ने कौन-सा न्याय किया जो मीरां से करते! जबकि कबीर ने स्वयं एक साखी में कहा है—

पूरे सों परिचय भया, सब दुख मेलया दूरि।
निर्मल कीन्हीं आत्मा, ताथैं सदा हुजूरि।।

पूर्ण तो मात्र ब्रह्म ही है। आत्मसाक्षात्कार के बाद परम आत्मसाक्षात्कार करने वाला कबीर इसी अध्यात्म की विराट्, विशाल-अपार्थिव (पार्थिव सहित), अलौकिक भूमि पर खड़े नहीं होते तो महज एक व्यक्ति होने के नाते तत्कालीन मदांध शक्तियों को—बादशाही ताकतों, कठमुल्लाओं, मूढ़ पंडों से कैसे, किस बिना पर सामना करते-ललकारते! कबीर को जैसे मात्र एक व्यक्ति मानने की भूल की जाती रही है, उसी प्रकार मीरां के प्रति भी कई-कई भ्रमित विचार, मत, निर्णय थोपे जाते रहे हैं। कबीर को नारी-निंदक तक कह देने वाले विद्वानों ने समग्रता में न देखते हुए ये कथन किए हैं, जोकि बड़ी आपत्तिजनक बात है।

जैसे व्यक्ति को चेतन, उपचेतन, अवचेतन में अति सूक्ष्म विभाजनों में बांटना, देखना संभव और न्यायकारी नहीं, तो फिर ऐसी संत की वाणी को—परा-वाणी, अलौकिक वाणी न मानकर भौतिक-लौकिक प्रेमवाणी मानना कहां तक न्यायसंगत है? चार सौ सालों की कालावधि को अपनी अजरता, अमरता के बल पर नकार आई वाणी, करोड़ों लोगों को आज तक मुक्त करती आई, मोक्षदायी वाणी को दैहिक

तथाकथित वासना से जोड़कर देखना, भारत की समग्रतावादी जीवन-दृष्टि का तथा मीरां की आध्यात्मिक चैतन्य दृष्टि का अपमान है।

भारतीय समाज में बचपन से ही गुड्डे-गुड़िया के खेल में बच्चे घर बनाना, पति-पत्नी के खेल खेलना सीख जाते हैं। तब क्या उनके चेतनरूप मन में जरा भी कामवासना की गंध होती है? नहीं होती! 'पति-पत्नी' शब्दों का प्रयोग भी क्या वे खेल-भावना से नहीं करते? इसके अतिरिक्त भारतीय धर्म-दर्शन में परमात्मा को पति-प्रेमी और आत्मा को पत्नी-प्रेमिका मानना भी संभवतः विद्वानों के भ्रमित कथनों का आधार हो सकता है। हम देखते हैं कि कबीर, पुरुष होते हुए भी अपने को 'राम की बहुरिया' मानते हैं और राम से ब्याह रचाते हैं। दक्षिण की कृष्णभक्त कवयित्री आंडाल मीरां से डेढ़-दो सौ साल पहले, पत्नीभाव से ही अपने आलंबन के गीत गाती है। तब क्या उसे भी मीरां की भांति ही हम भौतिक प्रेम के कठघरे में खड़ा कर दें? मीरां घनश्याम के लिए यदि 'पिउ' शब्द का प्रयोग करती है तब हम उसे 'भौतिक पत्नी' के कठघरे में खड़ा करने की हिमाकत क्यों करते हैं?

पिउ की बानी न बोल पपीहा,
घन आए घनश्याम दूर हैं।
हिरदय में बसी मोहिनी मूरति,
पर पलकन से श्याम दूर हैं।।

विरहिन के लिए वर्षा ऋतु, पपीहे की पिउ-पिउ बोल अत्यधिक मर्मांतक और पीड़ादायक होते हैं। 'घन आए, घनश्याम दूर हैं'—कहकर मीरां अपनी मानसिक पीड़ा को व्यक्त कर रही है। हृदय में तो श्यामसुंदर, घनश्याम कृष्ण की मूर्ति गहरे में स्थित है, किंतु आंखों से वह दीख नहीं रहे, यही मीरां की व्याकुलता का कारण है। बाहरी हेतु—वर्षा के घन, पपीहा, पिउ की ध्वनि, भावों को उद्दीप्त कर रहे हैं, घनश्याम के अभाव की भावनाएं भड़का रहे हैं, किंतु वह प्राणप्रिय दूर हैं। यह दूरी, इस घड़ी में सालने वाली है।

किंतु मीरां के आलंबन का प्रश्न हमने उठाया था। यह आलंबन-घनश्याम का भौतिक देह-सुख का नहीं, आत्म-आनंद का है। मीरां ने स्वयं ही स्पष्ट कर दिया है कि—

ऐसे वर को क्या वरूं, जो जनमै और मर जाय।
वर वरियां गोपाल को, म्हारो चुड़लो अमर हो जाय।।

मीरां सामाजिक व्यक्ति होने के नाते, सामाजिक संबंधों, रवायतों, रीतियों, व्यवहारों की शब्दावली का प्रयोग करती है। इसी कारण उसकी वाणी का, कविता का, साधारणीकरण भी सरलता से हो सका और अपनी-अपनी विरह-पीड़ा में तब से आज तक नारियां उसे गाती हैं। उनके कंठहार बने हुए हैं मीरां के पद। इन पदों को गाकर वे अपनी पीड़ा से दर्द से, वेदना से विरेचन-सुख अर्जित करती आई हैं, करती हैं। फिर कई-कई ऊहापोह हैं मीरां के मन में। जिस गोपाल को उसने स्वयं चाहकर सपने में वरण किया है--वह गोपाल शायद इसलिए निकट नहीं आ रहा, क्योंकि 'मैं मैली पिय ऊजरौ, मिलणा कैसे होई।' मीरां को अपनी सांसारिकता-सनी, लौकिक मैली (माया) स्थिति का भान है तो प्रियतम कृष्ण की अलौकिकता का, दिव्यता का–ऊजरो (उजला) होने का भी अहसास है।

मीरां ने लोक से उसकी भाषा, वेदना, करुणा की समृद्ध अनेक छवियां, धाराएं अवरुद्ध भावनाएं ली हैं और उन्हें एक महाआयामी उद्दाम प्रवाह दे दिया, जिसमें राजस्थान, राजस्थानी भाषा, राजस्थानी लोकमानस लबालब भरा हुआ है, जो प्रांत की, सामंती समाज की, पुरुषवर्गीय मर्यादाओं की बाधाओं को तोड़कर बह निकला। इसमें संपूर्ण देश का संपूर्ण अवरुद्ध जनमानस संपूर्ण रूप से अवगाहन करने और तृप्ति अनुभव करने लगा। ब्रज, गुजराती, पंजाबी, मराठी ही नहीं, उड़िया, बांग्ला आदि भाषाओं में मीरां के पदों की व्याप्ति इस तथ्य को उजागर करती है। तत्कालीन केंद्रीय शासकों की भाषा के अरबी शब्द हों–अरज, कीमत, अरजी आदि या फिर फारसी शब्द हों–चाकर, चाकरी, दर, दरद आदि, इनसे मीरां की लोकचेतना और लोकसंग्रही प्रकृति की पुष्टि होती है, जिसे मीरां द्वारा प्रयुक्त मुहावरों में भी देखा जा सकता है–दर दर डोल्यां, बोल सह्यां, रंग राच्या, बाट जोवा आदि। मीरां ने लोक से उसकी परंपरित पीड़ा को, सामंतवशाही में अवरुद्ध भावनाओं को ग्रहण किया किंतु उसी लोक की मर्यादाओं को जो मुख्यतः राजा-सामंतों-पुरोहितों द्वारा निर्धारित थीं, को त्याग दिया और चुनौती के साथ कहा–

लोकलाज कुल की मर्यादा यामें एक न राखूंगी।

इस विद्रोही मुद्रा पर लोक ऐसा रीझा कि इन्हीं शब्दों को गाकर अपने भावों का विरेचन करने लगा। अपने लिए मुक्ति की सांसों का झरोखा देखकर राजस्थानी नारियां उल्लासित हो गाने लगीं और देशभर की नारियां उन्हें उत्कंठित भाव से अपनाने लगीं। मीरां के विद्रोही भाव लोक के हो गए। लोकचेतना के साथ मीरां की वाणी घुल-मिलकर लोकार्पित हो गई, लोक की थाती बन गई। यही मीरां का

समग्रतामय लोक है। इसमें मीरां का चित्त भी मिलकर एकाकार हो गया है।

डॉ. जयपाल सिंह राठौड़ (संपादक 'लूर') ने मीरां के लोक-प्रसिद्ध गीतों को, जिन्हें हरजस (हरियश) कहा जाता है, एकत्र करके 'लूर' पत्रिका का अंक संपादित किया। उनका कथन यहां उद्धृत करना समीचीन होगा—

"मीरां राजस्थानी जनमानस में एकादशी और तुलसी की भांति मानी गई है जिसके स्मरण मात्र से सांसारिक दुःख और पाप विनशते हैं।"

"सभी प्राणियों के प्रति दयादृष्टि और विनय का आर्त्त भाव मीरां की वाणी में है, जहां किसी को कोई भी प्रताड़ना नहीं है। मीरां ने भागवत और गीता के उपदेश श्रवण कर अक्षरशः जीवन में रमा लिए थे, तभी तो वहां एक को छोड़कर दूसरी धारणाओं के लिए अवकाश नहीं है। गीता के माध्यम से कहें तो—

सक्ताः कर्मण्यविद्वांसो यथा कुर्वन्ति भारत।
कुर्याद्विद्वांस्तथासक्तश्चिकीर्षुर्लो कसंगहम।।

"हे भारत! कर्म में आसक्त हुए अज्ञानी जन जिस प्रकार कर्म करते हैं आसक्तिरहित विद्वान भी लोकसंग्रह करना चाहता हुआ उसी प्रकार कर्म करे।।25।।
श्रीमद्भगवद्गीता, अध्याय-3

"ऐसा कौन है जो हरि नाम के सहारे ही सांसों की डोर से चलता है, जिसे हरि नाम की बायड़ आती है, यश की तनिक भी इच्छा नहीं है। जिसे न राज्य का भय है, न सत्ता का, न रूप का गर्व, न यौवन का, किसी का भी मद नहीं। भूख-प्यास की चिंता नहीं, नींद की परवाह नहीं। संपूर्ण मर्यादाओं को धारण कर अपना संपूर्ण समर्पण उसके अधीन! वह है—मीरां।"

—'लूर', मीरां विशेषांक, जुलाई-दिसंबर, 2003, पृ. 9-10

लोकवाणी में मीरां के प्रति आदरभाव और श्रद्धाभाव के उक्त उद्धरणों से यह भी सिद्ध होता है कि लोक ने अपने विवेक की तुला पर तोलकर और सत्य की कसौटी पर कसकर मीरां के व्यक्तित्व और कथन को स्वीकार किया है। लोकमानस पर राज करना विरलों को ही नसीब होता है, जिसे लोकमानस स्वीकार कर ले। मीरां लोकमानस पर विराजने वाली सम्राज्ञी है, उसका शासनकाल अनंत काल तक निरंतर चलते रहने वाला है।

मीरां वाणी : विद्रोही आयाम

यों तो समूचा सृजनकृत्य अपने आप में विद्रोह-आयाम होता है और सभी संत अपने स्वभाव एवं प्रकृति से विद्रोही ही होते हैं, तो भी मीरां जैसी नारी संत अपने तत्कालीन समाज, जीवन, परिवेश, मूल्यों-परंपराओं की जिस जकड़बंदी के प्रति अपना अस्वीकार, विरोध और प्रतिकार दर्ज करती है, वह उसे, उसकी वाणी को खुले विद्रोह की सीमा में ले आते हैं। परिवेश में व्याप्त अप्राकृतिक, मानव-विरोधी, स्वतंत्रता-विरोधी स्थितियां-दशाएं जब दमघोंटू हो जाती हैं, तब संवेदनशील, स्वाभिमानी, स्वतंत्रचेता, सर्जक व्यक्तित्व उनके प्रति विद्रोही हो उठता है। ऐसे सचेत मानवीय व्यक्तित्वों की वाणी और कर्म में प्रत्याख्यान के कीटाणु स्वयमेव सक्रिय होकर फूट पड़ते हैं। मानव-अस्तित्व-विरोधी स्थितियों-मूल्यों की रचयिता शक्तियों के विरुद्ध विद्रोह का उद्‌घोष करने वाली वाणी चेतना के धरातल पर मौलिक एवं मानवीय होती है। वह अस्वीकृति ही नहीं, प्रतिवाद करती हुई खुल्लमखुल्ला प्रभुता-विरोध तक करती है। इस प्रक्रिया में पक्ष-त्याग, अनाज्ञाकारिता से लेकर अमानवीय, अप्राकृत का खंडन करने एवं प्रत्याक्रांत तक करने की प्रवृत्तियां सिमट आती हैं। समाज-स्थापित सड़ चुकी मर्यादाएं, रीतियां, खोखले आदर्श जीवन-शोषी नियम-विधान, अन्याय, भ्रष्ट आचरण आदि से लेकर राजतंत्र, शासन-व्यवस्था को नकारने के जोखिमों को स्वीकार किया जाता है। विद्रोही स्थिति, क्रांति से पूर्व और विरोध-अस्वीकार के बाद की स्थिति है। जहां क्रांति किन्हीं निश्चित सिद्धांतों पर आधारित, समाज में व्यापक उलट-फेर एवं जीवन-दर्शन को अपने में समाहित किए रहती है। वहां विद्रोह क्रांति-चेतना से आत्मीय संबंध रखता हुआ गहरे मानवीय मूल्यों, वैयक्तिक और सामाजिक समवेत भूमिका पर अपनी सक्रियता दर्ज करता है। वह क्षणिक क्रोध से भिन्न होता है। समझौतावादी, सुविधाप्रदायी प्रलोभनों से नितांत पृथक् विद्रोही चेतना बड़ी गहरी मानवीय प्रवृत्तियों की पक्षधर होती है, जिससे समाज, परिवेश में व्यापक परिवर्तन संभव होते हैं।

उक्त लंबी भूमिका इसलिए ताकि संत कवयित्री मीरां के विद्रोह और उसकी

व्याप्ति को, तत्कालीन रूढ़, सामंती, मध्ययुगीन समाज के संदर्भों में समझा जा सके। मीरां का परिवेश राजघराने के मूल्यों-मर्यादाओं से बना-घिरा हुआ तो था ही, तत्कालीन राजनीति भी सामंतवाद की पोषक थी। समाज को अपने प्रभाव में सामंती मूल्यों, रुचियों, नियमों, सुविधाओं, मान्यताओं के पालन को बाध्य होना पड़ता था। सामाजिक परिस्थितियों के अंतर्गत ही हिंदुओं में जातिवाद, ऊंच-नीच की भावना भी गहरे में जमी थी। उच्च वर्ग विलासी, अन्यायी तथा क्रूर एवं अत्याचारी था। स्वेच्छाचारिता उसके स्वभाव का अंग थी। इस्लाम धर्म के प्रभाव ने हिंदू धर्म-व्यवहार में बड़े परिवर्तन और तनाव उपस्थित कर दिए थे। अनेक बुराइयां प्रतिक्रियास्वरूप पैदा हो गई थीं। जैसे बाल-विवाह, पर्दा-प्रथा आदि। नाथपंथी रीतियों-कुरीतियों के अवशेष अपनी जड़ जमाए हुए थे। इन सबके परिणामस्वरूप हिंदू समाज में संकीर्णता ने उग्र रूप धारण कर समाज को जकड़ रखा था।

ऐसी विरोधी घुटनभरी, संकीर्ण परिस्थितियों में मीरां ने अपने बालपन में ही जिस कृष्ण के साथ लौ लगा ली, उसने तो द्वापर युग में ही खुली सामाजिक स्थितियों में नारी-स्वातंत्र्य की स्थापना कर दी थी। त्रेता युग-राम के मर्यादावादी मूल्यों के विरुद्ध द्वापर में—लीला विहारी और परिणीता रुक्मिणी के स्थान पर प्रेमिका-आराधिका राधा को स्थापित कर दिया था। मीरां तो राधा का ही अवतार मानी जाती है। अतः मीरां का अभावमय, संत्रासपूर्ण जीवन अपनी स्वाभाविक प्रतिक्रिया में विरक्ति की मनोदशाओं की ओर झुकता गया। अपने प्रियजनों की मृत्यु, वैधव्य और ससुराल द्वारा लगाई बंदिशें, दी गई यातनाओं के फलस्वरूप मीरां की चेतना को कृष्ण का पल्लू थामकर विद्रोह का मार्ग ही अनुकूल, सुलभ प्रतीत हुआ। वह महलों से उतरकर गलियों-चौराहों पर आ गई। राजदरबार से, जिन्हें दूरी पर रखा जाता, मीरां स्वयं उन साधु-संतों के निकट आ गई। उसने दूरी मिटा दी।

अतः मीरां ने निर्भीक होकर कहीं तत्कालीन सामाजिक नियम-विधानों का, तो कहीं राजघराने की स्थापित मर्यादाओं का, कहीं सामंती मूल्यों के पोषक पुरुष-सत्तात्मक समाज की परंपराओं का खुला नकार करके अपनी आत्म-सत्ता की स्वतंत्र अभिव्यक्ति अपनी वाणी में की है। मीरां आत्म-परमात्म के मार्ग पर बढ़ चली, जहां सांसारिक जीवन-मूल्यों से ऊपर अस्तित्व का स्वाधीन अधिष्ठान है। मीरां विवाह-पूर्व ही अपनी मां से कहती है—

माई री! हूं तो सपना में वरण्यो गोपाल।
मती करो म्हारी ब्याव-सगाई, क्यूं बांधो जंजाल।
झूठा मात पिता सुत बंधू बध्यो अबध्या ख्याल।

और साथ ही यह भी कह दिया–'मेरे तो गिरधर गोपाल दूसरो न कोई।' अतः वह निर्द्वंद्व होकर 'मान-अपमान दोउ घर पटके निकसी ग्यान-गरी।' ज्ञान की गली में निकल पड़ी इस मीरां को सभी रोकते हैं, बरजते हैं कि इस मार्ग पर न जाओ। परिवार की, कुल की मर्यादा का कुछ ध्यान रखो किंतु मीरां कहां मानने वाली थी। वह कहती है–

राजा बरजै, राणी बरजै, बरजै सब परिवारी,
कुंवर पाटवी सो भी बरजै और सहेल्यां सारी।
साधन के ढिंग बैठि बैठि के लाज गमाई सारी,
नित-प्रति उठि नीच घर जाओ, कुल को लगाओ गारी।

सारा संसार, सांसारिक जीवन-संबंध झूठे हैं, मिथ्या हैं। ऐसी धारणा ही नहीं, विश्वास मीरां ने अर्जित कर लिया है। तो सत्य क्या है? ब्रह्म ही सत्य है। ब्रह्म के प्रेम की प्रतीति सत्य है। इधर परिवार और समाज का विरोध और उधर मीरां का ब्रह्म-कृष्ण प्रेम बढ़ता गया। मीरां के देवर राणा का विरोध तो शत्रुता की हदों को पार करके घातक हो गया। राणा मीरां के प्राण लेने पर उतारू हो गया। विष का प्याला भेजा तो मीरां उसे पीने के बाद भी बच गई। पिटारी में सांप भेजा तो भी मीरां को कुछ नहीं हुआ। भोलेपन से वह पूछती है कि 'राणाजी थे क्यांने राखो म्हांसूं बैर।' अंततः मीरां स्वयं कह देती है–

नातो सगो परिवार सारो मने लागे मानो काल।

अर्थात् सगे नाते और सारा परिवार ही मुझे कालरूप मृत्यु ही दिखाई देता है। इससे मीरां की विद्रोही वाणी को और धार मिलती है। मीरां सीमित परिवार और विद्वेषी समाज से तो कटती गई, किंतु व्यापक मानव समाज और अध्यात्म-परिवार से जुड़ती चली गई। ब्रह्म-गिरधर, व्यापक-संपूर्ण सृष्टि में व्याप्त होने से मीरां के लिए बड़ा संबल है। उसने स्वयं को कभी अकेला अनुभव नहीं किया। बल्कि और भी मुखर होकर कहती है, 'बरजी मैं काहू की न रहूं।' कोई निन्दो कोई बिन्दो म्हें तो गुण गोबिंद का गास्यां।' कोई कितना ही बरजे और निंदा करे, अब मैं किसी के कहने में न रहूंगी और न निंदा से डरूंगी। मैं तो खुलेआम गोबिंद का गुण गाऊंगी। क्योंकि मैं तो 'सांवरे के रंग राची हूं। ऐसी रंगी हूं कि मेरा इस संसार में अन्य कोई नहीं रहा, सिवाय गिरधर गोपाल के।

राणा जी (देवर) के अतिरिक्त मीरां की ननद ऊदाजी, जिसे मीरां को समझाने-बुझाने और सही मार्ग पर लाने का काम सौंपा गया था, के साथ लंबा संघर्ष और संवाद चलता है, किंतु मीरां उसे अपने निर्भीक उत्तरों और तर्कों से पछाड़ देती है। ऊदाजी मीरां को भांति-भांति से राणा के राजसी भय से डराती है, सामाजिक निंदा से भयभीत करना चाहती है, परिवार-बाहर, समाज-बाहर की चेतावनियां भी व्यर्थ हो जाती हैं। वह कहती है कि–'बाई ऊदा' समाज निंदा करता है तो करे, 'झख मारे', मेरा मन तो 'रमता राम' से जुड़ गया है। यथा–

न जाऊं पीहर सासरे जी, जाय बसूंगी काशी।
इन राणाजी को मुख नहीं देखूं सीसोद्या पसताशी।।

न तो पिता के घर जाऊंगी और न ससुराल जाऊंगी। इन सबको त्यागकर काशी में जा बसूंगी। तुम्हारे इन राणा जी का मुख भी न देखूंगी, तब सिसोदिया वंश के लोग पछताएंगे कि उन्होंने कितना गलत काम, अन्यायपूर्ण कृत्य किया है।

मीरां ने सबसे बड़ा विद्रोही कृत्य यह किया कि उसने स्वयं की वेशभूषा का स्तर भी, राजपरिवार की पहचान भी बदल डाली और साधु-वेष धारण करके अपने को सामान्य जन से, साधारण जीवन से जोड़ लिया। अर्थात् एक तरह से वर्ग-विहीन कर लिया। इतना ही नहीं, उन सभी वर्जनाओं का उल्लंघन किया जो उच्च वर्ग एवं तथाकथित सभ्य समाज में अपनी विशिष्ट पहचान के लिए अनिवार्य स्वीकार करता है। युवती एवं रूपवती होकर वह साधु-संतों के साथ खुलेआम घुलती-मिलती, उठती-बैठती। अजनबी, निम्न माने जानेवाले पुरुषों के साथ उसके इस बेबाकी से संपर्क करने को भारतीय समाज स्वीकार नहीं करता था। नारी-स्वतंत्रता उसे किसी भी तर्क पर स्वीकार न थी। मध्ययुगीन समाज की अपनी मान्यताएं एवं सोच की सीमाओं को मीरां का स्वच्छंद संत आचरण कैसे सह्य होता। विद्रोही व्यक्तित्व के लिए सबसे अधिक जरूरी होता है अपने विचारों पर दृढ़ एवं अडिग रहना। तभी वह अपने उद्देश्य में सफलता प्राप्त कर सकता है। हम देखते हैं कि मीरां इस कसौटी पर भी खरी उतरती है। वह अपने सोच, व्यवहार, दिशा पर अडिग रही। सभी प्रकार की चुनौतियों को स्वीकार किया। मूल्य चुकाया। विपत्तियों को झेला। अपने उद्देश्य-अध्यात्म मार्ग को न छोड़ा, चित्तौड़ छोड़ दिया। गिरधर गोपाल को नहीं छोड़ा, मायका और ससुराल छोड़ दिया। उसने, वस्तुतः अकेले ही मध्ययुग में नारी-स्वातंत्र्य की लड़ाई लड़ी और जीती। उसने व्यर्थ के बंधनों को तोड़ा और स्वयं को उच्च, शासी, राजकुल की जड़ता से तोड़कर सामान्य जन की प्रवाही जीवनधारा और अध्यात्म की

जीवनदायी धारा से संयुक्त किया। इससे मीरांबाई तुलसी, सूर की भांति बिना किसी पूर्वापर संप्रदायगत सुविधाओं के ही समाज में, लोक में आज तक अपने लिए एक अपूर्व ख्याति एवं सम्मान का स्थान सुरक्षित रखे हुए है।

मीरां की कविता सामाजिक विद्रोह या जीवन की सार्थकता की ही नहीं, अपितु आत्मिक मुक्ति की करुण पुकार पहले है, जो हर प्रकार के बंधनों को, सामाजिक भी, तोड़ डालना चाहती है। अतः उसकी पुकार एवं अनुभूति अपनी प्रामाणिकता के साथ सहज संप्रेषित भी होती है। शेष काव्यगत सौंदर्याभरण स्वयं गुंथते चले गए हैं। अतः मीरां की भाषा भी, अपनी पीड़ा एवं अनुभूति के पीछे चलती प्रिय को आत्म-संबोधित टीस की भांति, मां-बोली मेड़ती है। काव्यास्वाद, सौंदर्यतत्व एवं आनंद का यही स्वाभाविक मूल कारण है। छंद, अलंकार, रूपक आदि मेड़ता की धरती, जीवन-परिवेश में घुले-मिले कथन-प्रकारों और परंपरित आख्यानकों के तत्त्वों से युक्त हैं। उनेक लिए पृथक से कोई आयास-प्रयास की न तो मीरां जैसी आवेगी भावनाओं की कवयित्री को कोई सुधबुध थी, न आवश्यकता, न अवसर था, न हेतु। सब कुछ प्रिय ही प्रिय था और उससे मिलन की तड़प थी। राजपाट, राजपरिवार, मान-मर्यादा, समाज, मूल्य, लोकलाज, आदि कोई अस्तित्व नहीं रखते थे।

हां, हम अपने वर्तमान में खड़े होकर आज देखें, तो कह सकते हैं कि मीरां विद्रोहिनी नारी थी। उसने अपने देशकाल में बड़ी क्रांतिकारी भूमिका निभाई। क्योंकि, वस्तुतः जो कुछ मीरां ने तब किया था या उससे हुआ या बन पड़ा, कारण कुछ भी रहे हों, वह एक विद्रोही, क्रांतिकारी भूमिका तो थी ही। इस दिशा में इस भूमिका में राजस्थानी परिवेश में अपने पैरों के निशान छोड़ने वाली वह राजघराने से खुली गली में उतरी पहली स्त्री संत सिद्ध होती है। इतिहास के ललाट पर अपनी उपस्थिति की ऐसी अमिट इबारत लिख जाना मात्र विद्रोही या विमर्शी आज्ञाओं के वश की बात नहीं। उसके लिए कृष्ण-सा प्रिय भी चाहिए और मीरां जैसी विरहिन संत भी!

क्रांति मात्र भौतिक ही नहीं होती, आध्यात्मिक भी होती है। भौतिक क्रांति, कारणों के मिट जाने पर या बीच में ही चुक जाने पर विफल हो जाती है जबकि आत्मिक-आध्यात्मिक क्रांति विफल नहीं होती, बल्कि स्थायी रूप में सतत विकसित होकर संक्रांति में परिणत होती है। देह, मन, आत्मा के तिहरे अस्तित्व-स्तरों पर युगीन परिवर्तनों के—ऋतु, समाज, देश, काल की साक्षी में घटित होने पर, संक्रांति कही जाएगी। मनुष्य अस्तित्व के तीनों आंतरिक स्तर बाह्य के तीनों अस्तित्व-स्तरों के साथ सायुज्य रूप में परिवर्तित होते हैं और वह भी स्वतः स्वीकार्य में। जबरन या बलात् नहीं। मीरां क्रांति ही नहीं संक्रांति का ऐसा बवंडर थी, जिसकी प्रेरणा से

गिरधर को प्रिय-प्रेमी-सखा मानकर घर-घर, गली-गली, गांव-गांव, शहर-शहर नारियां मुक्तभाव से नृत्यरत हो गईं—मैं तो गिरधर के रंग राची!' का भाव सबका भाव हो गया। मीरां की भक्ति, मस्ती और आसक्ति ने ऐसी हवा चलाई कि वह युगों के पार हो गई किंतु थमने का नाम ही नहीं ले रही। भक्ति-मुक्ति की ऐसी संक्रामक परिणति युगों-युगों तक अविरल है, अदमित है, अविच्छिन्न है। मीरां संक्रांत चेतना की अभूतपूर्व उपलब्धि है, जो मानव समाजों के लिए शाश्वत दृष्टांत बन गई। अपने आप में अद्भुत और विलक्षण। जो बनाई नहीं जाती, जिसे मानव संस्कृतियां अपनी सैकड़ों-हजारों वर्षों की सर्जनात्मक आकांक्षाओं में पालती और जन्म देती हैं।

द्वापर में कृष्ण हुए। उन्होंने त्रेता के राम से भिन्न, 'मर्यादा' की जगह 'प्रेम' की स्थापना की तो कृष्णभक्ति के प्रवर्तक बल्लभाचार्य, विट्ठलनाथ, अष्टछाप के कवियों द्वारा तैयार की गई आध्यात्मिकता एवं प्रेम के जल से सिंची भूमि से मीरां का जन्म हुआ। कृष्ण न होते, प्रेम न होता तो मीरां न होती। किंतु मीरां ने जैसे कृष्ण को कमाया, अपनाया, वह एक सर्वथा अनूठापन लिए है, नई पहल लिए है।

मीरां की गति अपने मूल की ओर है, बीज की ओर है। भक्ति, निष्ठा, अभिव्यक्ति—सभी स्तरों पर मीरां ने अपने अस्तित्व को, मूल को अर्जित किया है। आत्मिक, परम-आत्मिक उत्स (कृष्ण) से जुड़कर जीवन को उत्सव बनाने में वह धन्य हुई। अस्तित्व की गति, लय, छंद को उसने निर्बंध के मंच पर गाया है, जीया है।

मीरां उफनती आवेगी बरसाती नदी की भांति वर्जनाओं की चट्टानें तोड़ती, राह बनाती अपने गंतव्य की ओर बेरोक बढ़ती चली गई। वर्जनाओं के टूटने की झंकार से मीरां की कविता उत्पन्न हुई। वह हर स्तर पर लगातार वर्जनाओं को क्रम-क्रम तोड़ती चली गई। राजपरिवार की, रनिवासे की, सामंती मूल्यों की, पुरुष-प्रधान समाज द्वारा थोपे नियमों की कितनी ही वर्जनाओं की शृंखलाएं मीरां ने तोड़ फेंकीं और मुक्त हो गई। इतना ही नहीं, तत्कालीन धर्म-संप्रदाय की वर्जनाओं को भी अस्वीकार कर दिया। तभी मीरां मीरां बनी।

संत दादू : जीवन चरित्र

भारत अनंत काल से अध्यात्म का, ऋषियों, महात्माओं और संतों का देश रहा है। भारत की इस पुण्य-भूमि पर समय-समय पर महान और अवतारी पुरुष प्रकट होते रहते हैं। संत शिरोमणि श्री दादूदयाल, नामदेव, कबीर, रैदास, नानक जैसे ही महान संत थे। कहते हैं कि अहमदाबाद नगर में लोदीराम नाम के नागर ब्राह्मण थे। वह सब प्रकार से सुखी और साधन संपन्न होते हुए भी पुत्र के अभाव से बहुत दुखी थे। एक दिन एक वृद्ध संत ने उन्हें दर्शन दिए और उनका दुख जानकर कहा कि कल साबरमती नदी में तुम्हें जल पर तैरता हुआ एक बालक मिलेगा। तुम उसे अपना पोष्य पुत्र मानकर पालन करना। वह एक ब्रह्म-ज्ञानी लोक-कल्याणकारी सिद्ध महापुरुष होगा। संत के कथन के अनुसार विक्रम संवत 1601 की फाल्गुन शुक्ल अष्टमी गुरुवार को दादूजी महाराज कमलदल के ऊपर तैरते हुए प्रकट हुए। इस प्रकार उन्होंने यही संकेत दिया कि इस नश्वर भौतिक संसार में कमलदल की तरह निर्लेप रहना चाहिए। श्री दादूजी महाराज स्वयं भी आजीवन संसार से निर्लिप्त रहे। ग्यारह वर्ष की आयु में कांकरिया तालाब में खेलते समय अचानक एक वृद्ध साधु ने उन्हें दर्शन दिए और अगम अगाध ब्रह्म के दर्शन कराए। बालक दादू के मस्तक पर हाथ रखकर आशीर्वाद दिया और कहा कि तुम संसार को निर्गुण, निराकार ब्रह्म की उपासना का उपदेश देकर दुखों से मुक्ति दिलाओ। यही दादूजी की गुरुदीक्षा थी। उनके जीवन का प्रवाह भगवद भक्ति की दिशा की ओर मुड़ गया। दादूजी की एक साखी में इसका उल्लेख इस प्रकार है—

दादू गैब मांहि गुरुदेव मिल्या, पाया हम परसाद।
मस्तक मेरे कर धरया, दष्या अगम-अगाध।।

उन्नीसवें वर्ष में श्री दादूजी महाराज ने अहमदाबाद छोड़ दिया और राजस्थान की ओर चल पड़े। मार्ग में आबू पर्वत होते हुए उन्होंने माणकदास तथा ज्ञानदास को

अपना ध्येय बताया और उन्हें अध्यात्म की प्रेरणा दी।

करड़ाला निवास—दादू स्वयं धर्म-प्रचार करते हुए आबू पर्वत पधारे। वहां से करड़ाला होते हुए पुष्कर पहुंचे। पुष्कर से बारह किलोमीटर दूर करड़ाला पहाड़ (कल्याणपुर पर्वत) को अपना साधना-स्थल बनाया। यहीं एक ककेड़ के वृक्ष तथा एक विशाल शिलाखंड के निकट ध्यानस्थ रहा करते। इस पर्वतमाला की एक चोटी पर साधना-भ्रष्ट एक प्रेत रहता था। वह लोगों को डराता और दुख दिया करता था। इस प्रेत को प्रेतयोनि से दादूजी ने मुक्त किया। करड़ाला धाम की पहाड़ी की तलहटी में दादूद्वारा, छतरी तथा आश्रम बना हुआ है। पंच तीर्थों में करड़ाला प्रथम धाम के रूप में जानाजाता है। यहीं पीथा नामक डाकू ने कुकृत्य छुड़वाकर उसे निकट की पहाड़ी पर 'महारस लीला' के दर्शन कराए और सद्मार्ग पर लगाया। पीथा ने भी प्रतिज्ञा की—

गंग यमुन उलटी बहे, पश्चिम ऊगे भान।
पीथा चोरी ना करे, 'गुरु दादू' की आन।।

सांभर में साधना—दादू की महिमा दूर-दूर तक फैलती गयी। यहां से संत दादूदयाल जी अजमेर, भीलवाड़ा, चितौड़ होते हुए सांभर पहुंचे जोकि नमक की झील होने के कारण प्रसिद्ध है। इस झील के मध्य एक टेकड़ी पर कुटिया बनाकर रहने लगे। प्रायः छः वर्ष तक यहां साधना व प्रवचनों द्वारा प्रसिद्धि प्राप्त की। नगर के निकट होने के कारण उनके दर्शनों और धर्म उपदेश सुनने के लिए हिंदू-मुसलमान आदि विभिन्न संप्रदायों के लोग आने लगे थे। यहीं उन्होंने 'समत्वयोग' की अनुभूति की। शुद्ध चैतन्य-परब्रह्म परमात्मा उनका उपास्य था। निरंजन राम तथा 'सत्य' उनके उपदेशों का केंद्र होता। निर्गुण आधार की प्रधानता के कारण उनकी सर्वप्रियता बढ़ती गई—

अलह राम छूटा भ्रम मोरा।
हिन्दू तुर्क भेद कुछ नाहीं, देखूं दर्शन तोरा।।टेक।।
सोई प्राण पिंड पुनि सोई, सोई लोही मासा।
सोई नैन नासिका सोई, सहजैं कीन्ह तमासा।।

श्रवणों शब्द बाजता सुनिये, जिह्वा मीठा लागे
सोई भूख सबन को व्यापे, एक युक्ति सोई जागे।।

सोई संधि बंध पुनि सोई, सोई सुख सोई पीरा।
सोई हस्त पांव पुनि सोई, सोई एक शरीरा।।

यहु सब खेल खालिक हरि तेरा, तैं हि एक कर लीना।
दादू जुगति जान कर ऐसी, तब यहु प्राण पतीना।।

सांभर नगर में दोनों ही पक्षों को दादूजी की बढ़ती हुई ख्याति और प्रतिष्ठा से विद्वेष जागा। उन्होंने हर संभव तरीके से उन्हें दबाने के प्रयास किए एवं समाप्त करने का निश्चय किया। किंतु संत दादू निर्भय, निर्विकार रहकर अपने मार्ग पर चलते रहे। अपने पीव के गुणगान करते रहे—

एकै अक्षर पीव का, सोई सत्त करि जाणि।
राम नाम सतगुरु कह्या, दादू सो परमाणि।।

उनके उपास्य निर्गुण राम थे। 'राम' शब्द का प्रयोग दादू ने 'प्रणव' की तरह किया है। निर्गुण उपासना में सुमिरण निर्गुण के वाचक नाम के रटने से होताहै। फिर चाहे 'ओंकार' हो या 'राम' या 'कृष्ण' या 'रहीम'—कोई-सा नाम हो। इसलिए संत दादू ने कहा है—

दादू सिरजनहार के, केते नाम अनंत।
चित आवै सो लीजिये, यौं साधु सुमिरैं संत।।

शिष्य परंपरा—दादूजी के निर्गुण ब्रह्म के विचारों से प्रभावित होकर हर वर्ण और वर्ग के लोग, हिंदू और मुसलमान उनके शिष्य बने। सर्वप्रथम शिष्य बड़े सुन्दरदास जी हुए जिनका पूर्व का नाम भौमा सिंह था। वह बीकानेर राज्य के राजवंशी थे। वह एक यौद्धा थे और तत्कालीन राजा की ओर से काबुल की ओर से युद्ध करने गए तो पीछे उनकी पत्नी उनकी वीरगति की मिथ्या खबर सुनकर सती हो गयी। भौमा सिंह ने लौटकर जब पत्नी के शरीर त्यागने की बात जानी तो विक्षुब्ध होकर गृहस्थ का परित्याग कर दिया। दादू महाराज की शरण में आ गए। दीक्षा ली और घाटड़े (अलवर) के पहाड़ी प्रदेश में ध्यान लीन हो गए। इनकी परंपरा में आगे चलकर 'वीरवेशी' नागा समुदाय अस्तित्व में आया। ईश्वर की आराधना के साथ परोपकार, देश-रक्षा और राज्य-रक्षा में विभिन्न लड़ाइयों में नागा समुदाय सदैव बड़ा काम आया।

इसके बाद बषनाजी, टीलाजी, जग्गाजी आदि पचास के लगभग शिष्य तो सांभर में ही बन चुके थे। 1619 से 1631 के मध्य दादू सांभर में रहकर आमेर चले गए। इनके सर्वप्रसिद्ध शिष्यों में रज्जबजी, छोटे सुन्दरदासजी, जयतजी आदि हुए हैं, जिनकी साधना, तपस्या, सत्य और वाणी से दादू-संप्रदाय का नाम दूर-दूर तक फैल गया।

आमेर निवास—आमेर उस समय राजस्थान की राजधानी थी। आमेर की पहाड़ी पर दादूजी ने एक मंदिर बनवाया, जो आज भी दादू पंथियों का मुख्य तीर्थ-स्थान माना जाता है। उस समय वहां के राजा भगवंतदास जी थे। आमेर में ही रज्जबजी, मोहनजी मेवाड़ा, मोहनजी दफतरी आदि प्रसिद्ध शिष्य बने। यहीं दादूजी की वाणी को पद्यमय रूप में मोहनजी दफतरी ने लिपिबद्ध करना आरंभ किया था।

गावहु मंगलाचार, आज वधावणा ये,
स्वप्नों देख्यो सांच, पीव घर आवणा ये।।टेक।

भाव कलश जल प्रेम का, सब सखियन के शीश।
गावत चली वधावणा, जै जै जै जगदीश।।

पदम कोटि रवि झिलमिले, अंग अंग तेज अनंत।
विकस वदन विरहिनि मिली, घर आये हरि कंत।।

सुंदरि सुरति शृंगार कर, सन्मुख परसे पीव।
मो मंदिर मोहन आविया, वारूं तन मन जीव।।

कमल निरंतर नरहरी, प्रकट भये भगवंत।
जहां विरहिनि गुण वीनवे, खेले फाग वसंत।।

वर आयो विरहिनि मिली, अरस परस सब अंग।
दादू सुंदरि सुख भया, जुग जुग यहु रस रंग।।

(अर्थात हे सखियो! आज वृद्धि के मंगलगीत गाओ क्योंकि जिन प्रभु को हम स्वप्न में देखती थीं वह सचमुच में हृदय-मंदिर में पधार गए हैं, उन्हें प्रत्यक्ष रूप से देख लिया है।)

ऐसे अनेक सरस पदों को यहां लिपिबद्ध ही नहीं किया जाता रहा बल्कि रसविभोर होकर इनका गायन भी होता था। आनंद भी लूटा जाता था। इस प्रकार अद्वैत निर्गुण निराकार ब्रह्म राम में मन लगाने की सीख दादू देते हैं। मन को राम में ऐसे घुला-मिला देना चाहिए जैसे पानी में नमक घुलकर, रस रूप में परिणत हो जाता है–

जब मन लागे राम सौं, तब अनत काहे को जाय।
दादू पाणी लौंण ज्यों, ऐसे रहै समाय।।

अकबर से भेंट–सम्राट अकबर की राजधानी सीकरी में थी। वहीं दादूजी की भेंट सम्राट अकबर से हुई बताते हैं। दादूजी के शिष्य माधवदासजी के माध्यम से राजा भगवंतदास से कहकर अकबर ने दादूजी को निमंत्रण भेजा। जब दादूजी अकबर के दरबार में पहुंचे तो अकबर अपने दरबारियों के साथ बैठा था। पर अपने बैठने का प्रबंध न देखकर दादूजी ने क्षण भर विचार किया ही था कि अकबर ने कहा कि हम तुरंत एक साथ कुछ बातों का उत्तर चाहते हैं। पहला प्रश्न था–

"खुदा की जात क्या है?"
"उसका अंग क्या है?"
"उसका वजूद कैसा है?"
"उसका रंग कैसा है?"

तब दादूजी ने उत्तर दिया–

इश्क खुदा की जात है, इश्क खुदा का रंग।
इश्क खुदा-इ-वजूद है, इश्क खुदा का अंग।।

यह उत्तर सुनकर अकबर ने तुरंत खड़े होकर क्षमा याचना की, उन्हें उचित स्थान दिया। अकबर इतना प्रभावित हुआ कि उसने चालीस दिनों तक दादूजी के साथ सत्संग किया। इस क्रम में अकबर द्वारा यह प्रश्न करने पर कि तीन गुणों और पांच भूतों की किस क्रम से रचना हुई? अर्थात कौन पहले और कौन बाद में बना? दादूजी ने उत्तर दिया–

एक शब्द सब कुछ किया, ऐसा समरथ सोय।
आगे पीछे वो करे, जे बल-हीणा होय।।

दादूजी की अमृतमयी वाणी के प्रभाव में अकबर ने 'गोहत्या बन्दी' का फरमान जारी किया और उनकी प्रशस्ति में उन्हें अल्लाह और ख़ुदा का नूर ज़ाहिर किया—

दादू नूर अल्लाह है, दादू नूर खुदाय।
दादू मेरा पीव है, कहै अकबर शाह।।

संवत् 1640 में अकबर बादशाह का सत्संग समाप्त कर महाराज दादू दयाल जी सीकर से चलकर दौसा कस्बे में पहुंचे। दौसा से कुछ दूरी पर एक सुंदर सरोवर के तट पर एक पीपल के वृक्ष के नीचे दादूजी विश्राम कर रहे थे। वह वृक्ष सूखा था। महाराज की दृष्टि उस पर पड़ते ही वह हरा हो गया। इस घटना को सुनकर परमानंदजी, जो कि छोटे सुंदरदासजी के पिता थे, पुत्र को साथ लेकर दादू जी से मिलने आए। दादूजी ने सुंदरदास के सिर पर हाथ रखा। सुंदरदास दादूजी के शिष्य हो गए। इन्होंने बाद में सुंदर विलास, ज्ञान समुद्र, आदि ग्रंथों की रचना की और बहुत ख्याति अर्जित की।

मोरड़ा ग्राम में वट-वृक्ष—आमेर से दादूजी टहटड़ा ग्राम व सांभर में सत्संग करते व भ्रमण करते हुए करड़ाला में पधारे और वहां कुछ दिन प्रवास करके निकट के मोरड़ा नामक ग्राम में विणजारा जाति के आग्रह पर पधारे। यहां वह बड़ के पेड़ के नीचे रुके थे। निकट ही एक तालाब है। यह पेड़ 'दयालजी का वट' और तालाब 'दयाल-सागर' नाम से प्रसिद्ध है।

नारायणा धाम में त्रिपोलिया—मोरड़ा से चलकर दादू महाराज नरेना (नारायणा) पहुंचे। वहां के राजा ने दादू के सम्मान स्वरूप विश्राम के लिए त्रिपोलिया स्थान चुना। अभी सात दिन ही हुए थे कि आठवें दिन वहां एक सर्प प्रकट हुआ। सर्प ने अपने फल से दादू को वहां से उठने का संकेत किया। दादूजी ने इसे ब्रह्म आदेश मानकर उसके साथ प्रस्थान किया। सर्प के पीछे-पीछे चल पड़े। इस सर्प ने एक खेजड़े के वृक्ष के नीचे जाकर बैठने का संकेत दिया। दादूजी वहीं बैठ गए। वह खेजड़ा, नारायणा में आज भी विद्यमान है।

दादूजी की ख्याति सब दिशाओं में तीव्रता से फैलती देखकर प्रभावित होकर राजा जगमल ने दादूजी की सहमति से उनके लिए नारायणा में एक मंदिर बनवाया। यह मंदिर दादू पंथियों का प्रमुख तीर्थ स्थान बन गया। यहीं पर एक भव्य भवन बना

जो दादूद्वारा के नाम से प्रसिद्ध है। दादूजी के एक शिष्य जैतजी के समय में गुरु गोबिंद सिंह जी इस आश्रम में उनसे मिलने आए थे। इस आश्रम के निकट प्रांगण में, दादूजी के शिष्यों की ग्यारह समाधियां बनी हुई हैं जो छतरियों के नाम से विख्यात हैं। नारायणा धाम में बहुत बड़े मेले जुटते हैं : श्री दादूजी के प्रकट दिवस पर और श्री जयत-जयंती पर, जिनमें गुजरात, राजस्थान, हरियाणा, पंजाब से हजारों भक्त एकत्र होते हैं। आश्रम के अहाते में ही संग्रहालयहै। यहां दादूजी का पलंग, खड़ाऊं आदि सुरक्षित रखी गयी हैं, तो उनके शिष्यों की वाणियों के ग्रंथ—पांडुलिपियां, वीणा आदि वाद्ययंत्र भी सुरक्षित हैं।

दादू राम अगाध है, अविगत लखै न कोइ।
निर्गुण सगुण का कहै, नाम विलंब न होइ।।

दादू राम अगाध है, बेहद लख्या न जाय।
आदि अंत नहिं जाणिये, नाम निरंतर गाय।।

दादू राम संभालि ले, जब लग सुखी शरीर।
फिर पीछैं पछिताहिगा, जब तन मन धरै न धीर।।

दुख दरिया संसार है, सुख का सागर राम।
सुख सागर चलि जाइये, दादू तेज बेकाम।।

दादूजी का स्पष्ट कथन है कि जो भी दृश्यमान भौतिक पदार्थ है वह अवश्य ही दुख का कारण है, उसके आकर्षण में उस पदार्थ में ही जो अटक गया है वह दुख का भागी बनेगा। और जो उस पदार्थ भोग के प्रवाह में पड़ गया, उसी के साथ बहने लग गया, उसे दुखों से मुक्ति नहीं मिल सकती। उस पदार्थभोग के साथ यदि राम का नाम मन में रख लिया जाए तो दुःखों का निवारण हो जाता है। क्योंकि राम तो सुख का अगाध सागर है। अतः दादूजी कहते हैं सुख के सागर राम की शरण में चले जाइए तो राम का कभी अंत नहीं—इसलिए सुख का अंत नहीं होगा। भौतिकता का अंत है। राम के नाम से मिलने वाला सुख अनंत है।

दादू का प्रसिद्ध कथन है कि यह सारा ब्रह्मांड परम ब्रह्म चेतना से भरा हुआ है—

सरवर भरया दह दिसि, पंखी प्यासा जाइ।

दादू गुरु परसाद बिन क्यूं जल पीवै आइ।।

यह सारा ब्रह्मांड ब्रह्मचेतना से परिपूर्ण है। पूर्व, पश्चिम, उत्तर, दक्षिण—इन चार दिशाओं के मध्य चार अन्य दिशाएं मिलाकर आठ दिशाएं हुईं तथा धरती और आकाश—ये दो दिशाएं और मिलाकर दस दिशाएं हैं। यहां सर्वत्र ब्रह्मचेतना जल की तरह भरी है। और हम जीवात्माएं पक्षी की भांति हैं जो इस ब्रह्म सरोवर पर रहते हुए भी प्यासे ही यहां से चले जाते हैं। जीव की इस जगत में रहते हुए दुखी, निराश रहने की यही विडंबना है। सद्गुरु की कृपा हो जाने से, ज्ञान प्राप्त कर लेने पर हम ब्रह्मानंद रूपी जल का पान करके आनंदित हो सकते हैं, अन्यथा दुखी, निराश और प्यासा ही इस संसार से जाना होता है।

संत दादूदयाल ने तन, मन और आत्मा की निर्मलता देने वाली वाणी से अपने समय के दुखों-तनावों को और मनुष्य-मनुष्य में फैले विद्वेष, ऊंच-नीच और संप्रदायगत भेद-भाव को मिटाने के प्रयास आजीवन किए, तभी लोगों ने प्यार और लाड़ भरे शब्दों में उन्हें 'दादू' कहा और कभी 'दयाल'। उनकी वाणी के अमृत में युग की कालिमा को नष्ट करने का अक्षय प्रकाश भरा हुआ है और ममता भरे हृदय में सात समुद्रों जैसा अगाध प्यार। दीन, हीन, निर्बल, दुखी पर अपना प्यार न्यौछावर करने के कारण वह'दादू' कहलाए और अपराधियों, विरोधियों पर भी दया करने के कारण 'दयाल'। संत कबीर के महाप्रस्थान के कुल छब्बीस वर्ष बाद अवतरित हुए दादू के लिए कबीर अत्यंत प्रिय रहे हैं—

सांचा शब्द कबीर का, मीठा लागे मोय।
दादू सुनतां परम सुख, केता आनंद होय।।

कबीर की भांति ही दादू ने अपनी वाणी में निर्गुण भक्ति को अपनाया तथा जाति व सामाजिक रूढ़ियों का खंडन किया। सांप्रदायिक वैमनस्य को दूर करके हिंदू-मुसलमान के मध्य एकात्मता एवं सौमनस्य बढ़ाने के अनथक प्रयास किए। दादू प्रेम और करुणा की गंगा बहाने वाले, परमात्मा के नूर को धरती पर उतार लाने वाले अनोखे संत थे। श्री दादूदयाल जी 58 वर्ष 2 मास और 15 दिन की अवस्था पूरी करके शुभ तिथि ज्येष्ठ कृष्ण अष्टमी शनिवार संवत् 1660 वि. को परब्रह्म में लीन हुए। ऐहिक लीला की समाप्ति से पूर्व के उनके आदेश के अनुसार उनके शरीर को सभी शिष्यों ने एक सुंदर पालकी में विराजमान किया। संकीर्तन करते हुए नरेना से पूर्व की दिशा में दस मील पर स्थित भैराणा पहाड़ के पास ले गए। वहीं 'खोल' में पालकी रखकर

'अंत्येष्टि संस्कार' के संबंध में विचार करने लगे। उसी समय उनके शिष्य टीलाजी को पहाड़ के मध्य महाराज के दर्शन हुए। टीलाजी ने वहां उपस्थित सभी संतों को महाराज के दर्शन कराए। 'सत्यराम'—शब्द द्वारा अभिवादन करके महाराज दादूदयाल जी अंतर्ध्यान हो गए। पालकी में देह को ढूंढ़ा तो वहां केवल पुष्प मिले। संत दादूजी के शिष्य रज्जबजी ने सत्य कहा है—

गुरु दादू अरु कबीर की, काया भई कपूर।
रज्जब अज्जब देखिया, सगुणहि निर्गुण नूर।।

और दादूजी के ये शब्द सार्थक हो उठे—

साध कंवल हरि बासना, संत भंवर संग आय।
दादू परिमल ले चले, मिले राम कूं जाय।।

दादूजी के सिद्धांतों का सार-कथन, जो व्यवहार में लाना अपेक्षित है तथा जिसके अनुसार प्रत्येक व्यक्ति अपना जीवन सुख एवं आनंद से परिपूर्ण कर सकता है—

तन मन निर्मल आत्मा, सब काहू की होय।
दादू विषय विकार की, बात न बूझै कोय।।

दादू की आध्यात्मिक चेतना का स्वरूप

संत हमारी धरती के श्रृंगार हैं। वे धर्म नहीं, धार्मिकता सिखाते हैं। अधम को अध्यात्म के मार्ग पर ले जाते हैं। मरे हुओं में जीवन का, जीवंतता का मंत्र फूंक देते हैं। ऐसे संतों की भारत में ही बड़ी सुदीर्घ परंपरा है। इसे भूलकर, पीठ देकर हम धार्मिकता, आध्यात्मिकता, संवेदनशीलता और मानवीयता से विमुख हो रहे हैं। इसी से अधःपतन का मार्ग खुलता है और हम अपने सदियों पुराने भारतीय चिन्मय दाय से वंचित होकर कष्टों, दुखों और संकटों से घिरते जा रहे हैं। धर्म का धंधा करने वाले नकली, ढोंगी बढ़ते जा रहे हैं। ऐसे में पुनः एक बड़ा भरोसा, उपाय और उपचार हैं हमारे संत।

सहज, सरल, संवेदनमय वैदिक काल की चेतना को संतों ने पुनः उपलब्ध कर मानव जातीय जीवन को स्फूर्त करने का महती प्रयास किया है, जिससे प्रकृति, परिवेश, पर्यावरण और मानवीयता सही मार्ग पर प्रशस्त हो सके। कबीर, रैदास, दादू, नानक, मूलक, रज्जब आदि संतों की पूरी पांत इसी चिंता में व्याकुल दीखती है। इतना ही नहीं, गिरते हुए मनुष्य को पहले मनुष्यता, साधुता और उसके उपरांत देवत्व तक चढ़ने की उन्नत सीढ़ियों को सहज-गम्य बनाकर उन्होंने दिखाया है अपने जीवन प्रमाण द्वारा। ये संत कोई बहुत दूर भी नहीं है हमसे। इतिहास क्रम में प्रथमतः कबीर की छः सौवीं जन्मतिथि हम 1997-98 वर्ष में मना चुके हैं। अतः उनके जीवन प्रमाण हमारे लिए हर प्रकार से निकट आदर्श हैं। उनके जैसी सरल निश्छलता और सहजता अपने व्यवहार में लाना हमारे लिए काम्य और आदर्श होना चाहिए। सहज हो जाना ही राम को पा जाना है। संत दादूदयाल कहते हैं—

ना घरि रह्या न बन गया, न कुछ कीया कलेस।
दादू मन ही मन मिल्या, सत गुर के उपदेस।।

इसी बात को कबीर इन शब्दों में कहते हैं—

कहत कबीर मैं कुछ नहिं कीन्हा।
सहज सुहाग राम मोहि दीन्हा।।

दादू को मन ही मन जिस परम आत्मा के दर्शन हो गए, उसके लिए उन्हें न वन जानापड़ा, न किसी विशष प्रयोजन को घर पर रहकर साधने की आवश्यकता हुई और न ही कुछ कठिन हठयोगीय कलेसपूर्ण कार्यों को करने की जरूरत पड़ी। कबीर को भी कुछ करने की आवश्यकता अनुभव नहीं हुई, मात्र सहज हो जाना ही पर्याप्त रहा कि राम ने सुहाग दे दिया। आनंद से भर दिया, तो कितना कठिन है 'न कुछ करते हुए सहज होना' और राम द्वारा अपना लिया जाना! मन ही यह सहजता, निश्छलता ही राम के पास ले जाती है, क्योंकि आप स्वयं अपने आत्मीय उत्स के निकट होने से सहजानंद (सहज योग) से भर जाते हैं। अपने वास्तविक अस्तित्व के रू-ब-रू होते हैं, जो विराट अस्तित्व का ही अंश है। यह विराट अस्तित्व ही हमारे भीतर और बाहर व्याप्त है। दादूजी के शब्दों में–

सरवर भरिया दह दिसी, पंखी प्यासा जाइ।
दादू गुरु परसाद बिन, क्यूं जल पीवै आइ।।

पूरा ब्रह्मांड ही अस्तित्व से भरा हुआ है। दसों दिशाओं से। जैसे कोई जल से भरा हुआ तालाब होता है। दसों दिशाओं से भरा हुआ। पूर्व, पश्चिम, उत्तर, दक्षिण–इन चार के अतिरिक्त इनके मध्य ही चार दिशाएं और जैसे पूर्व-पश्चिम के मध्य की दिशा। ऐसे ही चार दिशाएं। इन आठ के अतिरिक्त धरती और आकाश दो दिशाएं। कुल मिलाकर दस हुईं। यह तफसील इसलिए कि इन दसों दिशाओं से बाहर साक्षी वही हो सकता है इस सरोवर का, जो इसके भीतर रहता हुआ भी इसके बाहर होने की साक्षी भर सके। अन्यथा पुनः दादू के ही शब्दों में कहना होगा–

दादू पांणि माहै पैसि करि, देषै दिष्टि उधारि।
जला बिंब सब भरि रह्या, ऐसा ब्रह्म विचारि।।

पानी में रहकर यदि आंखें खोलकर देखा जाए तो सब ओर जल ही दिखाई पड़ेगा। इसी प्रकार हमें ब्रह्म को, इस ब्रह्मांड में भरा हुआ मानना चाहिए। पर विचित्र बात यह है कि दसों दिशाओं में ब्रह्म से परिपूर्ण इस जगत में रहते भी यहां से जीव

प्यासा जाता है—

पानी विच मीन प्यासी,
मोहि सुन-सुन आवै हांसी।

कबीर को भी हंसी इसी कारण आ रही है कि पानी के भीतर रहती हुई मछली कैसे प्यासी रह सकती है? पर वह प्यासी यदि है तो यह हंसी का कारण है। इसी प्रकार दादू भी कहते हैं ब्रह्मांड रूपी तालाब, पानी रूपी ब्रह्म से भरा हुआ है और जीव रूपी पंछी प्यासा ही जारहा है—तो यह विडंबना ही है। ब्रह्म में रहते हुए भी उससे अनभिज्ञ रहना, विडंबना ही तो है!

ब्रह्म यानि अस्तित्व हमें सब ओर से घरे हुए है। और हमारे भीतर भी है। यह अहसास कराना चाहते हैं दादू कि हम जीवन से घिरे हुए हैं—वृक्ष, पशु, पक्षी, पुष्प, पर्वत, झरना, मनुष्य, आकाश, प्रकाश सब तरफ जीवन ही लहलहा रहा है। जीवन ही बरस रहा है। इस जीवन में तुम अपने जीवन को भी देख पाओ, यह प्रयत्न है दादू का। पुनः कबीर के शब्दों को लें—

जल में कुंभ, कुंभ में जल है बाहर भीतर पानी।
फूटा कुंभ, जल जलहि समाना यह तथ्य कथो ग्यानी।।

जल में घड़ा है और उसके भीतर भी जल है। इन दोनों रूपों को, घड़े के बाहर और भीतर के रूपों को मिट्टी के घड़े ने बांट रखा है। अलगा रखा है। यानी दोनों के मध्य सिर्फ मिट्टी की दीवार है। इस घड़े के टूट जाने से बाहर और भीतर का पानी पुनः एक हो जाता है। इसी प्रकार मनुष्य की देह जो पांच तत्वों से बनी है—वस्तुतः मिट्टी का आवरण ही है, जिसने हमारे बाहर और भीतर के अस्तित्व को बांट रखा है। इस बात को एक अन्य संत मलूकदास भी अपनी वाणी में कहते हैं—

बाहर भीतर ज्यों आकासा।
रवि ज्यौं दसहु दिसा परगासा।
जो अदृश्य दृष्टा होई।
लखै सो आपु लखावै सोई।।

हमारे बाहर और भीतर जैसे आकाश विद्यमान है। यह बिल्कुल ऐसे ही समझो

जैसे सूर्य ने दसों दिशाओं को प्रकाशित किया हुआ है। और जो व्यक्ति इस अदृश्य आकाश या प्रकाश या अस्तित्व को देख सकता है वह स्वयं भी देख रहा है और औरों को भी दिखा सकता है, और ऐसा दृष्टि संपन्न व्यक्ति गुरु ही हो सकता है। वही दूसरों पर भी कृपा कर, परम सत्ता–विराट का व्यक्ति को साक्षात्कार करा सकता है।

इस धरती के जीवन-जगत को, इसी जीवन में संवारने की सीख देते हैं दादू। इसी जीवन में मुक्ति भी संभव है। कर्म के बंधनों से भी छूटा जा सकता है। और इसी जीवन में, जीवित रहते हुए ही परमात्मा के दर्शन भी संभव है। प्रायः देखा यह गया है कि मृत्यु के बाद मुक्ति की अवधारणा के प्रचारित होने से सब लोग हर तरह से अपने को स्वच्छंद पाकर परस्पर धोखा देने, लूटने-खसूटने, अनाचार करने, उत्पीड़ित करने की, हिंसा-हत्या करने की छूट पा गए हैं, जबकि इस जीवन में ही मुक्ति, आनंद और परमात्मा से साक्षात्कार मनुष्य के लिए संभव है–

जीवित भागे भरम सब, छूटे कर्म अनेक।
जीवित मुक्त सद्गत भये, दादू दर्शन एक।।

क्योंकि मनुष्य को ज्ञान–अध्यात्मज्ञान और विवेक बुद्धि भी है और सृष्टि का सर्वाधिक विकसित प्राणी होने से अन्य सब प्राणियों, प्रकृति परिवेश की रक्षा-सुरक्षा का दायित्व भी उसी का है, इसलिए मनुष्य को दायित्व निर्वाह करके ही दायित्व-मुक्ति मिल सकती है। यही वास्तविक मुक्ति है। इसी में आनंद मिलता है। और आनंद आत्मा का गुण है। आत्मिक आनंद की अवस्था ही परमात्मिक आनंद की पहचान और उपलब्धि की दिशा है।

दादू यह भी कहते हैं कि यदि जीवित ही मनुष्य अपने मनुष्य होने को सिद्ध नहीं करता, यम के भय से मुक्त नहीं होता, आत्मिक आनंद, परमात्मिक आनंद का स्पर्श प्राप्त नहीं करता, जीवित रहते ही मायादि के बंधनों से मुक्त नहीं होता तो उसे ही भवसागर में डूबा हुआ मानो–

जीवित मेला न भया, जीवित परस न होइ।
जीवित जगपति ना मिले, दादू बूडे सोइ।।

जीवित-जाग्रत-चेतना अवस्था में ही जगपति ईश्वर से मेला-मिलना संभव है, यदि यह अवसर चूक गए तो भव-सागर में बूड़े-डूबने से कोई बचा नहीं सकता।

यहीं यह भी स्पष्ट समझ लेना होगा कि यह भव-सागर क्या है? मोटे अर्थों में

तो भव-सागर का अर्थ संसार है, किंतु इस शब्द के मूल आशय तक जाकर अर्थ अधिक स्पष्ट होने से, हमारी सोच और भावना दृढ़ और सक्रिय होती है। शिव के (शिवत्व के) आठ रूप हैं—शिवपुराण के अनुसार महादेव, उग्र, रुद्र, ईशान, सर्ब, भव आदि। इनमें 'भव' धरती पर जल रूप है। मनुष्य की देह में भी उसी अनुपात में जल है, जो धरती पर जल का अनुपात है। यानि दो तिहाई जल और एक तिहाई धरती (मिट्टी)। देह में जलीय तत्व का केंद्र हृदय है। पुनः भव से ही भाव, भाव से भावना, अनुभव, संभव, संभावना आदि शब्दों का विकास है। भाव का न होना ही अभाव है। इसी भाव से स्थाई भाव, संचारी भाव, व्यभिचारी भाव और रस-निष्पति (आनंद की प्राप्ति) का विधान है। हमारी भाव-सत्ता, वह जितनी व्यापक, गहरी और विराट होती है उसमें समाये हुए जीवन-जगत के विस्तार से संवेदना, भावना के स्तरों पर हम उतना ही जुड़े रहते हैं—स्वयं ही बंधे रहते हैं तथा उनसे कर्त्तव्य-दायित्व मुक्त होना ही मुक्ति है। मानवीय दायित्व भाव से गुजर जाना—सुर्खरू हो जाना ही भव-सागर पार कर जाना है। और बंधनों से मुक्त हो जाना भी यही है। यह सब चेतन रूप में, सजग रूप में, जीवित-जाग्रत रहते ही संभवहो सकता है, सोए, मूर्छित, मृत रूप में—करने के बाद नहीं।

कबीर भी 'बूंद' और 'समुद्र' के प्रतीकों के माध्यम से उसी जलीय तत्व-परमात्म तत्व का उल्लेख करते हैं—

हेरत-हेरत हे सखि रहा कबीर हेराई।
बूंद समानी समुद में सो कत हेरी जाई।।

आत्मा जल की एक बूंद के समान है और परम-आत्मा समुद्र के समान व्यापक गहन। बूंद रूपी आत्मा जब समुद्र रूपी परमात्मा में विलीन हो जाती है तब उसे पृथक से पहचान पाना संभव नहीं। इसी बात को एक अन्य साखी में कबीर यों कहते हैं—

हेरत-हेरत हे सखि रहा कबीर हेराई।
समुद समाना बूंद में सो कत हेरा जाई।।

और यह जल तत्व-शिव (शिवत्व) वैज्ञानिकों जैसे नोबेल पुरस्कार प्राप्त सी.वी रमन के शब्दों में जीवन का अमृत है—(वाटर इज़ द इलिग्ज़िर ऑफ लाइफ)।

संत रैदास भी इसी जलीय सत्ता को, जल के रूप को व्यापक ईश्वरीय रूप में

देखते हैं–

रविदास लोरें जिस बूंद कूं, कोई बूंद है समुद्र समान।
अंतर खोजी कूं मिलइ, ब्रह्म बूंद को ग्यान।।

मानव समानता और निश्छल हरिभक्ति, अध्यात्म चेतना के उन्नायक रविदास जी को जिस आध्यात्मिक बूंद की चाह है–खोज है–वह विराट चेतना में–समुद्र में समाई हुई है, अतः वह समुद्र के समान ही है। पूर्ण ब्रह्म में से एक अंश को पृथक करें तो भी पूर्ण, पूर्ण ही रहता है। इस स्थापना और तर्कना के आधार पर बूंद भी पूर्ण है। जो व्यक्ति उसे अपने शरीर में खोजेगा उसे ही परमात्मा रूपी आध्यात्मिक बूंद का ज्ञान प्राप्त होगा। आत्मा वस्तुतः परमात्मा रूपी समुद्र की एक बूंद होने से उससे भिन्न नहीं है। ज्ञानेंद्रियों के माध्यम से अंतरमुखी यात्रा करने, ध्यान धारण करने से जब व्यक्ति को अपने वास्तविक स्वरूप का ज्ञान हो जाता है, तब वही बूंद परमात्मा रूपी समुद्र से मिलकर एकाकार हो जाती है। समुद्र हो जाती है। यह सारी प्रतीति भाव और भावना के स्तरों पर ही घटित होती है। यह कैसे संभव हो?

मनुष्य एक ऐसा प्राणी है, जिसे एक ही जीवन में कम से कम तीन जीवन उपलब्ध हैं। स्थूल अस्तित्व (देह), सूक्ष्म अस्तित्व (मन) और कारण अस्तित्व (आत्मा)–तीनों स्तरों पर सजग-जाग्रत व्यक्ति ही सच्चे अर्थों में मनुष्य है। इन तीनों में से लोग प्रायः एक या दो स्तरों पर अभ्यासवश जी रहे हैं। अन्यथा स्थूल-दैहिक धरातल पर ही अधिकांश लोग, अधिकांशतः जीते हुए मर जाते हैं। और यह धरातल वस्तुतः पशुता का है। इस धरातल पर मनुष्य और पशु में अंतर नहीं है। दैहिक भूख और वासनाएं कहीं भिन्न नहीं। इनसे आगे कुछ दूर तक तो पशु भी जाते हैं मानसिक जगत में, जहां वे अपने बच्चों की संभाल, देखभाल और अन्न देकर पालन करते हैं–ममता का यह भाव मानसिक जगत का ही प्रांगण है। मनुष्य होने के लिए और प्रभु द्वारा हमें मनुष्य रूप में उत्पन्न करने के अभिप्राय के पीछे भी यह आशय रहा है कि हम पशुओं के स्तर से और आगे बढ़कर अपने मनुष्य होने को सार्थक करें, सिद्ध करें–अर्थात समूचेमानसिक जगत की गहराइयों, रहस्यों, सौंदर्य, संवेदना के आयामों को खोजें–जीयें और फिर उससे आगे आत्मिक जगत में आत्मिक व्यक्तित्व (बूंद-समुद्र) के आयाम में प्रवेश करें। आनंद क्षेत्र में पहुंचें। समरस हों। जहां जड़-चेतन तक एक हो जाते हैं। (जयशंकर प्रसाद) यहां पहुंचकर एक रूपांतरण घटित हो जाता है। यह रूपांतरण कैसे घटित हो?

यह भाव भक्ति के स्तरों पर ही घटित हो सकता है। भावना ही स्थूलता से

सूक्ष्मता की दिशा में जाने का मार्ग है। मनुष्य अपने स्थूल शरीर के रहते ही सूक्ष्म शरीर में प्रवेश पा लेता है और फिर अभ्यास और ध्यान द्वारा कारण शरीर (आत्मा) जाग्रत होता है। इसे ऐसे समझा जा सकता है; जैसे कि आपको कहीं जाना है, तो देह की गति और सामर्थ्य की एक सीमा है। जहां टांगों से चलकर चार दिनों में पहुंचा जा सकता है वहां किसी रेल द्वारा दस घंटों में और वायुयान द्वारा दो घंटों में पहुंचना संभव होता है। रेल कोयले से चलती है और वायुयान पैट्रोल द्वारा। पहाड़ों से काटकर निकाले पत्थरों को जलाने पर पत्थर कोयला बनता है। उसे पुनः जलाकर उस पर पानी डालने से भाप बनती है। इस भाप से सैकड़ों टन वजन को खींचता हुआ हजारों सवारियों को लेकर इंजन दौड़ता है। यह प्रक्रिया पहाड़ से पत्थर, पत्थर से कोयला, कोयले से भाप बनती है। यानी स्थूल का उत्तरोत्तर सूक्ष्म में रूपांतरण। तोड़ने-जलाने-तपाने-भाप बनाने की स्थितियों से गुजरकर पहाड़ या पत्थर ही भाप (वाष्प) बन गया। तभी उसमें अपेक्षित सूक्ष्म, अपूर्व, शक्ति, सामर्थ्य ऊर्जा उत्पन्न हो सकी। ऐसी ही प्रक्रिया पैट्रोल प्राप्त करने की है। धरती के नीचे से निकालने, छानने निथारने के बाद वह भी सैकड़ों टन बोझ सहित धरती के ऊपर आकाश में उड़ चलता है। जिस धरती से पैट्रोल निकलता है, उसी धरती के गुरुत्वाकर्षण से मुक्त हो आकाशगामी होता है। बिल्कुल यही पद्धति और प्रक्रिया देह की स्थूलता से मन और फिर आत्मा (चेतना) के आयामों में जाने और अध्यात्म ऊर्जा में रूपांतरित होने की है। तप-ध्यान-योग के बल पर अपनी स्थूलता को सूक्ष्मता के आयामों में ले चलने की है। रूपांतरण की है। भृंग-कीट-न्याय की है, गीली मिट्टी के घर में पड़ा कोई भी कीड़ा, बाहर गुंजार करने वाले भृंग के रूप में परिवर्तित हो जाता है। अन्यथा गुरु नानकदेव के शब्दों में—

चारि नदी अगनी असराला। कोई गुरमुखि बूझै सबदिनिराला।।
साकत दुरमति डूबहि दाझहि। गुरि राखै हरिलिव रातहि।।

अर्थात आत्म के लिए भयानक संकट के रूप में अग्नि की भयानक चार नदियां हैं रास्ते में—हिंसा, मोह, लोभ और क्रोध। गुरु के शब्दों द्वारा कोई विरला व्यक्ति ही (गुरुमुख) इस सत्य को समझता है अन्यथा दुर्बुद्धि माया के उपासक लोग इन नदियों में डूब जाते हैं। जिसकी रक्षा गुरु करता है, वह इन नदियों से बचकर पार हो जाता है और हरि की लौ (प्रकाश) में अनुरक्त होता है।

दूसरी ओर व्यावहारिक जीवन में हम देखते हैं अमानवीयता, निर्दयता, पाशविकता, हिंसा, हत्या के उत्तरोत्तर घातक अस्त्र-शस्त्र के आविष्कारों से मनुष्य इस धरती को

उजाड़ने, ध्वस्त और विनष्ट करने की दिशाओं में निर्द्वन्द्व हो बढ़ता जा रहा है। यह बौद्धिक, स्वार्थी, पशुतुल्य सोच के भौतिक दिशांतर हैं, जो पाश्चात्य सभ्यता ने गृहीत किए हैं। जहां मनुष्य, प्रकृति और परिवेश निपट भौतिक प्रसार है—वास्तुमात्र है। इस विचार ने वस्तु और वस्तु से जुड़ी आंधी की तरह और जंगल की आग की तरह फैला दिया है। इस सोच द्वारा उड़ी धूल और लपटों ने हमारे भावना प्रधान, भावों की सम्पन्नता अर्जित करने को प्रश्रय देने वाले देश और समाज को अंधा करना और जलाना आरंभ कर दिया है। भयानक अग्नि की एक नहीं चारों नदियां अपने वेग से बहने को मार्ग ढूंढ़ती आगे बढ़ रही हैं। ऐसे में भारत को ही नहीं समूचे विश्व को, संतों का और संतों की वाणी का ही भरोसा है। भारतीय संतों की वाणी को जितनी जल्दी हो, जितने तीव्र वेग से फैला सकें, फैलाएं। ओशो रजनीश ने भी उन संतों पर जितना गहरे अहोभाव में और आत्मीय गहराइयों में डूबकर लिखा और उन्मुक्त भाव में कहा है, संभवतः इसी कारण पश्चिम का बंद, प्रायः अंध संस्थातंत्र उसे सह नहीं सका और पुनः भारत का समृद्ध भाव ही उन्हें अपने वक्ष से लगाने को आगे बढ़ा। भारत का भाव और चैतन्य (भा) धरती पर सदियों की मानव यात्रा में उत्तरोत्तर समृद्ध होता आया है और वास्तविक अर्थों में अध्यात्म का महासागर बन पाया है।

हमारे साथ इस भाव यात्रा में चलते हुए, आप यदि वहां पहुंच गए हैं, जहां दादू हमें पहुंचाना चाहते हैं, तो यहां से पुनः देखें अपने इस जगत को, अपने को, अपनी आत्मिक प्यास को—

सरवर भरिया दह दिसा, पंखी प्यासा जाइ।
दादू गुरु परसाद बिन, क्यूं जल पीवै आइ।।

क्या अब भी आप, इस दशों दिशाओं से अध्यात्म—परमात्म चेतना से भरे समूचे ब्रह्मांड को, मात्र स्थूल—भौतिक पदार्थमय ही मानकर मात्र स्थूल—दैहिक धरातलों पर जीते रहने को अभिशप्त है और ऐसा मानते हुए परस्पर हाय-हत्या-हिंसा के द्वारा इस धरती और धरती के जीवन को नरक बनाने पर तुले रहेंगे या मानवीय चेतना के सूक्ष्म सोपानों पर चढ़ते हुए परस्पर परमात्म भाव और संवेदनशीलता से सज्जित हो, संतों के दिखाये मार्ग पर चलकर सच्चे मनुष्य, संत, देवता और ईश्वर तक की अपनी यात्रा तय करेंगे। जहां भगवान स्वयं मनुष्य के पीछे-पीछे उसे पुकारता हुआ चलता है। कबीर के शब्दों में—

कबिरा मन निर्मल भया, जैसे गंगा नीर।
पीछे-पीछे हरि फिरै, कहत कबीर-कबीर।।

या संत मलूक के शब्दों में–

माला जपौं न कर जपौं, जिभ्या कहूं न राम।
सुमिरन मेरा हरि करैं, मैं पायो विश्राम।।

हमारे संतों ने खुद को और खुदी को बुलंद करने के जो मंत्र दिए हैं, ये धरती पर आज भी मनुष्य मात्र के लिए अपूर्व वरदान हैं।

दादू पाती प्रेम की

इसक अलह की जाति है, इसक अलह का अंग।
इसक अलह औजूद है, इसक अलक का रंग।।

संतों में परमात्म-प्रेम को इतने सरल, सहज और अंतरंग ढंग से संत दादूदयाल ने अंकित किया है कि प्रेम तो ईश्वर की जात है और ईश्वर का शरीर भी प्रेम ही है। इतना ही नहीं, ईश्वर का रंग-रूप और समूचा अस्तित्व भी प्रेम ही है। वास्तव में यही ईश्वर-प्रेम संसार की सृष्टि की रचना का कारण भी है और कार्य भी। इसी के बल पर संसार का भी वजूद है। संत और भक्त भगवान के प्रेम और भक्तिभाव में ही गहरे उतरते जाने का आजीवन प्रयत्न करते रहते हैं। इस प्रेम के ही विभिन्न पक्षों, स्तरों, रंगों, गहन-अगाध रहस्यों को इस धरती पर संत-कवि खोजते आए हैं। वाणी में गाते आए हैं। इसी से मनुष्य और मनुष्यता को संवारते-सजाते आए हैं। इस प्रेम की ही सूक्ष्म अनुभूति और सुगंध है अध्यात्म चेतना। आत्म और परम-आत्म चेतना मनुष्य का प्राणियों में सर्वाधिक श्रेष्ठ होने का लक्षण भी है, प्रमाण भी है, उपलब्धि भी है और शृंगार भी। निर्गुणिए संत दादू ने जीवन-समाज के प्रत्येक पक्ष को—राजनीति, अर्थ, प्रकृति आदि को यानी सर्व मानवी सत्ता को और परिवेश को, अंतर-बाहर सर्वस्व को अध्यात्म के व्यंजक एवं पोषक तत्व के रूप में अंगीकार किया है। उनका वास्तविक उद्देश्य मनुष्य के भौतिक—बाहरी और आंतरिक व्यक्तित्व का उन्नयन और विकास कर समूची धरती को आध्यात्मिक आयाम में सुविकसित करना और देखना था। हमारे समय के विवेकानंद, दयानंद और अरविंद के भी यही स्वप्न रहे हैं। आध्यात्मिक चेतना के इस स्वप्न को चरितार्थ देखने के अधिक व्यंजक और मार्मिक पक्ष सभी संतों की वाणी में व्यक्त हुए हैं।

कबीर इस चेतना को 'ढाई आखर' के माध्यम से व्यक्त करते हैं : ढ़ाई आखर प्रेम का पढ़े सो पंडित होय। तो दादू कहते हैं, प्रभु का भेजा हुआ प्रेम-पत्र है यह। इसे कोई विरला व्यक्ति ही पढ़-समझ सकता है।

दादू पाती प्रेम की, विरला बांचे कोइ।
वेद पुरान पुस्तक पढ़े, प्रेम बिना क्या होइ।।

मनुष्य के नाम प्रभु द्वारा भेजी इस प्रेम-पाती को, इसके आशय को कोई विरला व्यक्ति ही ग्रहण कर सकता है। हर एक का यह कार्य नहीं। हर एक के बस का—भाग का यह कार्य नहीं है। वेद-पुराण शास्त्रों को तो सब पढ़ सकते हैं। उन्हें पढ़कर प्रेम करना नहीं आ जाता। प्रभु-प्रेम, मानव-प्रेम, प्राणि-प्रेम तो प्रभु की पाती पढ़ने से ही संभव है। बिना प्रेम के शास्त्रों का ज्ञान भी व्यर्थ है।

संत नामदेव भी इसी तथ्य को भिन्न शब्दों में कहते हैं कि—

बेदों को अगोचर जो सहस्र मुख को भी
वह हुआ पुंडलिक के वश प्रेम से।

सहस्र जिह्वा वाला शेषनाग भी जिसका वर्णन करते हुए कुंठित हो गया, जो वेद और ज्ञानचक्षुओं को दिखाई नहीं दिया, पुराणों को समझ नहीं आया, दर्शनों को नहीं दिखाई दिया, वह पुंडलीक के प्रेम के कारण पंढरी की बालू में खड़ा रहा—हमने अपने चर्म-चक्षुओं से प्रत्यक्ष देखा।

संत गुरु रैदास ने प्रेम के रंग के अनेक पक्ष उद्घाटित किए हैं। अपने अंतरतम पर चढ़े प्रभु के गूढ़े-पक्के रंग का उल्लेख किया है—

जैसा रंग कुसुंभ का तैसा इहु संसार।
मेरे रमईए रंगु मजीठ का कहु रविदास चमार।।

रविदास संसार और सांसारिक जीवन की असारता को कुसुंभ के कच्चे रंग के समान मानते हैं। यह रंग बदल जाता है। छूट जाता है। कच्चा है। बदरंग हो जाता है। और कहते हैं मुझ पर तो परमात्मा के प्रेम का पक्का रंग चढ़ा हे। यह मजीठ का पक्का रंग है। कभी उतरेगा नहीं। बदलेगा नहीं। रविदास भक्त और भगवान के प्रेम को प्रेमिका और प्रेमी के प्रणय के समान मानते हैं। उनके काव्य में भावात्मक रहस्यवाद की भावनाएं अधिक व्यक्त हुई हैं। प्रेमभाव को पूर्ण आत्मसमर्पण के रूप में उन्होंने माना हे। कहीं वह प्रभु-प्रेम को अनिर्वचनीय मानते हैं, कहीं-कहीं उसकी अनुभूति के आनंद को रूपक द्वारा व्यक्त करते हैं। प्रभु से अपने संबंध को प्रिय

और प्रेयसी के रूपक से व्यक्त करते हुए लिखते हैं–

सुख की सार सुहागिन जानै, तजि अभिमान रंगरलियां मानै।
तन मन देह न अंतर रुखै, राम रसायन रसना चाखै।।

उनकी भक्ति प्रिय-मिलन की व्याकुलता और आनंद लिए है। मिलन-सुख की इस अनुभूति के पीछे विरह की टीसें और तड़पनें भी कम नहीं हैं।

बाबा फरीद ने दो श्लोकों में जीवात्मा की दशा और परमात्मा के प्रेम का वर्णन हंस पक्षी के रूपक के माध्यम से किया है। जीव की तुलना हंस पक्षी से की है, हंस पक्षी विशुद्धता का प्रतीक माना गया है। गंदे पानी में वह चोंच नहीं डालता। इसी प्रकार संत की विशुद्ध आत्मा सांसारिकता से दूषित जल में अपने को लिप्त नहीं करती और परमात्मा रूपी शुद्ध-पवित्र जल को ही ग्रहण करती है। दूसरे श्लोक में हंस एक जौ के खेत पर उतरता है। लोग उसे तुरंत उड़ाने का प्रयत्न करते हैं। यह नहीं विचार करते कि हंस पक्षी मोटा अनाज छूता भी नहीं–

हंसु उडारि क्रोधा पइआ लोकु विडारणि जाइ।
गहला लोकु न जाणदा हंसु न कोधा खाइ।।

यहां भी बाबा फरीद ने इस सच्चाई को व्यक्त किया है कि संत सांसारिक ऐश्वर्य, सुख में कोई रस नहीं लेता। मूर्ख और नासमझ ही इस तथ्य को नहीं पहचान पाते और दुखी होते हैं। फरीद उन व्यक्तियों को आध्यात्मिक प्रेम और उससे मिलने वाले आनंद की पहचान कराना चाहते हैं। इस आध्यात्मिक अनुभूति की मिठास को फरीद ने चखा है–

फरीदा सकर खंडु निवात गुड़ माखिउ मांझा दुधु।
सभे वसतू मिठीआं रब न पुजनि तुधु।।

वह कहते हैं, संसार के मीठे से मीठे पदार्थों–शक्कर, खांड, शहद आदि से भी मीठा एवं मधुर है प्रभु के प्रेम का माधुर्य।

उस प्रेम-तत्व को अन्य संतों की भांति गुरु अर्जुनदेव ने भी 'मीठा-मीठा' कहा है। जहांगीर बादशाह द्वारा अर्जुनदेव को लाहौर में पकड़ मंगवाया गया। पांच दिन तक तरह-तरह के कष्ट दिए गए। यातनाएं दी गईं। उनके सिर में गरम रेत डाली

गई, उन्हें खौलते पानी में रखा गया, पर वह 'प्रभु-ज्योति' के रस में डूबे अविचलित भाव से गाते रहे–

तेरा मीठा-मीठा लागे।
हरि नाम पदारथ नानक मांगे।

उन्हें यह ताप-उत्ताप ईश्वर के नाम और प्रेम और रस के सामने–झूठे अहंकार के रूप में दिखाई दिए। वह शक्ति-सत्ता की, दुनियावी बादशाहत की पराजय और खीझ देखकर मन-ही-मन हंस रहे थे।

गुरु नानकदेव कबीर और दादू की भांति कहते हैं कि यह प्रेम की गली है, यहां अपना सीस उतारकर हथेली पर धरकर आओ, यदि तुम्हें खेलने का चाव है तो–

जउ तउ प्रेम खेलण का चाउ, सिर धरि तली गली मेरी आउ।
इत मारगि पैरू धरीजै, सिरू दीजै काणि न कीजै।।

कबीर ने तो कहा ही था कि यह प्रेम का घर है कोई मौसी का घर नहीं। प्रभु के प्रेम रूपी घर में आने से पहले अहंकार रूपी अपने सीस को उतारकर धरती पर रख दो तो ही यहां प्रवेश पा सकोगे। और नानकदेव भी यही समझा रहे हैं–प्रभु प्रेम की इसराह पर वे ही पांव धरते हैं, जिन्हें प्रेम का खेल खेलने का चाव हो।

संत दादू के शिष्य रज्जब ने परमात्मा की लीला का गज्जब देखा है। उनका कहना है कि जीवन का गंतव्य–लक्ष्य प्रीति ही है! प्रेम सृष्टि का मूल है, यही अंतिम पड़ाव भी है–

जहां प्रीति तहां जीव। भंग गए अस्थूल।
जन रजब द्रिष्टांत कौं। कली कटें ज्यूं फूल।।

इसी भांति संत मलूकदास प्रेम-साधना के बिना जीवन को निस्सार मानते हैं और कहते हैं–प्रभु-प्रेम का प्याला अत्यंत दुर्लभ पदार्थ है। वह भी यदि प्रभु के हाथों मिल जाए! और यदि सचमुच में ऐसी घटना घट जाए, किसी को वह प्रेम-रस का प्याला नसीब हो जाए पीने को, तो वह चारों युग-ताउम्र मतवाला हुआ रहता है–

कठिन पियाला प्रेम का, पियो जो हरि के हाथ।

चारों जुग माता रहै, उतरै जिय के साथ।।

साथ ही मलूकदास यह हिदायत भी देते हैं, कि 'प्रेम' को सदैव गुप्त रखना चाहिए। पहले तो सुमिरन ही इस भांति करना चाहिए कि दूसरे किसी को उसका पता ही न चले। इतना ही नहीं, अन्य किसी को ओंठ भी फड़कते हुए दिखाई न दें, अर्थात् अजपा जाप करें। जाप श्वासों के साथ भीतर-ही-भीतर अपने आप चलता रहे। सहज स्वाभाविक। प्रेम दिखावे की चीज नहीं, आचरण की, आत्म-शुद्धि और आत्मानुभूति का विषय है।

संत दादू 'भाव' की प्रधानता को स्थापित करते हुए वस्तुतः मनुष्य और मनुष्यता को स्थापित करते हैं; क्योंकि भाव और भावना मनुष्य को ही उपलब्ध श्रेष्ठ गुण है, जो उसे अन्य प्राणियों से भिन्न और श्रेष्ठ बनाते हैं। यही 'भाव' फिर 'बुद्धि' से भी ऊपर हृदय से जुड़कर मनुष्य को अध्यात्म और धार्मिकता के निकट ले जाता है। अतः दादू का कथन है–

दादू भावहीन जे पिरथवी दया बिहूणा देस।
भगति नहीं भगवंत की, तहं कैसा परवेस।।

भावपूर्ण को कोई अभाव नहीं, अभाव में ही निर्धनता है। भावपूर्ण ही प्रेम, दया, त्याग, उत्सर्ग, संवेदना, परोपकार के मार्ग पर चलता है। जहां भाव (प्रेमभाव) नहीं, दयाभाव नहीं, भक्तिभाव भी नहीं–ऐसे देश-समाज में जाना व्यर्थ है।

इस प्रेम-रस-वर्षा का उल्लेख करते हुए सहजो बाई कहती हैं–*बिनु धन परत फुहार।*

अर्थात् आकाश में बादल नहीं हैं तो भी वर्षा हो रही है। और यह वर्षा प्रेम-आनंद की है। यह आनंद-वर्षा अंतर-आकाश में घटित होती है जब भाव-भक्ति के द्वारा वाष्पित होकर प्रभु की कृपा-रूपी आशीष बरसते हैं।

गुरु नानकदेव भी प्रेम-रस की वर्षा का उल्लेख अपनी वाणी में करते हैं। भगवद्-भक्ति का शुद्ध अमृत, वाणी में उतर आया है। वह प्रार्थना करते हैं कि यह रस ऐसे बरसे कि तिल मात्र का भी अंतराल न आए। यकसार बरसो–

बरसु मेघ जी तिलु-तिलु बिलमु न लाव।
बरसु पियारे ममहि सधारे कोई अनहु सदा मनि चाव।।

इस वर्षा में सब कहीं जलथल हो गया है। सभी दिशाएं भीग गई हैं। हर कहीं रस-सागर लहरा रहा है। कहीं सूखी धरती नहीं बची। ऐसे रस में भीगे व्यक्ति को प्रकाश भी रस रूप में परिवर्तित हुआ दीखता है। ऐसे ही अन्यत्र ज्योति के लहराते सागर की चर्चा है। जहां कोई भी ऊंची-नीची सतह नहीं बचती। कोई रंग, आकार या अहंकार का स्वरूप नहीं बचता। सब उस ज्योति-जल में नहा जाते हैं। एक निर्मल सत्य हर कहीं दिखाई पड़ता है। क्योंकि परमात्मा प्रेमरूप है। प्रेम से ही सृष्टि का जनम हुआ हे। प्रेम से ही वह स्थिर और कायम रह सकती है। यही प्रेम दादू के शब्दों में अलह की जाति, अंग-रंग और वजूद है। पूर्ण अस्तित्व है।

ऐसे जीना सिखाते हैं दादू—संत दादूदयाल अपनी वाणी, विचार और भाव के स्तरों पर अनूठे हैं। संतों में अपनी पृथक् पहचान और मौलिक अवदान के लिए भी महत्त्व रखते हैं। काव्य उक्तियों में अध्यात्म रहस्य की स्पष्ट एवं मार्मिक पहचान कराने में सरल, सहज भाषा का प्रयोग भी उन्हें अन्य संतों से पृथक् करता है। अपने समय से भी अधिक प्रासंगिक दादू आज के लिए हैं और भविष्य में भी उत्तरोत्तर अधिक प्रासंगिक, बल्कि अनिवार्य होते जाएंगे, यह निश्चित है। दादूपंथी भक्त ही नहीं, कोई भी व्यक्ति उनकी वाणी से सुख, संतोष और आनंद का अनुभव करके आश्वस्त हो सकता है।

वर्तमान युग जितना अधिक विसंगतियों, वेदनाओं और मानवीय संकटों से भयभीत करने वाला रहा हो दादू उतने अधिक प्रिय और अनिवार्य होते जा रहे हैं। अन्य संतों की अपेक्षा दादू की वाणी में यह विशिष्टता है कि वे व्यंग्य प्रहार, प्रताड़ना या चोट पहुंचाने की अपेक्षा प्रेम, सहृदयता और अपनेपन की भावनाओं का आश्रय लेते हैं। इसलिए उनके पास सभी के लिए भरोसा है। सहानुभूति है। निम्न वर्ग के लोग हों, निम्न जाति के हों, स्त्रियां हों—सबके लिए सम्मान और मानवीय गरिमा का भाव है। सभी को उनकी वाणी में आत्म-साक्षात्कार से सुकून मिलता है।

मनुष्य-जीवन की बेचैनियां, सामाजिक वैषम्य की पीड़ा, निम्न जाति की अपमानजनक स्थितियां—सबके लिए उनके पास अपार स्नेह, संवेदना, सहानुभूति और श्रेष्ठता के सच्चे भाव हैं। दादू ने इस संसार और इससे परे—पारलौकिक जिज्ञासाओं के बीच अद्भुत समंवय ही नहीं किया बल्कि समूचे सांसारिक जीवन—ब्रह्मांडीय यथार्थ को 'परमात्म-अस्तित्व' से भरा हुआ सिद्ध किया है। मनुष्य-जीवन के संघर्ष और यातनाएं तब स्वयं ही उदात्तीकृत हो जाती हैं। उनका सारा विष ही तिरोहित हो जाता है। उन्होंने समूचे ब्रह्मांड को ब्रह्ममय बताया है—

सरवर भरया दह दिसि, पंखी प्यासा जाइ।

दादू गुरु परसाद बिन, क्यूं जल पीवै आइ।।

समूचा ब्रह्मांड—दसों दिशाओं से ब्रह्मचेतना से ऐसे भरा है जैसे कोई जल से भरा तालाब हो। दस दिशाएं—पूर्व, पश्चिम, उत्तर, दक्षिण तथा इनके मध्य में चारों दिशाएं यथा पूर्व-पश्चिम के मध्य की दिशा। ऐसे ही अन्य तीन एवं धरती और आकाश-कुल दस हुईं। शेष क्या रहा? किंतु तो भी उस तालाब से पंछी प्यासा जाता है। यही मनुष्य-जीवन की विडंबना है। पीड़ा है। दादू कहते हैं, गुरु की कृपा के बिना यह ब्रह्मानुभूति रूपी जल किसी को नसीब नहीं होता। जल में रहते हुए भी जल नहीं पी पाते। ऐसे ही मनुष्य इस संसार में रहते-जीते हुए अपने स्वाभाविक, जन्मजात अज्ञान के कारण ब्रह्मानुभूति के आनंद से वंचित रहते हैं। जबकि मनुष्य, वनस्पतियां, पशु-पक्षी, झरने-पर्वत, लोहे-पत्थर-ईंट से बने भवन, वाहन आदि—यानी सभी कुछ पंचभूत मात्र और धरती तथा आकाश तक ब्रह्ममय इस स्थिति को स्पष्ट करने के लिए दादू एक और साखी कहते हैं—

दादू पांणि माहै पैसि करि देखै दिष्टि उधारी।
जला बिंब सब भरि रह्या, ऐसे ब्रह्म विचारि।।

अर्थात् ज़ल में प्रवेश करके आंखें उघाड़कर देखों तो सब ओर जल ही जल दिखाई देगा। ऐसे ही इस पूरे संसार में—ब्रह्मांड में ब्रह्मचेतना को, परमात्मा को भरा हुआ मानो।

जिस भौतिक जीवन और संसार की असारता, दुःख, द्वंद्व, वेदना और मृत्यु की विभीषिका को लेकर व्यक्ति भय, भूख, हिंसा, हत्या से विह्वल है—भाग जाना चाहता है, त्रस्त है; उसी जगत में अध्यात्म-भावना से भरे हुए दादू कहते हैं—

घन बादल बिन बरसि है, निरझर निर्मल धार।
दादू भीजै आत्मा को साधू पीवनहार।।

बादलों के न रहने पर भी आकाश से निर्मल जल की धार गिर रही है। इस जल-धार से आत्मा भीग रही है। कोई साधु ही इस जल-धार के जल को पी सकता है। अन्य कोई नहीं।

बौद्धिक खंडन-मंडनों, तार्किक दलीलों, कटूक्तियों, दार्शनिक प्रवृत्तियों की अतिशयता के विपरीत दादू आध्यात्मिक भावना से ओत-प्रोत-स्नेह-निर्झर की तरह

हैं। हर गिरे-पड़े, निम्न, उपेक्षित की पहुंच में रहकर न केवल आत्मिक स्तरों पर उन्हें ऊंचा उठाते हैं बल्कि तथाकथित ऊंची जाति वालों, ब्राह्मणों, श्रेष्ठिजनों के सामने भी अपनी आत्मिक श्रेष्ठता के कारण सिर ऊंचा करके जीना सिखाते हैं। कठोर जाति-बंधनों को तोड़ने और अधिक सम्मान से जीना सिखाते हैं। आत्मिक स्तरों पर वास्तविक नैतिकता की भावना भरकर समता का बोध कराते हैं।

संत दादूदयाल जी की वाणी में प्रकट रूप में इस धरती के प्राणिमात्र के प्रति गहरी संवेदना व्यक्त है। मनुष्य को उत्तम प्राणी होने के नाते अन्य प्राणियों के प्रति स्नेह, दया, त्याग के व्यवहार से आत्मिक श्रेष्ठता सिद्ध करनी चाहिए। दादूजी की वाणी में हिंदू-मुसलमान का भेद भी नहीं स्वीकार किया गया। सभी प्राणी समान हैं, जैसे जल, धरती, आकाश समान हैं। मौलवियों और पंडितों की इसी भूमि पर दादूजी ने आलोचना की है। वैदिक काल के मानवीय समानता एवं सामूहिक आत्मिक उत्थान के विचारों को दादूजी भी प्रचारित करते हैं, जहां मात्र धार्मिक रहस्यात्मक मुहासा नहीं, शुद्ध जीवन-प्रकाश है। अध्यात्म का उजाला है। प्रत्येक व्यक्ति अपने श्रेष्ठ मानवीय कर्मों से, आत्मिक उन्नति करते हुए मुक्ति पा सकता है। क्योंकि हम सबके प्रति, परिवेश और समाज से गहरे आत्मीय स्तरों पर बंधे हुए हैं, अतः उन सबके प्रति श्रेष्ठ कर्मों द्वारा ही कर्तव्य-मुक्त होकर मुक्ति संभव है।

दादू ए सब किसके पंथ में धरती अर असमान।
पांणी पवन दिन रात का, चंद सूर रहिमान।।

हिंदू और मुसलमान के अलग-अलग संप्रदायों की विचारना पर दादू कह रहे हैं कि यह विवाद बिलकुल निराधार है। पानी, हवा, दिन, रात, चांद, सूरज किसके पंथ में आते हैं? हिंदुओं के माने जाएंगे कि मुसलमानों के? पानी, हवा आदि के नाम पृथक रखे जा सकते हैं परंतु तत्त्व तो एक ही रहता है। इसी प्रकार प्रकृति-तत्त्व और परमात्मा भी एक ही है और आत्मा भी सभी में उसी का अंश रूप है। फिर काहे का भेद और काहे की लड़ाई! दादू का कथन है कि हिंदू-मुसलमान—दोनों ने ब्रह्म को खंड-खंड बांट लिया है और अपने-अपने पक्ष में लगा लिया है। और इस प्रकार संपूर्ण एवं एक समूचे ब्रह्म को तजकर भ्रम की गांठ बांधे बैठे हैं। भ्रमों में बंधे हुए हैं—

षंड-षंड करि ब्रह्म कूं पषि-पषि लीया बांटि।
दादू पूरण ब्रह्म तजि, बंधे भ्रम की गांठि।।

इसलिए उनका स्पष्ट कथन है कि यह गलत धारणा छोड़ दो। यह सर्वथा भ्रम है। ब्रह्म-विरोधी कार्य है–

हींदू तुरक न जानौं दोई।
सांइ सबनिका सोइ हेरे, और न दूजा देषौं कोई।।
कीट-पतंग सबनि मैं, जल-थल संगि समाना सोई।।

सांई तो सबका एक है। दूसरा नहीं। भिन्न-भिन्न नहीं है। तब किस बात का विवाद, जबकि वह सांई (ब्रह्म) तो सब कीट-पतंग, जल-थल में समाया हुआ सबके संग-साथ है।

इस प्रकार दादू अत्याधुनिक विचारों को मनुष्यों के लिए सुलभ करते और सच्चे मनुष्यों की तरह जीना सिखाते हैं। संप्रदायों की धुंध से निकालकर अध्यात्म के प्रकाश में संसार को देखना सिखाते हैं।

क्रांतिकारी सोच क सामाजिक आयाम–विश्व के प्रत्येक सभ्य समाज की व्यवस्था का अंग–कोई भी व्यक्ति अपने लिए जीवन-भर की कमाई के साथ अपनी मृत्यु के लिए भी निश्चिंत हो जाना चाहता है। एक सर्वथा सुखी परिवार के लोगों के हाथों में, मृत्यु की कामना करता है; ताकि उसकी मिट्टी खराब न हो, वह ढंग से ठिकाने लगा दी जाए, क्योंकि मृत्यु अवश्यंभावी है। वह अवश्य आनी है। तो घर पर आए। बाल-बच्चों के मध्य, उनकी उपस्थिति में आए। यह कोई बेजा चिंता या चाहना नहीं है। एक सर्वथा स्वाभाविक और सभ्य एवं सामाजिक प्राणी की इच्छा है। इसे प्रत्येक संप्रदाय का, प्रत्येक देश का व्यक्ति स्वीकार करता है। तब भारत के एक महान संत दादूदयाल ने ऐसा क्यों कहा कि–

हरि भज साफल जीवणा, पर उपकार समाय।
दादू मरणा तहां भला, जहां पशु पक्षी खाय।।

जीने की सार्थकता-सफलता हरि के भजन और परोपकार-भाव में समाहित हो जाने में है, पर मात्र इतना ही नहीं; इससे भी आगे जीवणा तभी सफल-सार्थक माना जा सकता है जबकि मनुष्य की मृत-देह भी, शव भी काम का सिद्ध हो। उस मृत-देह को भी पशु-पक्षी खाकर अपनी भूख शांत कर सकें। भूख की अग्नि भी महान और बड़ा सत्य है। इसे भी अनदेखा नहीं किया जा सकता। बल्कि संतों और अध्यात्म पुरुषों ने जठर।नल अर्थात् पेट की आग को इसलिए महत्त्वपूर्ण माना क्योंकि भूख

का यथार्थ किसी भी काल में, किसी भी देश या जाति का आधारभूत यथार्थ होता है। अपवादों को, महानता के–सिद्धि के आयाम को छोड़कर यथार्थ, सामान्य जीवन का यही सत्य है। तो उसी यथार्थ को दादू यहां हमारे सामने रखते हुए कहते हैं कि पशु-पक्षियों तक के काम यदि हमारा शव आता है–तो वही मरण भला है। सार्थक है। मृत्यु यदि बड़ा यथार्थ है तो जीवन, अस्तित्व उससे भी बड़ा यथार्थ है। संत कवि दादूदयाल ने इस अस्तित्व की रक्षा, संभाल और धरती पर विचरते सभी जीवों के सतत प्रवाह को कायम रखने के चिंतन को तथा मानव के भाई-भाई होने के सद्-विचार को आगे बढ़ाया है। उनका प्रसिद्ध कथन है–

आपा मेटे हरि भजै तन मन तजै विकार।
निर्वैरी सब जीव सूं, दादू यहु मत सार।।

सब जीवों से निर्वैरता अर्थात् मैत्रीभाव रखना भी उनके सिद्धांतों की नींव है। आपा अर्थात् अहंकार भाव और तन तथा मन के विकारों को दूर करना ही पर्याप्त नहीं है, जीव-मात्र के प्रति शत्रुभाव को त्याग करके मैत्री और स्नेहभाव धारण करने की सीख दादूदयाल ने दी है। यही कारण है कि धर्म-पूजा पद्धति की स्थूल-मूर्त्त परिपाटियों को उन्होंने त्याग दिया और निराकार, सार्वभौम, अणु-अणु में व्याप्त, निर्गुण ब्रह्म, अल्लाह, ईश्वर की सर्वव्यापकता का संदेश दिया। इससे प्रभावित होकर उनके अनुयायियों की संख्या तेजी से बढ़ी। उनमें हिंदू और मुसलमान–दोनों संप्रदायों के लोग थे। सभी प्रांतों, वर्गों के लोगों को शांति, प्रेम और भाईचारे में अपार भरोसे और आनंद की अनुभूति हुई। यह तथ्य सर्वविदित है कि उनके शिष्यों में स्वामी रज्जब (पठान-मुसलमान), स्वामी बखना (मुसलमान), स्वामी निजामशाह (मुसलमान) ही नहीं हुए अपितु स्वामी गरीबदास (दायमा ब्राह्मण), स्वामी सुंदरदास (बड़े क्षत्रिय), स्वामी सुंदरदास (छोटे, खंडेलवाल वैश्य), स्वामी जगन्नाथ (कायस्थ), स्वामी जयमल जोगी (कूरम-क्षत्रिय), स्वामी प्रागजन (चर्मकार पीपावंशी) आदि 52 शिष्यों की लंबी सूची यही सिद्ध करती है कि संत दादू ने सभी प्रकार की संकीर्णताओं को मानव-समाज में से मिटाने का सफल अभियान चला रखा था जो अपनी यथार्थवादी प्रकृति के कारण सचमुच क्रांतिकारी था।

आज देश की स्वतंत्रता के साठ वर्ष बाद यदि सांस्कृतिक-मानवीय ऐक्य के सूत्र पकड़कर उन्हें फिर से मजबूत धरातल देने का प्रयास भारत और पाकिस्तान के शासक करते हैं तो उनकी नींव कबीर, नानक, दादू और मलूक जैसे संतों ने छः सौ वर्ष पूर्व ही डाल दी थी। संत दादू का जन्म अहमदाबाद (गुजरात) में संवत् 1601

में और निर्वाण 58 वर्ष, 2 मास और 15 दिन की आयु में ज्येष्ठ कृष्ण 8...शनिवार सवंत् 1660 में हुआ, किंतु उनके विचार भारत, पाकिस्तान और समूचे विश्व के मन को आज भी अनुप्रेरित कर रहे हैं और यह महज कहने की बात नहीं, प्रतयुत सत दादूजी के जीवन का महान सत्य और संदेश है, जिसे उन्होंने अपने कर्म से...व्यवहार और आचरण से सिद्ध कर दिखाया। विचार को कर्म में परिणत करने की दूरी भारतीय समाज की सबसे बड़ी विडंबना रही है। और आज तो और भी उग्र रूप में सामने आ रही है। विडंबनाओं की सभी रूपाकृतियां इसी से विकसित होकर विकराल रूप धारण कर रही हैं। किंतु संत दादूदयाल ने सदियों पूर्व भूख और यथार्थ के विकट-विकराल रूप को देखकर–'सर्वे भवंतु सुखिना' के सिद्धांत-चिंतन को अपने कर्म का असली जामा पहनाकर, व्यवहार में प्रस्तुत कर दिया।

अपने जीवन के अंत को निकट देखकर आस-पास चिंताकुल प्रमुख शिष्यों-सेवकों से कहा कि मेरे शरीर को न तो धरती में गाड़ना, न नदी-जल में प्रवाहित करना और न अग्नि में जलाना। उन्होंने आज्ञा दी कि नारायणा के दादूद्वारा से दस मील की दूरी पर, पूर्व दिशा की ओर भैराणा पहाड़ के पास ले जाकर मेरे शरीर को छोड़ आना ताकि भूखे-पशु-पक्षियों के काम यह शरीर, मृत्यु-बाद भी आ सके। वे मांसादि से अपनी उदर-पूर्ति कर सकें। उनकी आज्ञा के अनुसार, उनके शरीर को एक सुंदर पालकी में विराजमान करके संकीर्तन करते हुए उनके समस्त शिष्य भैराणा पहाड़ पंर ले गए। वहां एक खोल में पालकी को रखकर अंत्येष्टि-संस्कार के संबंध में वे लोग विचार कर रहे थे कि कहते हैं उसी समय उनके एक शिष्य टीलाजी ने पहाड़ के मध्य में उनके दर्शन किए। उन्होंने अन्य उपस्थित संतों को भी महाराज के दर्शन कराए। बाद में ढूंढ़ा तो वहां केवल पुष्प मिले। इस घटना का उल्लेख संत दादूजी के एक पठान शिष्य रज्जब ने अपनी एक साखी में इस प्रकार किया है–

गुरु दादू अरु कबीर की, काया भई कपूर।
रज्जब अज्जब देखिया, सगुणहि निर्गुण नूर।।

यह प्रेम-तत्त्व का ही प्रताप है कि दादू को चाहने वाले दादू के पास आने वाले आज भी उनसे प्रेम की सीख लेते हैं, घृणा या क्रोध की नहीं। दादू प्रेम के अवतार थे, यदि यह कहा जाए तो अत्युक्ति न होगी। अतः वर्तमान विश्व को सही मार्ग दिखाने वाले, आने वाले कल के मसीहा संत कवि दादूदयाल हैं। अपने देह-अंगों को दान करना आधुनिक विश्व की सबसे बड़ी सोच है। इसे दादूदयाल ने अपने जीवन-व्यवहार ओर अंत से चरितार्थ करके दिखाया है। वस्तुतः आने वाली नई

शताब्दियों का उद्धार भारतीय संतों के मार्ग पर चलकर होने वाला है, जहां अध्यात्म मनुष्य के चरित्र और व्यवहार में प्रेम की फुहार बनकर बरसेगा।

आध्यात्मिक विश्व-व्यवस्था और संत प्रवर कवि प्राणनाथ की वाणी

सृष्टि के आरंभ की संघटना की साक्षी भरने वाली है भारतीय संत संस्कृति। इतिहास के अज्ञात, अनजान किंहीं मोड़ों पर प्रकृति ही भारतीय संत संस्कृति में मानों मूर्त्त हो उठी है। क्योंकि प्रकृति की लय, गति, नियम, अनुशासन सहज ही संतों की वाणी में समान भाव से उतर आए हैं। मूल आदि तत्त्व की अधिष्ठात्री प्रकृति शक्ति को अपने वाकू में पुरस्कृत कर संतों ने इस संस्कृति का ताना-बाना बुना है, इस तथ्य को उन्होंने समय-समय पर उद्घोषित भी किया है तथा क्षर, अक्षर के भी पार को लक्ष्य किया, पहचाना एवं वहां अपना घर होने तक का उल्लेख अपनी वाणी में किया है–

सुर नर मुनिजन औलिया, ये सब उरली तीर।
अलह राम का गम नहीं, तहां घर कियो कबीर।। —कबीर

गैब मांहि गुरुदेव मिलिया, पाया हम परसाद।
माथे मेरे कर धर्या, दख्या अगम अगाध।। —दादू

आ वेराट मांहे दीसे नहीं, पार वचन सुध जेह।
लवो मुख बोलाए नहीं, तो केम पार पामे तेह।।
—महामति प्राणनाथ (रास, 1.40)

अतः स्पष्टतः ही जहां सुर, नर, मुनि और औलिया ही नहीं, अल्लाह और राम की भी पहुंच या गति नहीं, वहां कबीर अपना घर होने की बात कर रहे हैं। और दादू का कहना है कि अदृश्य लोक से गुरुदेव प्रकट हुए उन्होंने मेरे माथे पर हाथ धर कर मुझे अगम-अगाध लोक के दर्शन करा दिए। महामति प्राणनाथ कहते हैं

कि ऐसा कोई भी व्यक्ति इस विराट संसार में दिखाई नहीं देता, जिसे पार के वचनों (इहलोक से परे–शून्य–निराकार तथा उसके भी परे अक्षर एवं अक्षरातीत) की सूझ हो, परमपद अक्षरातीत के विषय में तो अंश मात्र का भी मुख से उच्चारण संभव नहीं, तो फिर यह पुस्तकीय ज्ञान परम तत्त्व का पर कैसे पा सकता है?–

हद पार बेहद है, बेहद पार अक्षर।
अक्षर पार वतन है, जागिए इन घर।।

–महामति प्राणनाथ (प्रकाश हि. 31/65)

कहना न होगा कि इस पार की, हमारे इस भौतिक संसार की चिंता करनेवाले इसे सुधारने-संवारने की संकल्पना लिए यह संस्कृति हमें सहज उपलब्ध है।

किंतु मध्य युग में प्रायः 15वीं से 17वीं शताब्दी के दौरान हमारे संतों ने जाति-पांति, ऊंच-नीच, वर्ण व्यवस्था, नस्लवाद और सांप्रदायिक रोगों को दूर कर एक स्वस्थ सौमनस्यपूर्ण उन्नत समाज रचना के लिए व्यावहारिक एवं प्रभावी प्रयत्न किए थे। इन संतों ने समूचे देश में, प्रत्येक क्षेत्र में एक आध्यात्मिक क्रांति रच डाली। उत्तर भारत के कबीर, रैदास, नानक, दादू, मलूक, मीरा, रज्जब, महामति प्राणनाथ, कश्मीर की ललद्यद, तमिल के तिरुवल्लुवर, केरल के पुन्तानम नंपूतिरि, आंध्र के मल्लिकार्जन, महाराष्ट्र के ज्ञानेश्वर, नामदेव, तुकाराम आदि ने अध्यात्म ज्ञान, संवेदना और एकता की त्रिवेणी प्रवाहित की। समाज में गहरे चेतना-स्तरों पर एकात्मता, समता, सौमनस्य की नींव डाली। इसके प्रभाव एवं सुफल भी सामने आए। इसी अध्यात्म प्रबल वेगवती धारा के एक संत कवि हुए हैं महामति प्राणनाथ (1618-1694 ई.) उक्त अन्य संत कवियों से कुछ भिन्न अपने विचारों को व्यावहारिक रूप प्रदान करने के लिए–मानवी एकता को पुष्ट एवं ठोस रूप देने के लिए महामति प्राणनाथ ने अपनी वाणी में विभिन्न धर्मों के मूल सिद्धांतों का समाहार किया तथा आध्यात्मिक रूप में आदि-अनादि एक परम सत्ता का परिचय कराया, जो क्षर, अक्षर और अक्षरातीत की रचयिता मूल-सत्ता है–

जुदे-जुदे नामे गावही, जुदे-जुदे भंख अनेक।
जिन कोई झगड़ो आप में, धनी सबों का एक।।

इतना ही नहीं महामति प्राणनाथ ने विश्व की रचना के उद्देश्य का भी व्यापक उल्लेख अपनी वाणी में किया है। साथ ही समूचे ब्रह्मांड का एक समेकित

आध्यात्मिक नक्शा भी प्रस्तुत किया है। यह सुखद आश्चर्य का विषय है कि उनकी शिक्षाएं, सिद्धांत, दार्शनिक चिंतन आज भी पूरी तरह प्रासंगिक हैं तथा उत्तरोत्तर संकटों में घिरते हुए समूचे विश्व का पूरा, अचूक उपचार भी है। भारतीय संतमाला में अपनी शोख रंगत और पहचान में प्राणनाथ अपनी उपस्थिति दर्ज कर रहे हैं। समूची मनुष्य जाति को समूचे ब्रह्मांड के प्रति जाग्रत करते हैं। सिर्फ जगाते ही नहीं समूचे चराचर के प्रति मनुष्य होने के नाते कर्तव्य बोध से भरते हैं और एक मानवीय धर्म की ओर चलने को प्रेरित करते हैं।

"कलि शयनों भवति संजिहानस्तु द्वापरः।
उतिष्ठंस्त्रेता भवति कृतं संपद्यते चरन।।
चरैवेति। चरैवेति।" —*ऐतरेय ब्राह्मण*

अर्थात् कलयुग का अर्थ है सोए होना। जग जाना द्वापर है। उठकर खड़े हो जाना त्रेता है। और चल देना कृतयुग—सतयुग है। अतः सदैव चलते रहना चाहिए। मनुष्य का सृष्टि के साथ संबंध और सरोकार इससे अधिक सटीक अर्थों में नहीं समझाया जा सकता। भारतीय जीवन-दर्शन में चार युगों की अवधारणा को कालांतराल में नहीं बोध-स्तरों पर समझकर ही मनुष्य जाति अपना और अपने परिवेश का उद्धार कर सकती है। यही मुराद महामति संत प्रवर प्राणनाथ ने अपनी जागनी लीला से कई स्तरों पर कई प्रकार से व्यक्त की है।

आत्मिक आयाम परमात्मिक आयाम में तभी खुलते हैं जब महात्मा लोग अपनी महामति से जागतिक जीवन के त्रैकालिक इतिहास को एक अंविति में पिरोकर लक्ष्य करते हैं और भावी का, भविष्य का मार्ग प्रशस्त करते हैं। उनकी अंतःदृष्टि सृष्टि के आदिबिंदु को लक्ष्य करती, वर्तमान से गुजरती आनेवाली सदियों की राह सुनिश्चित करती है। महामति प्राणनाथ ने साफ-साफ इन तीनों बिंदुओं को अपनी वाणी में रेखांकित किया है। मानव के इतिहास का शोधन किया है। उसके वर्तमान रोगों की पहचान की है। तब भावी यात्रा के मार्ग का निर्देश किया है। महामति प्राणनाथ का कथन है कि मेरी इस वाणी को थोड़ा विचार कर देखो :

स बानी नीके विचारिये अंतर बाहेर।
तुमें जगाऊं कर जागनी, देखाए देऊं जाहेर।। —*कलश हि. 20.5*

मनुष्य का चेतना के स्तर पर सुप्त होना, अपना आत्म-स्वरूप न जानना और

शेष ब्रह्मांड को भी मात्र भौतिक, जागतिक रूप में देखना-मानना, इसी से द्वंद्व, द्वैत, द्वेष उत्पन्न होते हैं। सृष्टि और सृष्टिकर्ता के आशय को मात्र भौतिक–भौतिक तत्त्वों, उद्देश्यों तक सीमित मानने से ही हजार तरह के दुःख-शोक उत्पन्न होते आए हैं। अब भी घटित हो रहे हैं। धर्म के नाम पर अधार्मिक कृत्य–खूनखराबा, हिंसा-हत्या हो रही है। संप्रदायगत सोच-व्यवहार तथा पूजा-पद्धतियों के अंतर एवं ब्राह्माचारों के कारण, आज तक इस धरती पर घोर अमानवीय-अधार्मिक कृत्य होते आए हैं। हो रहे हैं। इतना ही नहीं, अपने-अपने संप्रदायगत विश्वासों को दूसरों पर थोपना, उन्हें जबरन मनवाना जैसे धार्मिक कृत्य माना जा सकता है। इन्हीं धर्मेतर आग्रहों के कारण बड़े-बड़े नरसंहार होते आ रहे हैं। यदि आत्मिक रूप में मनुष्य जाग जाए–कि प्रत्येक प्राणी–मनुष्य एवं मनुष्येतर एक ही स्रष्टा की रचना है, तब हत्या-हिंसा का विचार गिर जाएगा। 'जागनी लीला' हमें अपने आत्म-जगत् में जाग्रत करती है। संपूर्ण ब्रह्मांड के प्रति आत्मीय सजगता से भरती है। सच्चे धर्म का यह पहला सोपान है–द्वापर है। मनुष्य अपने आत्मिक जाग्रत-बोध को उपलब्ध कर लेता है।

धर्म धारण किया जाए तभी धर्म है। पहले मनुष्य धर्म को धारण करते हैं, फिर धर्म भी पूजा को धारण करता है। लोग धर्म को पीछे छोड़ देंगे, तो धर्म भी उन्हें छोड़ देगा। महाभारत कर्णपर्व (अ.69/58) में उल्लेख है :

धारणाद् धर्म मित्याहु धर्मो धारयति प्रजाः।
यः स्याद्धारणसंयुक्तं सधर्म इति निश्चयः।।

अतः धर्म तो आदि से लेकर आज तक एक ही है। पूरे संसार में उसके नाम भिन्न-भिन्न हैं, जैसे परमात्मा एक है और उस तक पहुंचने के रास्ते भिन्न-भिन्न हैं। धर्म के आधारभूत मूल्य भी सभी धर्मों में एक जैसे ही हैं–सत्य, समानता, संवेदना, भातृभाव, मानवीयता। इन मूल तत्त्वों में किसी को कोई भ्रम नहीं। कभी नहीं रहा। इन्हें अपना लक्ष्य बनाकर चलने में ही धर्म, धर्म कहलाता है। इनकी प्राप्ति और निर्देशक-सिद्धांत बनाकर चलने में किसी भी प्रकार का कोई द्वेष या संघर्ष कहीं भी, कभी भी उत्पन्न नहीं हो सकता। द्वंद्व, संघर्ष, द्वेष वहीं उत्पन्न होता है, जहां इन मूल्यों को निर्देशक सिद्धांत न मानकर इतर जातिगत, संप्रदायगत, बाह्य पूजा-पद्धतियों के आग्रहों में लोग सिमटकर आचरण करते हैं। वस्तुतः इन्हीं सीमित, संकुचित बाहरी चिन्हों, प्रकारों से घिरकर आचरण करने को लोग प्रायः धर्म कहते हैं, जबकि यह दृष्टि संप्रदायगत, उथली, खोखली, प्रदर्शनी और विकृत है। इसे मोटे रूप में

धर्म-विरोधी, संप्रदायगत सोच-आचरण कहना-मानना चाहिए। क्योंकि धर्म के मूल आधारों-मूल्यों से हटकर, यह सोच इतर बातों पर आचरण करने लगते हैं। तब ऐसा सोच-व्यवहार धर्म में कहां रह जाता है! धर्म की मर्यादा से भटककर या गिरकर मात्र धर्म-धर्म रटते रहने से संप्रदायगत, प्रपंची, प्रदर्शनी, बाहरी सरोकार धार्मिक नहीं कहला सकते। अतः यह कहना गलत होगा कि धर्म का भटकाव है यह। धर्म कभी नहीं भटकता, धर्म के नाम पर लोग भटकते हैं, जो धर्मेतर कारणों से धर्म-मूल्यों का परित्याग करके, धर्मेतर मार्गों पर भटक जाते हैं। धर्म की मूल धुरी ईश्वर, अल्लाह, गॉड में विश्वास है। अर्थात् एक ऐसी शक्ति जो सबसे ऊपर, सबसे शक्तिशाली और सब जगह विद्यमान रहती है।

विश्व के प्रसिद्ध धर्मों में बौद्ध-धर्म, जैन-धर्म, इस्लाम-धर्म, ईसाई-धर्म, हिंदू-धर्म, पारसी-धर्म, यहूदी-धर्म, सिख-धर्म, कनफ्युशियम-धर्म, शिन्तो-धर्म और ताओ-धर्म के नाम उल्लेखनीय हैं। इन धर्मों की अपनी-अपनी विशिष्टताएं हैं। अनुयायी और क्षेत्र हैं। इनके अनुयायियों में अपने-अपने धर्म के सिद्धांतों, नियमों, विचारों के कारण बड़ी कट्टरता पायी जाती है जिससे आदिकाल से ही विभिन्न स्तरों पर परस्पर टकराहटें होती रहती हैं। इन टकराहटों का स्वरूप वैचारिक आक्रमण के साथ-साथ सशस्त्र आक्रामकता और रक्तिम झड़पों के रूप में भी प्रायः देखने को मिलते हैं। किंतु इन सबके चलते भी समानांतर एक विचार सदा उभरकर आता है कि यदि समस्त मानव समाज एक ही ईश्वर, अल्लाह, गॉड की संतान हैं, तो फिर यह खून-खराबा क्यों? यह मार-काट किसलिए? मनुष्य की इस चिंतन पद्धति के बल पर एक नया सिद्धांत उभरकर सामने आया—वह है, 'सर्वधर्म समभाव' का सिद्धांत।

यह सिद्धांत विश्व के धर्मों को दृष्टि में रखकर बनाया गया है, विशेष रूप से भारत के। यहीं यह सर्वाधिक प्रासंगिक माना जाता है, क्योंकि भारत में धर्म-संप्रदाय के कट्टरपंथी आग्रहों के कारण प्रायः ऐसी स्थितियां उत्पन्न होती रहती हैं, जिनमें धर्म के नाम पर विभिन्न धर्मावलंबियों के मध्य संघर्ष देखने को मिलते हैं। वैसे भारत विश्वभर में धर्म-प्रधान देश माना जाता है। क्योंकि धर्म का मूल आधार भाव-भावना है और भारतीय व्यक्ति स्वभाव और विशेष संस्कारों के कारण भावुक और संस्कारी माना जाता है। भारत का आदिकाल से मान्य वैदिक धर्म अपनी प्रकृति से निःसर्ग को—अर्थात् समूची प्रकृति सत्ता को—पेड़-पौधे, पशु-पक्षी, पत्थर, पहाड़ को भी चैतन्य मानता और पूजता है। अद्वैत वेदांत की बड़ी पुरानी और समृद्ध परंपरा है यहां। शैव, वैष्णव, शाक्त आदि पुरातन धर्म-संप्रदायों के विचार-सिद्धांत लोगों के जीवन में आज भी बड़ी भूमिका निभाते हैं। लोग हर क्षण धर्म-भाव एवं अनुभूति से, अपने जीवन-परिवेश और वातावरण को, उद्भासित पाते हैं। रामायण, महाभारत, गीता

आदि वेदों-उपनिषदों के बाद, प्रेरक ग्रंथ हैं।

महामति प्राणनाथ को अत्यन्त दुःख हुआ यह देखकर कि सृष्टि के आदि से लेकर आज तक जो एक तत्त्व है उसके भिन्न-भिन्न नाम धरकर सब लोग अपनी असहमति और कुमति के कारण संघर्षरत हैं।

बड़े खेद की बात है कि सब भिन्नता की बोली बोलते हैं। सबके धर्माचार जुदा-जुदा हैं। इतना ही नहीं एक ही परमात्मा के जुदा-जुदा नाम धरकर सब परस्पर संघर्षों में उलझे हुए हैं, किंतु मुझे इन सबको ही समझाना है—

बोली जुदी सबन की, ओर सब का जुदा चलन।
सब उरझे नाम जुदे धर, पर मेरे तो केहेना सबन।।

दिल सभी का एक होता है। यहीं दिल में भाव को, धर्म को धारण किया जाता है। और दिल भी जब साफ हो, प्रभु-ईसा-अल्लाह के लिए खुला हुआ हो तभी परमात्मा वहां निवास करता है; दिल, दीन, दुनिया एक हो जाते हैं। महामति प्राणनाथ कहते हैं—

एक दीन तब होवहीं, जब साफ होवे दिल।
हक बिना न होवहीं, जो चौदे तबक आवे मिल।।

—छोटा कयामतनामा, प्र.2/24

सभी धर्मों का प्राणतत्त्व एक 'सत्य' है। इस एक सत्य को साफ दिल में जब तक धारण नहीं करोगे तब तक चाहे कितने प्रयत्न करो, धरती-आकाश एक कर दो, सत्य, ईश्वर, अल्लाह, गॉड मिलनेवाला नहीं है। सब संप्रदायगत वर्चस्वों की भौतिक अस्तित्वगत स्वार्थी लड़ाइयां हैं। ये सब पृथकतावादी, स्वार्थी इबारतें मिटानी होंगी; एक ही ईश्वर, अल्लाह, गॉड को साफ-स्वच्छ हृदय में धारण करना होगा, तभी धरती पर सच्ची शांति होगी। सभी संतों ने, सूफी फकीरों ने पुनः-पुनः मूल को साधने के प्रयास किए हैं। किसी ने थोड़ा कम, किसी ने थोड़ा अधिक, किंतु अपनी समूची आस्था और ईश्वर-प्रेम में गहरे डूबकर। बुद्ध, लाओत्से, सरहपाद, गोरख, फरीद, नामदेव, कबीर, रैदास, नानक, दादू, मीरा, रज्जब, सुंदरदास, चरणदास, दरिया, पलटू, यारी आदि ने प्राणिमात्र के अस्तित्व की चिंता में संवेदना, स्नेह और आत्मीयता का पाठ पढ़ाया है।

महामति प्राणनाथ भी उक्त मानवीयतापूर्ण महामार्ग के महान् पथिक हुए हैं।

भारत में मुग़ल-शासन अपने उत्कर्ष पर था। उसकी खूबियां-खामियां जन-जीवन में अपूर्व उथल-पुथल मचाये हुए थीं। क्योंकि जहां महान् मुग़ल सम्राट अकबर अपने दीन-ए-इलाही के प्रयोगों से भारतीय जनता के अधिसंख्य भाग—हिंदुओं और वर्षों से भारतीय जीवन का स्थायी अंग बन चुके मुसलमानों को निकट लाने; एक साझे धर्म-सूत्र में आत्मिक रूप में आबद्ध करने के प्रयोग कर चुका था; वहीं बाद में शाहजहां के बड़े पुत्र दाराशिकोह अपनी उदार, मानव-हितैषी चिर-चिंताकुल धर्म-भावना के प्रकाश में और भी कई कदम आगे बढ़कर भारतीय धर्माकाश में उपनिषदिक और मुस्लिम चेतना के साधक-विधायी तत्त्वों को घुला-मिलाकर नये मानवी सूर्य के उदय के प्रयासों में रत था।

इस व्यापक, वृहद, चैतन्य पृष्ठाभूमि में महामति प्राणनार्थजी का उद्‌भव हुआ। उनके गुरुदेव सद्‌गुरु देवचन्द्रजी ने उन्हें भारतीय आध्यात्मिक चेतना के मूल स्रोत—श्रीमद्‌भागवत से जोड़ा। कहना न होगा कि भारत में प्रचलित-मान्य इतिहास-काल आज भी (वि. संवत 2066) सबसे पुराना है तथा ईस्वी सन् 2009 है तो हिजरी को लगभग चौदह सौ साल हुए हैं। अतः स्पष्ट ही विश्व के लब्धमान्य सर्वाधिक पुरातन प्रकाशपुंज (पांच हजार वर्ष पुरातन) रामायण-गीता-श्रीमद्‌भागवत मनुष्य मात्र की धरोहर हैं। माना जाता है कि कुरान तक में जिस गुप्त ग्रंथ का उल्लेख है वह वेद है। धरती पर समूची मानव जाति के ज्ञान की साझी धरोहर है वेद, जो आत्मिक-परमात्मिक संपूर्ण ज्ञान है। वह तो कृतयुग की रचना है जो त्रेता युग (रामायण काल) से भी पूर्व के युग का है और दाराशिकोह 'मजमा-उल-बहरीन' (1656) में ब्रह्मज्ञान तथा 'अल-कुरान'— इन दोनों अध्यात्म धाराओं को मिलाकर आध्यात्मिक सम्मिलन एवं संगतियों की संभावनाएं स्थापित करने में जुटा हुआ था। कुरान और पुराण में आश्चर्यजनक समानताओं को स्थापित करके वह मनुष्य जाति की एकात्मता सिद्ध करने में जुटा हुआ था। संभवतः इन्हीं कार्यों का उसे खामियाजा भुगतना पड़ा। कबीर, दादू, नानक आदि संतों ने जो मार्ग बनाया था दाराशिकोह भावी शासक के नाते उसे ही पक्का राजमार्ग बना देने के आश्वस्तिपूर्ण कार्य करता जा रहा था।

महामति प्राणनाथ ने इसी मार्ग को, दो विरोधी मानी जानेवाली सभ्यताओं के मध्य एक साझा, अध्यात्म का महामार्ग बनाने का महत् कार्य कर दिखाया, अपने विचारों को, चिंतन को स्थायित्व देने के उद्देश्य से अपनी विपुल वाणी को पृथक्-पृथक् कुल सत्रह ग्रंथों में पुस्तक का आकार दिया और उनके सेवकों ने इन सभी ग्रंथों को एक ग्रंथावली रूप—कुलजमस्वरूप में संग्रंथित किया। ये ग्रंथ हैं—(1) श्री रास, (2) गु. प्रकाश, (3) गुष्ट्‌ऋतु, (4) गु. कलश, (5) हि. प्रकाश, (6) हि.

कलश, (7) हि. सनंध, (8) किरंतन, (9) खुलासा, (10) खिलवत, (11) परिक्रमा, (12) सागर, (13) सिनगार, (14) सिन्धीवाणी, (15) मारफत सागर, (16) कयामतनामा छोटा, (17) कयामतनामा आदि। इनमें से आधे ग्रंथ तो हिंदू-मुसलमान की रूहानी एकता दर्शन-सिद्ध करने का ही आग्रह करते हैं, और ये आग्रह इतने अकाट्य हैं, कि उन्हें आज तक कोई भी दुनियावी सोच काट नहीं पायी। तभी संभवतः उनके द्वंद्व, दुविधा, द्वेष, दुर्मति के चौराहे पर महामति प्राणनाथ का अवतरण हुआ है। मानव जाति की सप्राणता, सुरक्षा, संरक्षा महान् संत महामति प्राणनाथ के मार्ग का अनुसरण करने में है। क्योंकि यह मार्ग इसकी देशना किसी बौधिक तर्कना से उद्भूत नहीं हुई, प्रत्युत अवतीर्ण हुई है—अवतरित हुई—सवाक् हुई है। इस तथ्य को आप अभी तक धरती पर विद्यमान शास्त्र, पुराण, वेदांत आदि के साक्ष्यों को समक्ष रखकर जान सकते हैं। जांच सकते हैं कि यह सत्य, अलख, अगाध वाणी अपूर्व है। यह अभी तक की चिंतना, चेतना की हदों के बाहर की वाणी है। बेहद से उतरी वाणी है, क्योंकि यह वाक् है—

सास्त्र पुराण वेदांत जो, भागवत पूरे साख।
नहीं कथा यह दंतनी, सतबानी ये वाक्।। —*रास, 1.39*

वाक् की समूची परंपरा वैखरी, पश्यंती की परंपरा है—वाक् की सवाक्—वाणी परंपरा है। इन्हीं अर्थों में वाक् गति से समाहित होकर गंगा बनता है। तभी महामति प्राणनाथजी का कथन है कि शास्त्र, पुराण, वेदांत, भागवत—ये सभी साक्षी दे रहे हैं कि जो वाणी मेरे द्वारा साकार हुई है, वह सत्वाणी है। यह वाक् है। तथा—

आ वेराट मांहे दीसे नहीं, पार वचन सुध जेह।
लवो मुख बोलाए नहीं, तो केम पार पामे तेह।। —*रास 1.40*

अर्थात् संसार में ऐसा कोई भी व्यक्ति नहीं दीखता, जिसे पार के वचनों (संसार से परे—शून्य—निराकार तथा इससे भी परे अक्षर और अक्षरातीत) की सूझ हो, परमपद अक्षरातीत के विषय में तो अंश मात्र का भी मुख से उच्चारण संभव नहीं, तो यह पुस्तकीय ज्ञान परम तत्त्व का पार कैसे पा सकता है?

हद पार बेहद है, बेहद पार अक्षर।
अक्षर पार वतन है, जागिए इन घर।। —*प्रकाश हि. 31/165*

वस्तुतः संतों के मुख से उच्चरित, किंतु स्वतः अवतरित अक्षरातीत वाक् स्वरूप होने से ही संत-वाणी, वाणी कहलाती है। महामति प्राणनाथ ने उक्त स्थिति का उल्लेख इस प्रकार किया है–

शास्त्र पुराण वेदांत जो, भागवत पूरे साख।
नहीं कथा ये दंतनी, सतबानी ये वाक्।। *–रास, 1.39*

अर्थात् शास्त्र, पुराण, वेदांत और श्रीमद्भागवत सद्गुरु के वचनों के पूरे साक्षी हैं। यह वाणी केवल दंतकथा (कपोलकल्पित) नहीं है, प्रत्युत इस वाणी का एक-एक वाक्य, एक-एक शब्द सत्य है। वाक् है। वाक् की संपूर्ण प्रक्रिया से निःसृत हुआ है। गंगा की तरह उतरा है। अतः प्राणनाथजी वेद और कतेब की अभिन्नता को स्थापित करते हुए कहते हैं–

जो कछू कह्या कतेब ने सोई कह्या वेद।
दोऊ बंदे एक साहेब के, पर लड़त बिना पाए भेद।।
–खुलासा, प्र. 12 चौ. 42

महामति प्राणनाथ ने हिंदू और मुसलमान–इन दो धर्मों की ओर स्पष्ट संकेत करते हुए कहा है कि इन दोनों के मूल सिद्धांत तो एक ही हैं। जो कुछ कुरान ने कहा है वही वेद ने भी कहा है। और दोनों धर्मों को माननेवाले भी एक साहब ब्रह्म, खुदा के बंदे हैं किंतु दोनों ही मूल अर्थों को समझने की अपनी असमर्थता के कारण व्यर्थ ही लड़ रहे हैं तथा–

जुद-जुदे नामें गावही, जुदे-जुदे भेख अनेक।
जिन कोई झगरो आप में, धनी सबों का एक।।
–खुलासा, प्र. 12 चौ. 38

अर्थात् प्राणनाथ ने बार-बार समझाया है कि वेश-भूषा, भाषा, पूजा-पद्धति का दोनों में भेद है, आराध्य दोनों का एक ही है। अतः परस्पर लड़ना–भेद को मध्य में रखकर, व्यर्थ है।

महामति प्राणनाथ मानव प्रेम को सर्वोपरि मानते हुए कहते हैं–

इसक बड़ा रे सबन में, न कोई इसक समान।
एक तेरे इसक बिना, उड़ गई सब जहान।। —*कलश हि. 7/1*

और संत कवि दादू का कहना भी है कि—

इसक अलाह की जात है इसक अलाह का अंग।
इसक अलाही वजूद है, इसक अलाह का रंग।। —*दादू-वाणी*

संत कबीर भी प्रेम और प्रेम के रंग को देखते और दिखाते हैं, जो सर्वत्र व्याप्त है—

लाली मेरे लाल की, जित देखूं तित लाल।
लाली देखन मैं गयी, मैं भी हो गयी लाल।।

परमात्मा के, प्रेमी के प्रेम-रंग में रंग जाना ही असली भक्ति है। सच्चे भक्त की पहचान भी यही है। अन्यथा बाहरी पूजा-पद्धतियों में रुके रहना और सांप्रदायिक-मजहबी वैर-विरोध पालना, अहंकार में डूबना है। विलीन होना नहीं। विलीन होने के लिए आपा खोना पड़ता है, सिर देना पड़ता है। सभी संतों ने व्यक्ति को जातिगत, संप्रदायगत, धन, बल पर आधारित अहंकार को छोड़ने को कहा है, तभी ईश्वर के, अल्लाह के दर्शन संभव हैं—

यह तो घर है प्रेम का, खाला का घर नाहिं।
सीस उतारे भुईं धरै, तब पैठे घर माहिं।। —*कबीर*

आपा मेटे हरि भजे, तन मन तजे विकार।
निर्वैरी सब जीव सूं, दादू यह मत सार।। —*दादू*

अतः हम देखते हैं कि आज संत संस्कृति और उसके साक्षी हमारे संत ही जलते-झुलसते हमारे संसार को बचा सकते हैं। महामति प्राणनाथ की वाणी वह अमृत है, जो मरे हुओं को जीवित कर सकती है। समूची जाति आज मृत-प्राय है इसे आत्मीय उपचार चाहिए। आत्मवान औलिया ही अपने अमृत वचनों से उसे पुनः प्राणवान, आत्मवान बना सकता है। कबीर कहते हैं—

आग लगी आकाश में, झर पर पड़े अंगार।
जो संत न होते जगत् में, जल जाता संसार।। —कबीर

संत दादू के शिष्य—प्रथम उत्तराधिकारी स्वामी गरीबदास का कहना है—

आय मिल्या सीतल भये, चंदन, विसधर नाग।
गरीबदास वे संतजन, मेंटें दुख की आग।।

और ये दुख हमने तभी बोए हैं, परस्पर जब अपने एक ही खुदा, खाविंद, खसम, परमात्मा, पति, परमेश्वर को अलग-अलग मान बैठे हैं। तो महामति प्राणनाथ का कहना है कि—

जात एक खसम की, और न कोई जात।
एक खसम एक दुनिया, उड़ गई दूजी बात।। —सनंध 36/17

जब सत्य का साक्षात्कार होता है तब हर कहीं एक ही परमात्मा—खसम (पति, परमेश्वर, अल्लाह) के और मनुष्य की एक जात के दर्शन होते हैं। और जो इस तात्त्विक एकता का साक्षात्कार कर लेता है वह फिर किसी एक धर्म-विशेष का नहीं रह जाता बल्कि सच्चे अर्थों में धार्मिक हो जाता है। वह व्यक्ति फिर किसी के प्रति भी द्वैत या दुर्भाव नहीं रखता। उसके लिए मात्र परमात्मा ही सर्वत्र विद्यमान होता है। प्राणनाथ कहते हैं—

संसार सारे के अंग में, मेरी बुध को करूं प्रवेस।
असत भी होसी सत, मेरे नूर के आवेस।। —कलश, प्र. 13/87

यहां शब्द ब्रह्म की महत्ता की ओर हमारा ध्यान दिलाते हुए कहते हैं कि शब्द में परकाया-प्रवेश की क्षमता होती है। पर-ब्रह्म की ज्योति का प्रवेश शब्द में और शब्द के माध्यम से सारे संसार में विचरित होता है। तब असत् भी उस सत्-ज्योति के प्रभाव से सत् में परिवर्तित हो जाता है। किंतु लोग मत-संप्रदाय, जाति, वंश आदि की झूठी श्रेष्ठता के आधार पर अहंकार में डूबे रहते हैं। वे शब्द की इस ब्रह्म-ज्योति से अनभिज्ञ हैं—

सास्त्र शब्द का अरथ न सूझे, मत लिए चलत अहंकार।
आप न चीन्हे घर न सूझे, यों खेलत मांझ अंधकार।।

—किरंतन, प्र. 7/11

इसी तथ्य को कबीर ने इस प्रकार कहा है—

बड़े ते गये बड़ापने, रोम-रोम हंकार।
सत गुरु की परिचय बिना, चारों वरन चमार।।

अर्थात् शब्द ब्रह्म या सद्गुरु के परिचय के बिना, इस संसार में चाहे कोई कितना ही बड़ा स्वयं को माने वह चमार ही माना जाएगा—यानी भौतिक अर्थों में धनबल, बाहुबल, शस्त्रास्त्र बल या जाति, वर्ण, वंश के अहंकार में डूबा हुआ व्यक्ति—चमड़ी-दमड़ी के गर्व में फूला हुआ चमार से अधिक कोई अर्थ नहीं रखता। यहां चमार शब्द जाति का नहीं मानसिकता और प्रवृत्ति का वाचक है। किंतु जब कोई सद्गुरु मिल जाता है तब वह जो आग फूंकता है, शब्द के माध्यम से, तब असीम चेतना या ब्रह्मांड जगमगा उठता है। तब पिंड की, देह की दुनियावी सीमाएं मिट जाती हैं। उस विचार-प्रकाश में सब भेद विनष्ट हो जाते हैं और सब एकाकार हो उठता है। प्राणनाथ के शब्दों में—

इसके आग फूंक दई, लाग्यो सब ब्रह्मांड।
जब पहुंची झालां अंतर लों, तब क्यों रहे ए पिंड।।

—किरंतन, प्र. 75/3

शब्दाग्नि की झाल जब व्यक्ति के अन्तर्जगत् में प्रवेश कर जाती है तब पिंड की, देह की सभी सीमाएं बिला जाती हैं। विलीन हो जाती हैं। अतः शब्द-ब्रह्म से पहचान भी गुरु ही कराता है। शब्द के प्रकाश में ही सद्गुरु की पहचान भी संभव होती है। और परम सत्ता, परम तत्त्व, परम आत्म की विरह की आग भी तभी शमित होती है, जब गुरु अलक्षित उस परम पुरुष के दर्शन करा देता है। प्राणनाथजी के शब्द हैं—

सबदा कहे प्रगट प्रवान। सबदा सतगुरु सों करावे पेहेचान।।
सद्गुरु सोई जो अलख लखावे। अलख लखे बिन आग न जावै।।

—किरंतन, प्र. 4/3

बिना अलख को लखे–अदृश्य ईश्वरीय सत्ता का साक्षात्कार किए बिना यह आग नहीं मिट सकती। प्रभु मिलन की आग गुरु ही लगाता है और गुरु ही मिटाता है। शब्द ही माध्यम है आग का और शब्द ही माध्यम है उसे शमित करने का। इस शब्द के अलौकिक प्रकाश में ईश्वरीय करिश्मा दीख पड़ता है। तब सभी प्रकार के भेद-भाव मिट जाते हैं। सारा संसार एकतत्त्वमय दृष्टिगोचर होता है। उस प्रकाश में, परमात्मप्रकाश में जो प्रेम-वर्षा होती है, उसके अधीन सब एकाकार हो जाते हैं। तब ईर्ष्या, द्वेष, जाति, वर्ण, संप्रदाय, वंश आदि के सभी विभेद, और इन विभेदों के कारण उठी लपटें शांत हो जाती हैं। आकाश से फिर अंगार नहीं झरते, स्नेह की फुहारें बरसती हैं। सहजो बाई के शब्दों में कहें तो–'बिन घन परत फुहार' वाली शीतल आत्मिक आनन्दमयी फुहारें जलते-झुलसकते जगत् को राहत पहुंचाती हैं। महामति प्राणनाथ के शब्दों में–

जब ए सुख मन में आवहीं, तब छूट जाए विकार।
आयो आनंद अखंड घर को, श्री अक्षरातीत भरतार।।

–तारतम सागर, 1.18.6

अक्षरातीत परब्रह्म की गोद में, अपने मूल निवास में पहुंचने पर अखंड आनंद उपलब्ध होता है, सब विकार छूट जाते हैं और एक अपूर्व सुख, ईश्वरीय आनंदानुभूति जीवन में छा जाती है। यही मनुष्य जीवन की सार्थकता है। इसी के आधार पर जगत् एवं जीव का जीवन एकतामय, शांत और समृद्ध हो सकता है। अतः निःसंदेह व्यक्ति, समाज, देश, विश्व–सबके भीतर के, सब प्रकार के द्वंद्वों के अंत की दिशा में ले चलनेवाली–एक आध्यात्मिक विश्व-व्यवस्था की रचना करनेवाली तथा भरोसा देनेवाली है महामति प्राणनाथ की वाणी।

रज्जब तैं गज्जब कियो
उर्फ़
दूल्हा संत रज्जब

भारतीय संत-परंपरा में सामाजिक, प्राकृतिक, आर्थिक वर्तमान सभी व्याधियों का सटीक उपचार विद्यमान है। इन व्याधियों से पर्यावरण, सामाजिक न्याय, मानवीय समानता, संवेदनहीनता आदि के उपायों को अपनी वाणियों में कबीर, रैदास, नानक, मीरां, दादू, मलूक आदि ने मुखर स्वर दिए हैं।

रज्जब के जीवन की मुख्य घटनाएं एवं अध्यात्म-चिंतन उल्लेखनीय है उनके मुसलमान पठान पिता आमेर-नरेश की सेवा में छोटे नायक थे। रज्जब का निश्चित जन्म समय ज्ञात नहीं। उनका विवाह संवत् 1644 में इस आधार पर मिलता है, क्योंकि वह तभी संत दादू जी के शिष्य बने थे। अतः उनका जीवनकाल सं. 1626 से सं. 1746 तक माना गया है अपने जन्म-स्थान सांगानेर से बारात लेकर वह आमेर आए। आमेर के किले के निकट ही संत दादू जी का साधना-स्थल देखकर रज्जब उनसे आशीर्वाद लेने पहुंचे। संत दादू निर्गुणपंथी, ज्ञानमार्गी संत हुए हैं। वे ध्यान में लीन थे। ध्यान खुला तो उन्होंने सामने बैठे दूल्हा वेश में सजे रज्जब को देखा। पूरा परिचय एवं विवाह का प्रसंग जानकर संत दादू जी बोले—

रज्जब तैं गज्जब कियो, सिर पे बांधा मौर।
आया था हरि-भजन को, चला नरक की ठौर।।

उक्त शब्दों से रज्जब की चिति पर आघात हुआ। उनकी सोच पलटी। उन्होंने तभी उसी समय संत दादू को अपना गुरु मान लिया और विवाह कराने का विचार मन से निकाल दिया। अपना मुकुट उतारकर अपने छोटे भाई अजब अली के सिर पर धर दिया। पिता को भी किसी तरह मनाकर रज्जब स्वयं दादू-द्वारा में रहने लगे।

उन्होंने 122 वर्ष की लंबी आयु प्राप्त की। पूरा जीवन रज्जब दूल्हे के वेश में ही रहे। उनका तर्क था कि जिस वेश में मुझे गुरु मिले, परमात्मा मिले, उस वेश को क्यों छोड़ दूं। स्वामी नारायणदास कृत 'रज्जब वाणी' में, इस संदर्भ में, निम्न साखी उल्लिखित है–

कीया था शुभ काम को, सेवा कारण साज।
दादू भूला बंदगी, सरे न एक हु काज।।

दादू महाराज ने रज्जब को बहुत समझाया कि जाओ, विवाह करा लो, नहीं तो फिर पर-नारियों की ओर बुरी दृष्टि से देखोगे। दादू जी का यह वचन सुनकर रज्जब बोले–

रज्जब घर-घरनी तजे, पर-घरनी न सुहाय।
अहि तज अपनी कंचुकी, किसकी ओढ़न जाय।।

रज्जब दादू की शरण में ही ध्यान करने लगे। गुरु की सेवा में रत रहने लगे। संवत् 1644 में रज्जब जी की आयु लगभग बीस वर्ष की रही होगी। रज्जब जी ने 'दादू वाणी' संग्रह किया तथा उसे विभिन्न अंगों में बांधने का कार्य भी किया। वह स्वयं भी कथा कहने लगे थे। इसे सुनकर दादू भी प्रसन्न होते थे। पांच-छह वर्ष के अभ्यास के उपरांत वह स्वयं रचना भी करने लगे थे। एक बार कथा सुनने गए तो एक पंडित जी को उन्होंने कथा के मध्य में दृष्टांत देते सुना और सोचने लगे कि मैं ऐसे सुंदर दृष्टांत तो दे नहीं सकता। ऐसा सोचकर वह उदास बैठे थे। रज्जब से उनकी उदासी का कारण जानकर दादू ने वरदान दिया कि 'तुमको इस विषय में उससे भी अच्छी योग्यता प्राप्त हो जाएगी।' तब से रज्जब भी दृष्टांत देने में ऐसे कुशल हो गए कि संत-साहित्य में, दृष्टांतों के विषय में 'रज्जब वाणी' की समता करने वाला संभवतः अन्य कोई ग्रंथ नहीं।

एक प्रसंग है कि दुरसा आढ़ा नामक चारण बड़ा अभिमानी था। उसे उसके कवित्व पर मुगल बादशाह अकबर ने एक लाख पसाव पुरस्कार स्वरूप दिए थे। उसने सोने का एक अंकुश बना रखा था और घोषणा कर रखी थी कि जो व्यक्ति उसे पराजित करेगा, उसे वह सोने का अंकुश देगा। रज्जब जी ने उसे पराजित कर दिया। वह रज्जब जी का शिष्य बन गया।

एक बार रज्जब जी अपने गुरु दादू जी के साथ खाटू ग्राम के भरूटिये राव के

दरबार में गए। भरूटिये राव ने उन्हें बहुत आग्रह करके बुलाया था, किंतु जब दादू जी वहां गए तो किसी मंत्री के द्वारा कान भरने पर भरूटिये राव ने दादू जी की अवमानना की। इतना ही नहीं, उन्हें मार्ग में ही कुचलकर मरवाने के लिए एक मतवाला हाथी भी छुड़वाया।

दादू जी वन से जा रहे थे तब उनके एक ओर गरीबदास तथा दूसरी ओर रज्जब चल रहे थे। रज्जब जी देह से भी काफी हृष्ट-पुष्ट और मजबूत थे। वह हाथी को झेलने-रोकने के लिए आगे बढ़ने लगे, किंतु दादू जी ने उन्हें रोक दिया। उन्हें अपने अध्यात्म-भाव और पशु-पक्षियों के भीतर स्थित ब्रह्म पर पूर्ण विश्वास था। हाथी निकट आया और दादू जी की चरण-रज सिर पर ले वापस लौट गया।

रज्जब जी को अपने देह-बल पर बड़ा अहंकार था। दादू जी इसे मिटाना चाहते थे। एक बार दादू जी स्नान कर चुके तो रज्जब जी से उनकी खड़ाऊं लाने को कहा, ताकि उन्हें पहनकर वह अपने कक्ष तक जा सकें। रज्जब जी उन्हें चौकी सहित उठाकर ले जाने लगे, किंतु दादू जी ने अपना भार इतना अधिक बढ़ा दिया कि रज्जब चौकी को हिला भी नहीं पाए। इस पर रज्जब शर्मिंदा हुए और सबक लिया।

इसी प्रकार कई घटनाएं हैं, जैसे बखना जी के घर भोजन करने जाना, दादू जी के साथ जाते कीचड़-भरा नाला पार कराना, निमंत्रण पर जाते समय रास्ते में भूखे-गरीब का मिलना, उस पर दया कर उसे भी अपने पास बैठा कर जीमाना, अकबर के साथ भेंट के समय दादूजी के साथ रहना इत्यादि। इन सबसे संत रज्जब जी के व्यक्तित्व, स्वभाव, प्रकृति, अध्यात्म, संवेदना, त्याग की जिन बुलंदियों का परिचय मिलता है, वे आज हमें देखने को नहीं मिलतीं।

रज्जब जी का जीवन मानव-इतिहास की ऐसी दुर्लभ मानवी घटना है, जो समूचे विश्व की भटकी हुई मानवता को एक सार्थक, संवेदनशीलता का मार्ग दिखा सकती है। वैयक्तिक, मानव-प्रेम कैसे परमार्थ-प्रेम एवं सार्वभौम आध्यात्मिक प्रेम में परिणत हो सकता है—रज्जब जी का जीवन हमारे लिए सशक्त प्रमाण है। अपने गुरु दादू द्वारा कहे गए एक-एक शब्द को, गुरु से भी आगे बढ़कर, रज्जब ने निभाया। वह जीवित ही वन में जाकर पशु-पक्षियों को उनके भोजन के लिए स्वयं प्रस्तुत हो गए। परमार्थ के निमित्त, ऋषि दधीचि की भांति रज्जब ने भारतीय अध्यात्म-परंपरा का जो निर्वहन किया, वह मानव-इतिहास में आज भी अनुलंघनीय है। भारतीय अध्यात्म इसे सर्वोपरि महत्त्व देता है। संत दादू ने अपने उपदेश में कहा था—

हरि भज साफल जीवना, पर उपकार समाय।
दादू मरना तहां भला, जहां पशु-पक्षी खाय।।

रज्जब जी ने उक्त आदेश का पालन किया और जीवन की अंतिम वेला निकट जानकर अपने एक शिष्य रामदास को साथ ले जीवित ही भयानक जंगल में चले गए और पशु-पक्षियों का आहार बन गए। यह घटना संवत 1746 की है।

शाहपुर (राजस्थान) के रामस्नेही संप्रदाय के प्रवर्तक महात्मा रामचरण जी महाराज ने भी अपनी वाणी में दादू और रज्जब के गुरु-शिष्य भाव की अद्वितीयता का निम्न साखियों में उल्लेख किया—

दादू जैसा गुरु मिले, शिष्य रज्जब-सा जांण।
एक शब्द में उद्धरा, रही न खेंचा तांण।।
रज्जब को दादू दिया, एक शब्द में ज्ञान।
रामचरण सब छांड़ि के, हो गया ब्रह्म समान।।

अतः उच्च अध्यात्म उपलब्धियां, हिंदू-मुस्लिम एकात्मता, जीव-दया, पर्यावरण के साथ तादात्म्य भाव और इन सब विचारों को अपने जीवन में उतारने की यथार्थ व्यावहारिकता को मूर्त रूप में देखा जा सकता है।

महान परोपकारी
एवं
दयावान रज्जब

ज्ञान मार्ग के निर्गुण पंथी प्रथम मुसलमान पठान संत हुए हैं संत रज्जब। रहीम, रसखान, पठान भक्त हुए हैं, संत नहीं। रज्जब मुस्लिम संतों में सिरमौर हैं। सर्वाधिक लंबी आयु, एक सौ बाईस वर्ष की। प्रारंभिक युवापन के बीस वर्ष छोड़ दें, तो 102 वर्ष निर्गुण राम और दादू के नाम को समर्पित करने वाले अगाध आस्था, अटूट विश्वास और रोम-रोम से राम नाम जपने वाले रज्जब गुरु मंत्र का अक्षरशः पालन करते हुए इस धराधाम को तज कर राम में विलीन हो गए। अपने को सशरीर पशु-पक्षियों को सौंप कर, पर-उपकार की, गुरु द्वारा बताई कसौटी पर भी शतप्रतिशत खरे उतरे। दादू ने कहा था–

हरि भज सफल जीवना, पर उपकार समाय।
दादू मरना तहां भला, जहां पशु पक्षी खाय।। —*दादू वाणी*

और 122 वर्ष की आयु प्राप्त हो चुकने पर अपनी इहलौकिक लीला पूर्ण कर, पूर्णकाम संत रज्जब स्वयं चल दिए टौंक के घने भयानक वन में, स्वयं को वनैले, भूखे-पशुओं-पक्षियों का भोजन बनाने। भारतीय वाङ्मय में ऐसा उदाहरण दुर्लभ है। ऋषि दधीचि के उपरांत भारतीय अध्यात्म-परोपकारी निकाय में ऐसे उदाहरण विरल हैं। गुरु तेगबहादुर ने भी परेपकार में अपने प्राणों को सहर्ष स्वयं होम किया। त्रेता युग में उपमन्यु, शतमन्यु ने भी इसी मार्ग पर पग बढ़ाया था। विश्व साहित्य में बेजोड़, स्वयं परोपकार हित जीवन उत्सर्ग की भारतीय परंपरा में, रज्जब स्वयं को इस गुण-सूत्र में जोड़ते हैं और अमरपद प्राप्त करते हैं।

संत रज्जब ने दया के कई रूपों-स्तरों को उद्घाटित करते हुए निर्वैरता को दया का प्रथम एवं मुख्य लक्षण माना है–

मुख्य दया निर्वैर है, सब जीव हूं प्रतिपाल
तो रज्जब तिस प्राणि ने, मेल्या मंगल माल।।
—रज्जब वाणी, दया निर्वैरता का अंग

इस सारी सृष्टि को ब्रह्मकृत मानकर सबमें ब्रह्म को और ब्रह्म में सब को देखने की आत्म-दृष्टि पर कोई भी प्राणी पराया वैरी नहीं रह जाता। सब के प्रति आत्म भाव से भर जाने पर निर्वैरता का भाव घटित होता है, सोच विकसित होती है। तभी दया का भाव, जीव दया का भाव मन-विचार-व्यवहार में स्थान पा सकता है। अतः रज्जब कहते हैं कि निर्वैर होते ही चौरासी लाख योनियों में, जिन में जीव को भटकना पड़ता है, कोई भी प्राणी वैरी नहीं बचा रहता। तब सब ही सब के रक्षक हो जाते हैं। तथा किसी को स्वयं की रक्षा करने की चिंता नहीं रह जाएगी। सब के सब तरह के विघ्न भी स्वतः ही टल जाएंगे—

विघ्न जु टालत और के, अपने विघ्न सु जांहिं।
नेकी सौं नेकी बधै, समझ देख मन मांहिं।।
—रज्जब वाणी, दउया निर्वैरता का अंग

समूचे मानव समाज को समझाते हुए रज्जब कहते हैं कि लोग अपने-अपने इच्छित, लाभ के, भले के कामों में पड़ने वाले विघ्न-बाधाओं को दूर करने के लिए कई उपाय करते रहते हैं, चिंताओं में घुलते रहते हैं। जब प्रत्येक व्यक्ति अपने के स्थान पर और के, दूसरे के विघ्न टालने का प्रयत्न करेगा, तो उस के अपने विघ्न स्वतः ही टल जाएंगे। क्योंकि नेक विचार, भले के विचार से नेक और भले विचार विकसित होते हैं। ऐसी समझ मनुष्यों को विकसित करनी और व्यवहार में लानी चाहिए।

अतः निर्वैर भाव से भी पहले राग और द्वेष भाव के विचारों को भी मन में नहीं लाना चाहिए। सब जीवों में परमात्मा, अल्ला को उपस्थित जान कर सब के प्रति राग-द्वेष रहित हो, प्रेम के भाव रखने चाहिएं; किसी का भी बुरा नहीं चाहना और अपने मन के अहितकारी भावों को त्याग देना चाहिए।

राग द्वेस कासौं कर हिं, सब में साहिब जाण।
रज्जब बुरा न वांछिये, छाड़ देहु गत बाण।।

दूसरों के प्रति बुरा चाहने की पुरानी आदतें छोड़ देने की सीख दे रहे हैं रज्जब। क्योंकि मनुष्य ने सभ्यता के विकास के साथ ही स्वार्थों की अंधी सोच, छोटी और खोटी समझ के वश में दूसरों का अहित सोचने-चाहने की आदत भी विकसित कर ली है। इसे अब छोड़ देना चाहिए।

संत रज्जब जी और गहरे तर्कों में उतरते हुए कहते हैं–

नाम सगौती बोलिये, कहिसे ते मां अंश।
सो रज्जब क्यों खाइये, प्रत्यक्ष अपना वंश।।

अर्थात् जिसे अपने गोत्र का (सगोत्री) मानते हैं और 'मांस' बोल कर मां का अंश घोषित करते हो, कहते हो, इसके बावजूद तुम मांस खाते हो तो यह ऐसा ही है, जैसे कि तुम अपने ही वंश को खा रहे हो। यह कैसा अंधापन है, कैसी अधमता है? यह तो मनुष्य कहलाने और सोचवान होने के लक्षण नहीं हैं। ऐसी एक और साखी रज्जब जी कहते हैं–

गोस्फंद गो मेष माजूर, हमशीर सब भाई।
रज्जब ऐन अजीज बोलिये, गाफिल गोश्त खाई।।

बकरी, गाय, भेड़ आदि सब हमारे सहोदर-हकीकी भाई हैं। इन को ठीक इसी (भाई) समान प्रिय समझ कर बोलना-पुकारना चाहिए किंतु विवेकशून्य मनुष्य ही इन्हें मार कर इन का मांस खाता है। यह कैसी विडंबना है। कैसी मूढ़ता है।

पंच वक्त जो बांग दे, वह तो दीनी यार।
सो मुरगा क्यों मारिये, काजी करो विचार।।

दिन में पांच समय अल्ला को आवाज दे कर याद करता है मुरगा। वह तो हमारा मजहबी-धर्म का मित्र हुआ न, ऐ काज़ी महोदय! उसे मार कर खाना, क्या अपने मित्र, भाई को खाना नहीं है, ज़रा विचार कर, सोच कर देखो।

सभी धार्मिक संप्रदायों, मजहबों के लोगों को संबोधित करते हुए एक अन्य साखी में रज्जब लोगों की कहनी-करनी के दोहरे व्यवहारों को दिखाते हुए कहते हैं–

सब में सांई मांस सु खांही, तो निज रूप नज़र में नाहीं।
जाहि भजे ता ही सौं वेर, रज्जब नांहि कहीं कछु गैर।।

अर्थात् सब जीवों में ईश्वर का निवास है—ऐसा कहते ज़रूर हैं सब लोग, किंतु सब अन्य जीवों का मांस भी खाते हैं, तो मानना चाहिए ऐसा दोहरा व्यवहार करने वालों की दृष्टि में ब्रह्म, ईश्वर, अल्ला नहीं आया। वे धार्मिक नहीं हुए। ये लोग तो जिस ब्रह्म, ईश्वर, अल्ला का नाम जपते हैं, उसी को मार कर खाते हैं। उसी से वैर बनाए हुए हैं। वैर निभाते हैं। यह बात, जो मैंने कही है, इस में कहीं कुछ भी गैर नहीं कहा। गलत नहीं कहा। ठीक ही कहा है।

अन्य जीवों की ही नहीं, मनुष्य ही मनुष्य की भी हत्या कर रहा है। वैसे तो किसी भी प्राणी की हत्या नहीं करनी चाहिए, किंतु मनुष्य की हत्या तो सर्वथा गर्हित कर्म है। नीच कर्म है, पाप है। जिस का फल भी अवश्य ही भुगतना पड़ता है—

हंस हते हत्या सही, परि आदम अध अधिकाय।
रज्जब निरखहु नर डसि, पन्नग पूंछ गीरि जाय।।

सांप के दृष्टांत से रज्जब कहते हैं कि सांप जब मनुष्य को काटता है तब उसकी पूंछ गल जाती है। अन्य को डसने से नहीं गलती। अतः मनुष्यों की हत्या से लगा पाप जघन्य है। सब से बुरा है। इस का प्रायश्चित नहीं, निस्तार नहीं, निबटारा नहीं है।

इस प्रकार हम देखते हैं कि संत रज्जब की सीख हमें हमारी नींद से जगा कर आज तक के गलत व्यवहार को त्यागने का सोच जगाती है। हमें सही, सच्चे धर्म का मार्ग दिखाती है। रज्जब की वाणी हमें जो कुछ कहती है, उस पर अपने कहे के अनुरूप रज्जब जी ने स्वयं भी आचरण किया और अपने प्राणों का मोह त्याग कर अंतिम समय में टोंक के जंगल में जाकर भूखे पशु-पक्षियों को अपने को सौंप दिया। उन्होंने अपने जीवन व्यवहार को सच्ची मानवीय कसौटी पर कस कर दृष्टांत रूप में हमारे समक्ष प्रस्तुत कर दिया। सफल जीवन के लिए हरि का भजन करना, पर-उपकार में सदा लगे रहना ही पर्याप्त नहीं बल्कि गहरे कृतज्ञता भाव से भर कर अपनी देह तक को भूखे पशु-पक्षियों को सौंप देना, उच्च कोटि का धार्मिक आचरण सिद्ध किया है संत रज्जब जी ने।

'गुरु उर गोविन्द है'—रज्जब

भाव लोक, शाश्वत लोक (ब्रह्मलोक) से संयुक्त होकर, उसके अधीन होने से भावराज्य बन जाता है। यहां फिर भावराज्य के नियम काम करते हैं। इन्हें 'प्रकृति-विधान' भी पुकारा जाता है। संत इस भावराज्य के राजा होने के वैधानिक अधिकारी होते हैं।

हमारा मानवों का संसार, अंधकार में स्थित है, इस कारण मायारूप है। सतत परिवर्तनशील है किंतु इसमें प्रकाश के आने की व्यवस्था भी सदा बनी रहती है। उसी प्रकाश से, ब्रह्म प्रकाश से यह प्रकाशित हो उठता है। हमारे अंधकारमय संसार के पार ज्योति राज्य है। संत, महात्मा गुरु इसी ज्योतिराज्य से संपृक्त रह कर संसार के अंधकार के निस्तारण के लिए ज्योति-वाहक का कार्य करते हैं। कबीर, रैदास, नानक, मीरां, दादू, मलूक, रज्जब आदि संत इसी लोक-ब्रह्मलोक से जुड़े हुए थे। अतः हम देखते हैं कि सब संतों ने गुरु के महत्व-मान को सर्वोच्च स्थान दिया है। गुरु क्योंकि ज्ञान-प्रकाशरूप है इस कारण ज्ञान-प्रकाश के वाहक गुरु एवं संत-साध लोग हैं। कबीर यदि गुरु को गोविंद से अधिक महत्व देते हैं तो रज्जब के गुरु दादू भी गुरु को कम महत्व नहीं देते। कबीर गुरु को प्रकाश-वाही प्रेरक अस्तित्व मान कर कहते हैं—

पीछे लागा जाय था, लोक वेद के साथ।
आगे से गुरु मिलिया, दीपक दीया हाथ।।

लोक वेद की परंपरा भी ज्ञान प्रवाही परंपरा ही है, किंतु यहां गुरु की उपस्थिति हथेली पर दीपक देने की साभिप्राय, दिशा-निर्धारक भी है जो आगे से आकर गुरु द्वारा प्रदान की जाती है और जिस में गुरु की कृपादृष्टि एवं अनुकंपा का सायुज्य भी है। रज्जब के गुरु दादू भी कहते हैं—

गैब मांहि गुरुदेव मिल्या, पाया हम परसाद।
मस्तक मेरे कर धरया, दष्या अगम-अगाध।।

गैब अर्थात् अदृश्य लोक में मुझे गुरुदेव के दर्शन हुए, और उनकी कृपा का प्रसाद मुझे प्राप्त हुआ तब मुझे अगम, अगाध उस ब्रह्म-परमात्म के दर्शन हुए।

संतों का वैसे स्थूलरूप में कोई गुरु नहीं होता और न ही कोई निश्चित धर्म-दर्शन का कोई एक ग्रंथ ही होता है। वे तो प्रकाश-परंपरा के साक्षी और वाहक होते हैं। किसी संप्रदाय से उनका संबद्ध होना भी अनिवार्य नहीं होता। यदि वे किसी संप्रदाय से जुड़ते भी हैं तो मुक्त होने के लिए-रास्ता दृष्टि में आ जाए, बस। कहने का अभिप्राय यह है कि संत बंधता नहीं, स्वयं मुक्त होता है, और दूसरों को मुक्त करता, मुक्ति-द्वार दिखलाता है। गुरु सहारा तो बनता है। तब शिष्य अपनी विनीत, अनुग्रहीत मति से गुरु के बहाने समूची प्रकाश-परंपरा के आगे नत-मस्तक होकर पुकार उठता है, जैसे रज्जब–

तन मन सक्ति समंद गति, निर्मल नांव जहाज।
बादशाह बुधि थंभ चढ़ि, गुरु सारे सब काज।।

रज्जब जी समुद्र, जहाज, बादबान, थंम चढ़ि आदि शब्दों के माध्यम से एक रूपक बांधते हैं, समुद्री यात्रा का। इस संसारमय सागर से गुरु ही हमें पार उतार सकता है। यहां मन को ही, शक्तिशाली, दिनरात विह्वल-व्याकुल रहने वाले समुद्र से उपमा दी है। परमात्मा का नाम मलिनताओं से रहित होने से पार ले जाने वाले बादबान बुद्धिरूपी स्तंभ पर चढ़ कर गुरु ही सारे काज-सारी यात्रा निर्विघ्न पूरी करता है। प्रकाश-स्तंभ तो दिशा सूचक है। रात में अंधकार में भी पथ-प्रदर्शक होता है। किंतु यहां फिर से यह रेखांकित करना जरूरी है कि यह गुरु परंपरा नूर और प्रकाश की ही परंपरा है-ज्ञान परंपरा। रज्जब इसे कबीर और दादू के निर्गुण नूर में लक्षित कर रहे हैं–

गुरु दादू रु कबीर की, काया भयी कपूर।
रज्जब रीझया देख कर, सह गुण-निर्गुण नूर।।

जैसे कपूर की टिकिया शून्य में विलीन हो जाती है, उसी प्रकार गुरु दादू और कबीर की देह भी परमात्मा में विलीन हो गई। इस प्रकार कबीर की और दादू की सगुण देहों को भी निर्गुण रूप 'नूर' में प्रकाश या ज्योति में विलीन हुई देख कर मैं

इन संत-गुरुओं पर रीझ गया-मुग्ध हो गया, भक्त बन गया हूं।

गुरु की कृपा होने से, वास्तविक, आध्यात्मिक संपत्तियों की प्राप्ति होने से सभी प्रकार की निर्धनता मिट जाती है और अपार संपत्तिवान होकर शिष्य-भक्त निश्चिंत एवं आनंदित हो जाता है–

रज्जब को अज्जब मिल्या, गुरु दादू दातार।
दुख दरिद्र तब का गया, सुख संपति अपार।।

इतना ही नहीं शरीर में ही तीनों भुवन-तीनों लोक-धरा-आकाश-पाताल में अज्ञानता का अंधेरा फैला था। आत्म ज्ञान के नेत्र खुले नहीं थे। अतः कुछ भी सारवान दीखता नहीं था। दादू रूपी सूर्य के प्रकाश में, सब कुछ सूझने लग गया, दीखने लग गया। तीनों लोकों का अंधकार-अंधापन छंट गया–

तन त्रिभुवन तम पूरि था, आतम अंध विशेष।
तहं रज्जब सूझया सकल, दादू दिनकर देख।।

पुनः तीनों लोकों के अंधकार के मिटने की और सूर्यरूपी गुरु के अध्यात्म-प्रकाश की महत्ता का उल्लेख कर के रज्जब गुरु-परंपरा को अध्यात्म-प्रकाश परंपरा सिद्ध कर रहे हैं। साथ ही वह दादू (संत) को जीव मात्र का मित्र, हितैषी भी बता रहे हैं–

दादू दोस्त जीव का, जन रज्जब जग मांहि।
कैं जिन सिरजे सो सही, तीजा कोई नांहि।।

संत जीव मात्र के मित्र, रक्षक, संरक्षक होते हैं। दूसरा मित्र, रक्षक वह है, जिस ने (सृष्टि का सृजन)–जीव का सृजन किया है। इन दो के अतिरिक्त और कोई भी नहीं जो रक्षक हो। यहां भी रज्जब गुरु को परमात्मा के तुल्य ही सिद्ध कर रहे हैं।

अपने 'अरिल ग्रंथ' में भी रज्जब गुरुदेव की महत्ता का गुणगान करते हुए उन्हें चंद्र-सूर्य के समान प्रकाशवान सिद्ध करते हैं–

चंद शूर आकाश आवास है ज्यों दिया।
तैसे उर घर मध्य गुरु गोविन्द किया।।
और ठौर की वस्तु न सूझै इन बिना।

परिहां रज्जब कही सु सांच सत्य मानी मना।।

आकाश ने जैसे चंद्र एवं सूर्य को अपने में निवास दिया है वैसे ही हमारे हृदय रूपी घर में गुरु-गोविंद ने अपना स्थान बनाया है ओर निवास कर रहे हैं। जैसे चंद्र और सूर्य के प्रकाश के बिना संसार में पड़ी हुई, जगह-जगह पर रखी विभिन्न प्रकार की वस्तुएं दृष्टिगोचर नहीं होतीं, उसी भांति गुरु के द्वारा हृदय में प्रकाश किए बिना अतर्लोक की वस्तुएं नहीं दीखतीं। अंतर का सत्य लोक गुरु के प्रकाश के बिना दृष्टि-ओझल ही बना रहता है। यह हम ने सत्य ही कहा और हमारे मन ने भी इसे मान लिया है।

दंखो गुरु उर पैठि कौन कारज करै।
काढै मांड मझार मिलावै सब परै।।
दीसे बीच दलाल दुहुं दिशि का धनी।
परि हां रज्जब राम उमंबि आप सोंपी धनी।।

सोचने की बात है कि गुरु शिष्य के हृदय में जैसे प्रवेश पा कर अपना कार्य करते हैं वैसे और कौन कर सकता है? गुरु-शिष्य को ब्रह्मांड के बीच से निकालकर उस से परे स्थित ईश्वर से मिला देता है। संसार और ब्रह्म दोनों के मध्य दलाल-संबंध बनाने वाले के रूप में गुरु दीखते हैं। वह व्यावहारिक जगत और परमार्थिक जगत दोनों के मध्य के धनी हैं, स्वामी हैं। हां, यह भी सत्य है कि राम ने स्वयं ही प्रसन्न होकर इन्हें अत्यधिक सामर्थ्य सौंपी है।

गुरु के मुख से सुने उपदेश द्वारा आत्मज्ञान उत्पन्न होने के प्रभाव और महत्त्व को दिखाते हुए रज्जब ने 'गुरु उपदेश आत्म उपज' ग्रंथ में भी कई प्रकार के गुरु की महत्ता का प्रतिपादन किया है। गुरु उपदेश सुनकर शिष्य में किस भांति आत्म उपजता है बताते हुए रज्जब कहते हैं–

गुरु उपदेश सरै सब कामा, आतम उपज मिलै पुनि रामा।
गुरु मुख दीवै दीवा होवै, आतम उपज उपज मथे पुनि जोवै।।

गुरु के उपदेश से सारे कार्य संपन्न हो जाते हैं, तथा आत्मा की उपज से राम मिल जाते हैं। गुरु के मुख से निकले उपदेश दीपक की लौ से दीपक जलाने जैसे होते हैं। तथा आत्मा की उपज मंथन जैसे अग्नि प्रकट करके दीपक जलाने के समान

होती है।

'परा भेद ग्रंथ' में भी गुरु के कार्यों का वर्णन करते हुए निम्न पंक्तियों में रज्जब कहते हैं–

प्रथम हि प्राणी परम गुरु पावै, परम पुरुष का भाव उपावै।
परम भेद सो देय बताई, तब परै अंग अंगति सुध पाई।।

सबसे पहले व्यक्ति को परम-पूर्व गुरु प्राप्त होता है। फिर वह गुरु उस व्यक्ति के हृदय में परम प्रभु के प्रति श्रद्धाभाव उत्पन्न करता है। प्रभु के परम रहस्यों को बता देता है। तब मायिक संसार से परे प्रभु के सच्चे स्वरूप का, उसे प्राप्त करने का ज्ञान प्राप्त होता है।

गुरु के आश्रम में, उनके कृपापूर्ण आश्रय में रहते हुए शिष्य में सच्चा शिष्यत्व उत्पन्न होना भी आवश्यक है। गुरु ही शिष्य के आंतरिक व्यक्ति का उद्घाटन करता है, प्रभु का स्वरूप बताता है, उसे प्राप्त करने की विधि तथा प्रेरणा उत्पन्न करता है।

उत्तरोत्तर नये-नये रूपकों-दृष्टांतों द्वारा रज्जब गुरु के प्रताप की महिमा उजागर कर रहे हैं। शब्द-ब्रह्म की सत्ता को भी गुरु ही चरितार्थ करता है–

गुरु सु दिखावे शब्द में, रमता रामति और।
देखने को दर्पण इहै, जन रज्जब निज ठौर।।

राम वह है, जो संसार में रमा हुआ है। अतः गुरु इस रमे हुए राम को और जिसमें रमा हुआ है, उस संसार को भी अपने प्रकाशवान शब्दों में दोनों को पृथक दिखा देता है। राम सदैव रहने-रमने वाला सत्य है ओर संसार नाशवान है–यह सत्य गुरु अपने शब्दों के माध्यम से साफ़-साफ़ दिखा देता है। इस सत्य को देखने का दर्पण यही गुरु-मंत्र रूपी शब्द है। यही एक ठौर-उपाय है। संसार और जीवन के सत्य को देखने-जानने का उपाय गुरु के शब्द ही हैं। रज्जब का कहना है कि मैं ही नहीं, मेरे गुरु दादू और उन से भी पहले हो गए संत कबीर और नामदेव का भी कहना है कि शब्दों के माध्यम से जीव का इस संसार में उद्धार हो सकता है। इन संतों के शब्दों को ग्रहण करने से ही जीव का भला हो सकता है–

कबीर नामदेव कह गये, परम पुण्य उपकार।

जन रज्जब जीव उद्धरैं, शब्दों इहिं संसार।।

गुरु के शब्दों के द्वारा जीव का उपकार-भला होने की बात कबीरऔर नामदेव जैसे महान संत पहले ही कह गए हैं। शब्दों के माध्यम से ही गुरु इस धरती पर पुण्य की, कल्याण की महत्ता बता गए हैं। इन्हीं अर्थों में भारत में शब्द को ब्रह्म मानने की अवधारणा स्थापित है। शब्द—ब्रह्म की परंपरा को सतत विकसित करने वाले और बनाए रखने वाले गुरु की आरती उतारने और नाम-स्मरण की अनिवार्यता के लिए रज्जब का तर्क है—

शिला संवारी राज नें, तांहि नवैं सब कोय।
रज्जब शिष सद्गुरु गड़े, सो पूजा किन होय।।

राज मिस्त्री जबकि साधारण-सी शिला की मूर्ति बना देता है तब सब सामाजिक लोग झुक-झुक कर उस मूर्ति को प्रणाम करते हैं। उसकी पूजा करते हैं, जबकि सद्गुरु तो अपने शब्दों-उपदेशों द्वारा शिष्य के जीवन को संवार कर, सुडौल, सुंदर बनाकर परम-आत्मा से युक्त एवं संयुक्त कर देता है, वह पूजा के योग्य क्योंकर नहीं होगा। अर्थात् अवश्य ही संत-गुरु सदैव वंदनीय एवं पूजनीय है।

जबकि सांसारिक सामान्य व्यक्ति, नृपति (राजा) हो जाता है तब उसके शीश पर छत्र रहता है तथा ऊपर चंवर डुलाया जाता है। किंतु सद्गुरु के हृदय में तो ब्रह्मांड का स्वामी स्वयं निवास करता है, तब उस गुरु की पांव के नाखून से सिर की शिखा तक की आरती वारना क्यों न की जाए। अर्थात् सद्गुरु नृपति से भी ऊपर होता है, क्योंकि उसके हृदय में परंपरा स्थित होती है, सद्गुरु इस धरती के जीवों की रक्षा करता है, जीवन को संवारता है, गढ़ता है, अध्यात्म भाव का विकास कर के सब को समानता, मानवीयता, सद्भावना की अमृतमयी शिक्षा दे कर धरती को जीने योग्य बनाता है। उसका स्थान सर्वोपरि है। पूज्य तथा वंदनीय है।

मलूकदास : जीवन परिचय एवं प्रमुख घटनाएं

यह भारत का सौभाग्य है कि भरत में संतों की एक सुदीर्घ परंपरा मौजूद है। नामदेव, कबीर, नानक, रैदास, मीरा, दादू, रज्ज्ब, मलूक आदि। किंतु हमारा वर्तमान इन संतों से पूरी तरह परिचित नहीं है, यानी अपनी जीवन-शक्ति से हम पूरी गहनता से जुड़े हुए नहीं हैं। इन अक्षय-स्रोतों से जुड़कर भारत ही नहीं, विश्व-मानवता भी पुनः लहलहा उठेगी। भारतीय जातीय स्वाभिमान के ही नहीं, जीवन, सोच, बोध, चिंतन और मुक्ति के दिशाद्वार हैं ये संत। उन्हें पीठ देना अपनी सांसों से मुकरना है। संतों ने वैदिक ऋषियों के प्रकृत-संवेदना स्रोत हमारे लिए उपलब्ध किए हैं, जहां जाति, संप्रदाय, वर्ग ही नहीं मानवेतर प्राणी भी समानता, समता के आध्यात्मिक मंच पर विराजमान हैं। ऐसे संतों में संत मलूकदास और उनकी वाणी वरदान तुल्य है।

संत मलूकदास का जन्म वैशाख तिथि पांच वि. सं. 1631 को इलाहाबाद से तीस कोस की दूरी पर कड़ा नामक स्थान पर हुआ। और इनका तिरोधान वैशाख कृष्ण चतुर्दशी वि.सं. 1739 को हुआ। इस प्रकार 108 वर्ष का जीवन उन्होंने कड़ा में ही व्यतीत किया। तिरोधान भी कड़ा में ही हुआ। पिता सुंदरदास पंजाबी कक्कड़ कंबलों के व्यापारी थे। आरंभ से ही मलूकदास अंतर्मुखी प्रवृत्ति के बालक थे। एकांतप्रिय, दयालु और दानी स्वभाव के कारण अलग से पहचाने जाते। प्रदेश में प्लेग की महामारी में बीमारों की तीमारदारी करते फिरना और सत्यवादिता तथा अकाल को सकाल में बदलने की घटनाएं या कोढ़ी व्यक्ति को पुनः स्वास्थ्यदान देकर—उपचार और धर्म-दीक्षा से समाज में प्रतिष्ठित करना—आदि और ऊंचे आध्यात्कि चमत्कारी चरित्रों से मुगल बादशाह औरंगजेब को प्रभावित करना इनके जीवन की कुछ महती घटनाएं हैं। हिंदू-मुसलमान दोनों को अपने विचारों तथा कार्यों से संत मलूकदास ने प्रभावित किया। दोनों संप्रदायों-धर्मों के लोग उनके भक्त हुए। फतेह खां उनका प्रसिद्ध शिष्य हुआ है, जिसकी समाधि मलूकजी की समाधि के पास कड़ा में ही विद्यमान है।

संत कबीर साहेब के मार्ग का ही अनुसरण, यदि मोटे रूप में देखें तो, मलूकदास

ने किया है। वैसे आरंभ में द्वैतवादी होते हुए अंत में अद्वैत दर्शन के अपने अनूठे रंग में मलूक पहचाने जाते हैं।

जहां देखो तहं साहेब मेरा। कोई घट ठाकुर कोई घट चेरा।।
कहीं वह राम, कहीं रहमाना। कहिं जेवै कहिं खाता खाना।।
कहीं फेरे तसबीह, जपै कहिं माला। कहिं भये अल्लाह कहिं गोपाला।।
कहीं मसजिद, कहिं मंदिर उठावै। कहिं उरूस कहिं भगति करावै।।

मलूक ने पदों में तथा साखियों में अपने विविध, गंभीर गूढ़ ज्ञान को व्यक्त किया है।

संत मलूकदास के जीवन संबंधी तथ्य, घटनाएं एवं ब्यौरे कहीं भी एक स्थान पर उपलबध नहीं हैं। कड़ा जनपद के जनमानस में किंवदंतियों और भक्तजनों की जानकारी के आधार पर तथा कुछ प्रकाशित फुटकर जानकारियों के आधार पर हम जो कुछ सहेज पाए हैं वह इस प्रकार है। इनके पूर्वज, कहा जाता है, कि पंजाब से आकर कउत्र में बस गए थे। मलूकदास ने बचपन में ही अपना अनूठापन, अद्वितीयता और अद्भुत कारनामे दिखाने आरंभ कर दिए थे। जिन से उनकी संत-वृत्ति का आभास मिलता है।

कंटक-कंकड़ बीनना और भविष्यवाणी

पहली घटना उनकी पांच वर्ष की अवस्था की है। वह गली में अकेले खेल रहे थे। तभी एक महात्मा उधर से गुज़र रहे थे। उन्होंने देखा कि यह बालक अद्भुत है, जो अकेला ही खेल रहा है, जबकि अन्य बच्चे समूह बनाकर, मिल-जुलकर खेला करते हैं। उनके मन में जिज्ञासा हुई। वह थोड़ा और निकट आकर, रुककर उस बालक को ध्यानपूर्वक देखने लगे। उन्होंने देखा कि इस बालक की बाहें घुटनों तक पहुंच रही हैं, औसत बालकों से काफी लंबा है, जो या तो राजाओं, बड़े योद्धाओं की होती हैं या महान साधु पुरुषों की। अकेला खेलने की प्रवृत्ति से उनका लीक छोड़कर चलना भी उन्हें अनोखा बालक सिद्ध कर रहा था। फिर उन महात्मा ने देखा कि बालक के खेल भी निराले थे। कभी वह यों ही कुछ गाते-गुनगुनाते पक्षियों से बातें करता या गली में पड़ा कूड़ा करकट उठाकर, कांटे-कंकड़ बीनकर एक तरफ डाल देता। ताकि अन्य बालकों को या राह चलने वालों को चोट न लगे। कष्ट न पहुंचे। उन महात्मा ने बालक मलूक के पिता को बुलवाया और उनसे सारी बातें सुनीं, और भविष्यवाणी की कि यह बालक अपने व्यक्तित्व, स्वभाव और प्रवृत्तियों के कारण या

तो बहुत बड़ा सम्राट बनेगा या ऐसा बड़ा महात्मा होगा कि जिसका नाम धरती पर अमर होगा। जो मानवता के मार्ग के कंटकों को हटाने की चिंताएं बचपन में ही कर रहा है उसका भविष्य महानता की मिसाल बनेगा।

एकांतप्रिय और अंतर्मुखी

मलूक बचपन में अंतर्मुखी स्वभाव के एकांतप्रिय बालक थे। अपने इसी स्वभाव के कारण वह जब मन करता गंगा के घाट पर एकांत में जा बैठते और गंगा की लहरों के साथ ध्यान में कहीं दूर निकल जाते। ऐसे ही एक बार जब वह दोपहर तक बिना कुछ खाए ही घर से बाहर रहे तो चिंतातुर उनकी माता शांति देवी ने उनके पिता से शिकायती स्वर में कहा कि इस बालक को तुम ज़रा भी नहीं समझाते कि यह समय पर खाना-पीना लिया करे और बताकर ही कहीं जाया करे। जब देखो साधुओं के टोले के साथ या रामलीला, रासलीला की मंडलियों के साथ घूमता-फिरता है। पिता सुंदरदास भी मलूक की इस लापरवाही के लिए, मलूक की माता को ही दोषी मानते हुए उसे ढूंढ़ने गंगाजी के घाट की ओर निकल गए। रास्ते में अन्य ठिकानों में मलूक कहीं नहीं मिले, आखिर देखते क्या हैं कि एकांत स्थान पर गंगा के तट पर एक शिला पर ध्यानमग्न बैठा मलूक अपने आसपास से बिल्कुल बे-खबर है। जैसे ध्यानसमाधि में हो। सुंदरदास यह देखकर चकित हो गए। यह कैसा असामान्य बालक है! ऐसा तो कभी देखा नहीं। बहुत देर तक अचंभित खड़े उसे देखते रहे, फिर होश आने पर मलूक को पुकारा। कई आवाज़ें देने पर मलूक का ध्यान पिता की पुकारों की ओर गया। वह उठ खड़ा हुआ, भागकर पिता के पास आ गया। पिता ने स्नेह-गद्‌गद्‌ होकर उसे गले लगा लिया।

दयालु और दानी स्वभाव

एक दिन मलूक घर पर अकेले थे। प्रातःकाल का समय था। माता-पिता गंगा-स्नान को गए थे। तभी एक साधु मंडली उधर आ निकली। उन्होंने बालक मलूक से भिक्षा मांगी। मलूक ने माता-पिता की प्रतीक्षा करना उचित नहीं समझा और स्वयं ही भंडार में जाकर जितना भी अनाज पड़ा था, वह सब लाकर उन्हें दे दिया। कुछ देर बाद माता-पिता लौटे। माता भोजन की व्यवस्था करने के लिए भंडार में गयीं तो देखा कि सब कोठार खाली पड़े हैं। "आज फिर तुमने सब अनाज उठाकर साधुओं में बांट दिया? तुम्हें कब सोच आएगी?" कहते हुए मां बिगड़ीं, किंतु मलूक ने सहज ढंग से कहा कि आप क्या कह रही हैं? कोठार खाली कहां है? भंडार को ठीक से नहीं देखा तुमने। यह कहकर वह मां के साथ भंडार में गए। मां ज्यों की

त्यों गुस्से में भरी थीं। पर भंडार में जाकर कोठारों में झांका तो देखा उनमें अनाज भरा था। मां का क्रोध तो शांत हो गया साथ ही आश्चर्यचकित वह कभी भरे हुए कोठारों को देखतीं, कभी मुस्कराते हुए मलूक को देखतीं।

प्लेग की महामारी में तीमारदारी

प्लेग की भयानक बीमारी फैली थी, हर रोज कोई न कोई प्लेग की भेंट चढ़ रहा था। सुंदरदास भी अनेक बार श्मशान जा-जाकर भयभीत हो चले थे कि समय रहते बस्ती छोड़कर शहर चले जाए तो अच्छा है। न जाने कैसी अनहोनी हो जाए। यह निर्णय लेकर उन्होंने झटपट पत्नी को अपना निर्णय बताया और समान बांधकर शहर के लिए तैयार हो गए। पर मलूक ने देखा तो उसका कोई अता-पता न था। चिंता हुई। यह लड़का जरूर कोई परेशानी खड़ी करेगा। मन ही मन चिंता में डूबे, बड़बड़ाते हुए सुंदरदास पुत्र को ढूंढ़ने निकल पड़े। काफी भटकने के बाद पता चला कि मलूक घीसू चमार के घर उसकी पत्नी की तीमारदारी में लगे हैं। घीसू कहीं दावादारू के लिए भागा फिरता था और बालक मलूक घर पर अकेली बुखार में तप रही उसकी पत्नी के माथे पर ठंडे पानी की पट्टी रख रहे थे। पिता ने डांटा कि इस भयंकर रोग से बचना चाहिए और तुम नीची जाति के घर पर कैसा खतरा मोल ले रहे हो। पर मलूक के लिए ऊंची-नीची जाति का भेद न था और न विपत्ति में माता तुल्य घीसू की पत्नी को अकेले छोड़ना उसे गवारा था।

घर पहुंचकर देखा कि सब सामान तैयार है ओर परिवार बस्ती छोड़ने का निर्णय भी कर चुका है। बालक मलूक, कहते हैं, थोड़ी देर चुपचाप घर के एक कोने में ध्यानमग्न बैठ गया। उसने भगवान से बस्ती को प्लेग से बचाने की मौन प्रार्थना की। फिर पिता से बड़े विश्वास भरे स्वर में बोला, “मैंने प्रभु से प्रार्थना की है। उसने मेरी प्रार्थना को सुन लिया है। अब प्लेग का प्रकोप अवश्य घटने लग जाएगा। हमें कहीं भी जाने की आवश्यकता नहीं है।” पिता क्रोध में भरकर डांटने लगे। किंतु मलूक के इन शब्दों से द्रवित हो गए कि “यह समय बस्ती के लोगों की सहायता करने का है। उन्हें विपत्ति में छोड़कर कैसे चले जाएं। यदि हमें इस दशा में छोड़कर लोग चले जाएं तो हमें कैसा लगेगा। आप मेरा कहा मानकर दो-एक दिन और देखं लें। महामारी न थमी तब चले जाएंगे।” पिता ने मलूक का विश्वास, कर्तव्य और भावपूर्ण आग्रह स्वीकार कर लिया। कहते हैं उस दिन के बाद फिर कोई मौत नहीं हुई। बस्ती में धीरे-धीरे पुनः सुख-शांति लौट आयी। पिता के मन पर मलूक के कर्त्तव्यपरायण विचारों और परमात्मा पर अडिग विश्वास तथा चमत्कारी कथन का बड़ा गहरा प्रभाव पड़ा।

सत्य के व्यापार में भगवान के दर्शन

मलूकदास जैसे-जैसे बड़े होते गए पिता सुंदरदास की चिंता बढ़ने लगी कि मलूक न तो पढ़ाई ही कर सका और न कोई जिम्मेदारी अनुभव करता है। अतः उन्होंने मलूक को अपने कंबल बेचने के व्यापारिक कार्य में लगाने के लिए प्रयत्न किया। उसे कंबल बेचने को दिए। पर मलूक ने उनको यहां भी लाभ नहीं दिखाया, बल्कि दीन-दुःखियों में मुफ़्त में कंबल बांट आते। या कभी साधु-संतों की सेवा में ही आए हुए धन को खर्च कर आते। फिर एक दिन गर्मियों की ऋतु में भटकते हुए दोपहर हो गई और एक भी कंबल न बिका, ऊपर से कंबलों के कट्ठर का भारी बोझ ढोते-ढोते वह पसीना-पसीना हो गए। घर वापसी की सोची। रास्ते में एक छायादार पेड़ के नीचे थोड़ा सुस्ताने के लिए रुके। मलूक की आंख लग गयी। थोड़ा आराम करने के बाद आंख खुली तो देखा एक बलिष्ठ जवान मजदूर सामने खड़ा है। "आप थक गए हैं। कहें तो मैं आपका यह बोझा आपके घर पहुंचा दूं। आप एक टका मजदूरी दे देना।"– कहते हुए बिना उत्तर की प्रतीक्षा किए उसने बोझा कंधे पर उठाया और चल दिया। मलूक भी सोचते थे कि बोझा बहुत भारी है और थकान तथा गर्मी के मारे बुरा हाल है। वह बिना उत्तर की प्रतीक्षा किए इस मजदूर की तत्परता पर थोड़ा ठिठके जरूर, पर फिर पीछे-पीछे चल दिए। मजदूर तेजी से चलता हुआ घर पहले पहुंचा और दरवाजा खटखटाया, मलूक की माता ने दरवाजा खोला। "यह गट्ठर मलूकदास ने भेजा है। वह पीछे आ रहे हैं। इसे रख लें।" कहकर वह चलने को हुआ पर माता ने उसे कुछ खा लेने के बहाने से रोका और कोठरी में बैठाकर खाने को गुड़ और रोटी दी। बाहर से कोठरी का कुंडा चढ़ा दिया। इतने में मलूकदास भी वहां आ पहुंचे। माता ने क्रुद्ध होकर कहा, "यह किसके हाथ तूने कंबलों का गट्ठर दे दिया। यदि बीच में से कुछ कंबल निकाल लिए हों तो तू क्या करेगा? मैंने उसे कलेवा के बहाने कोठरी में बैठा दिया है। तू इतने में अपने कंबल गिनकर संभाल ले।" मलूक ने कंबल गिने। पूरे थे। तब उन्होंने कोठरी का दरवाजा खोला। देखा तो भीतर कोई नहीं था। बस रोटी का एक टुकड़ा पड़ा था। अबकी बार माता भी चकित हुई कि वह मजदूर कहां चला गया! उसे तो भीतर बैठाकर बाहर से कुंडा चढ़ा दिया था। मलूक समझ गया। उसने वह रोटी का टुकड़ा उठाकर खा लिया और कहा, "मां तुम बड़ी भाग्यवान हो जो प्रभु के दर्शन पा गयीं। वह मजदूर और कोई नहीं स्वयं भगवान थे जिसे तुमने कोठरी में बंद कर दिया था।" इतना कहकर मलूकदास स्वयं उसी कोटरी में बैठ गया और मां से बोला कि जब तक मैं न कहूं तब तक बाहर से दरवाजा नहीं खोलना। किसी को भीतर आने भी नहीं देना। अब भगवान से मलूक प्रार्थना करने लगे कि "मुझे दर्शन दो प्रभु। मैं अज्ञान में रहा।

तुम्हें पहचान नहीं पाया था।" कहते हैं तीन दिन भूखा-प्यासा मलूक बैठा पुकार करता रहा। अंततः प्रभु ने उसकी प्रार्थना स्वीकार की। भक्त मलूक की हठ के आगे झुकना पड़ा, कोठरी अद्वितीय प्रकाश से जगमगा उठी। मलूक ने भगवान के दर्शन किए और तब कोठरी से बाहर आए। इस बात के चर्चे दूर-दूर तक फैलने लगे। मलूकदास के संत स्वभाव और चमत्कारी घटनाओं से उनकी ख्याति बढ़ती गयी।

पारखी गुरु ने सच्चे हीरे की पहचान की

अब मलूकदास बाबा कहे जाने लगे। उन्हें परमात्मा की अनुभूति ही नहीं साक्षात् दर्शन भी हुए। मलूकदास के दोहे और पद, जो वह अपनी मौज में कहते, घर-घर में प्रसिद्धि पाने लगे थे। इन्हीं में में धर्म की अति सरल व्याख्या दो पंक्तियों की हर जिव्हा पर छा गयी–

"भूखेहिं टूक प्यासेहिं पानी ऐहि भगति हरि के मन मानी।।"

निर्धनों की दुर्दशा देखकर उनकी अंतरात्मा से पुकार उठी कि भूखों को रोटी का टुकड़ा देना और प्यासे को पानी पिलाना भक्ति के मूल आधार हैं, जिससे राम प्रसन्न होते हैं। इन्हीं दिनों की बात है कि उनके गांव के बाहर मुरार स्वामी नाम के संत ने अपने नौ सौ शिष्यों के साथ डेरा डाला। मलूकदास अपने चुने हुए कुछ भक्तों के साथ उनके दर्शनों के लिए गए। आदर के साथ उन्हें अपने आश्रम पर ले आए और आवभगत में जुट गए। कहते हैं कि मलूकदास के आश्रम में देगची में केवल बीस सेर चावल डालकर खिचड़ी रांधी गयी और उसे मुरार स्वामी के नौ सौ शिष्यों ने भी खाया और प्रसाद के रूप में भक्तों में भी बांटी गयी तो भी खिचड़ी कम नहीं हुई। कड़ा तथा आसपास के हजारों लोगों ने खिचड़ी खायी। देगची में खिचड़ी कम नहीं पड़ी। बल्कि अंत तक बची रही। और स्वाद में छप्पन व्यंजनों को भी यह खिचड़ी मात करती थी। इस खिचड़ी की चर्चा चारों ओर फैल गयी। मुरार स्वामी कोई महीनाभर वहां रहे और फिर प्रयाग के लिए जब विदा होने लगे तो उन्होंने मलूकदास को अपना शिष्य बनाते हुए मलूक के सिर पर पगड़ी बांध दी और उन्हें द्वाराचार्य के महत्वपूर्ण पद पर आसीन कर दिया। इससे मुरार स्वमी के शेष शिष्य ईर्ष्या करने लगे। किंतु कोई कुछ बोला नहीं। पर गुरु मुरार समझ गए। प्रयाग में उन्होंने त्रिवेणी तट पर डेरा जमाया था। वहां ऐसा संयोग हुआ कि किसी शिष्य को भिक्षा में या दान में कुछ भी अन्न न मिला। तीन दिन तक लगातार यही घटना होती रही। शिष्यों में बड़ी निराशा और परेशानी बढ़ी। तब गुरु मुरार स्वामी के शिष्यों के

सामने मलूकदास के पास संदेश भेजा। संदेश भी कैसे भेजा कि वह गंगाजी के तट पर खड़े हो गए। आंखें बंद कर लीं। बस। कहते हैं उधर मलूकदास के पास गुरु का संदेश पहुंच गया। उन्होंने एक थैली में रुपये रखकर साथ एक पत्र भी लिखकर रख दिया और गंगा में थैली डाल दी। प्रातः मुरार स्वामी स्नान करने गंगाजी के जल में उतरे तो उनके हाथ वह थैली लगी। उन्होंने अपने शिष्यों को दिखाते हुए वह थैली खोली और कहा कि "लो सारी विपत्ति टल गयी। मलूक ने रुपये भेजे हैं और साथ पत्र भी।" यह चमत्कार देखकर शिष्यों को विश्वास हो गया कि गुरु मुरार स्वामी ने क्यों मलूकदास को उन सबसे अधिक और ऊंचा सम्मान दिया है। उन सबने माना कि मलूक सचमुच में इस सम्मान के योग्य हैं।

अकाल को सुकाल बना दिया

संत मलूक से थोड़ा पहले कड़ा में एक प्रसिद्ध सूफी संत हुए हैं—ख्वाजा कड़क शाह नाम के। उनके चमत्कारी व्यक्तित्व की धूर दूर-दूर तक फैली थी। एक बार वह बाजार से गुजर रहे थे तो उन्होंने देखा कि एक धोबी अपने गधे को बड़ी बेरहमी से पीट रहा था। ख्वाजा उसे देखकर खड़े हो गए। धोबी ने उनकी साभिप्राय दृष्टि को समझकर भी गधे को पीटना जारी रखा। गधे ने हाकिम के धुलने आये वस्त्र को फाड़ दिया था। इससे धोबी उसे पीट रहा था। ख्वाजा ने उसे ऐसा करने से रोका पर वह नहीं रुका। तब ख्वाजा एक मूक पशु को पिटता देख क्रोध से भर गए और जोर से धरती पर पांव मारा। वहां एक गड्ढ़ा बन गया और वहां से पानी का फव्वारा बह निकला। ख्वाजा तो वहां से चले गए किंतु फव्वारा और तेज होता गया। धोबी का घर भी उस फव्वारे से बने पनाले की चपेट में आ गया। उसके बाद हर वर्ष वर्षा के दिनों में पनाले का पानी बड़ी तबाही मचाने लगा। एक बार तो सात-आठ दिन पानी बरसता रहा। कड़ा के अनेक घरों में पानी भर गया। खेत डूब गए। पशुओं तक के लिए चारा न मिल पा रहा था। लोग बाबा मलूकदास के पास आये। उनका कष्ट सुनकर बाबा सोच में डूब गए। फिर कुछ सुझाव दिए। उनके अनुसार कुछ मजदूर बुलाये गए। लोग स्वयं भी तैयार हुए। ईंटें मंगवाई गयीं ताकि पनाले को बांधा जा सके। पर लोग ईंटें डालते, तो वह बह जातीं। फिर कुछ मुसलमानों ने भी बाधा डालनी चाही कि हमारे ख्वाजा पीर के पांव मारने पर निकले पनाले को बंद करना ख्वाजा का अपमान है। बाबा ने उन्हें समझाया कि पीर-फकीरों का जीवन ही लोगों की भलाई के लिए होता है। इस नाले से पूरी बस्ती के लोग बड़े कष्ट में हैं। इसे बांधने से सबका कष्ट दूर होगा तो ख्वाजा पीर खुश ही होंगे। उन्होंने ये शब्द भी कहे, जिन्हें सुनकर वे लोग शांत हो गए—

मलूका सोई पीर है, जो जाने पर-पीर।
जो पर-पीर न जानई, सो काफिर बेपीर।।

बाबा ने स्वयं पनाले के स्थान पर जाकर कुछ ईंटें उठाकर लोगों को दीं और कहा कि पहले इन ईंटों को लगाओ। जैसे ही वे ईंटें लगाई गयीं, वे जमने लगीं। देखते ही देखते वह नाला बांध दिया गया। अब विरोधी भी बाबा के मुरीद बन गये। नाले से होने वाली हर वर्ष की तबाही भी रुक गयी। पशुओं को भरपूर चारा मिलने लगा। खेत भी उजड़ने से बचने लगे बाबा की प्रसिद्धि और भी अधिक फैल गयी।

कोढ़ी को जीवनदान और धर्म दीक्षा

लालचंद नाम का एक धनाढ्य कायस्थ था। प्रयाग में उसके पुरखों की बड़ी संपत्तियां थी। लालचंद ने सारा धन सुर-सुरा और सुंदरियों की भेंट चढ़ा दिया। तिस पर उसे हाथों-पैरों में कोढ़ फूट आया। उसके तीन पुत्र थे पर अब उन तीनों ने ही निर्धनता और रोग में उसका साथ छोड़ दिया था। लालचंद दर-दर का भिखारी हो गया। सब उससे नफरत करते।

पूर्णिमा की रात थी। बाबा मलूकदास के परम भक्त लाला गोपालराम खत्री ने मलूकदास की रसोई बनाई। भोज के बाद फेंकी जूठी पत्तलें आदि एक व्यक्ति बीन-बीनकर जूठन खा रहा है। यह देख गोपालराम उसके पास गए। यह उनका बचपन का साथी लालचंद निकला। गोपालराम को बड़ा दुख हुआ। वह उससे बाबा मलूक के पास ले आया। बाबा ने करुणापूर्ण नजरों से उसे देखा। अपने आश्रम में ठिकाना दिया। स्नान करवाया। वस्त्र पहनाए। अपने हाथों उसके घावों पर मरहम लगाया। तीन-चार दिनों में ही लालचंद के घाव ठीक हो गए। वह बाबाजी का भक्त बन गया। बाबा ने उसका नाम दयालदास रखा बाद में गोपालराम और दयालदास ने काबुल और इसफाहाबाद में जाकर बाबा की गद्दी स्थापित की।

औरंगजेब ने मलूकदास की सिद्धि को माना

मुग़ल बादशाह औरंगजेब बड़ा धर्म कट्टर था। उस तक बाबा मलूकदास की ख्याति पहुंची तो उसने अपने तीन सिपाहियों को भेजा कि बाबा जिस भी हालत में हो उसे तुरंत मेरे सामने पेश किया जाए। उन तीन सिपाहियों में से एक बड़ा धूर्त प्रकृति का था। दो भले मानुष थे। पहले ने सोचा कि बाबा जी जिस हालत में होंगे उन्हें उसी हालत में जबरदस्ती पकड़ लावेंगे। किंतु संयोग कहिए या संत का अनिष्ट सोचने की सजा यह पहला सिपाही रास्ते में ही मर गया। शेष दो आश्रम

में पहुंचे। उन्होंने बादशाह का फरमान कह सुनाया। बाबा ने दूसरे दिन प्रातः उनके साथ जाना तय किया। प्रथम दिन सायंकाल के सतसंग में जब सब लोग मग्न हो गए तो बाबा अपना चदरा ओढ़कर अंतर्धान हो गए और दिल्ली पहुंच गए। शाही महल में बादशाह अपनी बेगम के साथ जहां हवाखोरी कर रहे थे बाबा उधर जा निकले। अजनबी व्यक्ति को पूर्व सूचना के अपनी ओर आते देख बादशाह चकित हुआ और पूछा, "तुम कौन हो?" बाबा ने उत्तर दिया, "वाह, बादशाह हुकम देकर इतनी जल्दी भूल गया? मैं मलूकदास हूं, जिसे तुमने बुलवा भेजा है।" बादशाह ने उन्हें अदब से बैठाया। बेगम वहां से हट गयीं। बादशाह ने उनकी जाति पूछी तो उन्होंने जवाब दिया कि फकीरों की कोई जाति नहीं होती। इतने में मस्जिद से मुल्ला की आवाज सुनकर औरंगजेब वहीं पास ही एक कुएं के पास गया, जिसकी जगत पर मोटा-मजबूत कपड़ा बंधा था, और उस पर खड़े होकर नमाज़ पढ़ने लगा। जब वह नमाज़ पढ़कर आया तो मलूकदास ने कहा कि बादशाह तू तो नमाज़ पढ़ चुका अब मुझे भी अपने भगवान को याद करना है। इतना कहकर मलूक भी कुएं के निकट गए, जगत पर से कपड़ा खोलकर हटा दिया और कुएं की जगत पर शून्य में ही बिना किसी आधार के आसन लगाकर बैठ गए। और कहा, "खुदा की इबादत में कपड़े का पर्दा भी क्यों रखा जाए?" औरंगजेब चकित तो हुआ पर सोचा इस फकीर ने करिश्मा करके मेरी नजर को, लगता है, बांध दिया है। इसके बाद उसने कहा, कि "बाबाजी आप भी क्या यह बात मानते हैं कि अल्लाह एक है और उसकी कोई शक्ल नहीं होती। फिर हिंदू इतनी शक्लें बनाकर बुतपरस्ती क्यों करते हैं? यह तो कुफ्र है!"

बाबा मलूकदास ने सहजभाव से उत्तर दिया, "यह बात ठीक है कि अल्लाह एक है। इसमें दो राय हो ही नहीं सकतीं। पर वही एक ही तो ज़र्रे-ज़र्रे में तथा सबमें समाया हुआ है। सबमें उसी का नूर है तो फिर उसे सबके रूप में देखना कुफ़्र कैसे हो गया! क्या किसी ने या आप ने अल्लाह को सीधे देखा है? जब सीधे नहीं देखा तो इन पशुओं, पक्षियों, मनुष्यों या अन्य अनेक रूपों में देखना भी बुरा क्यों है? सबमें उस एक अल्लाह के नूर को देखना भी धर्म ही है। हां, अल्लाह के नाम पर बंदे-बंदे में भेद करना कुफ़्र है।"

औरंगजेब इन तर्कों के सामने निरुत्तर हो गया। उसने बाबा की और परीक्षा लेने के लिए भोजन के लिए पूछा।

"तब क्या आप हमारे यहां भोजन लेंगे?"

"हां, हां, क्यों नहीं!"–बाबा ने उत्तर दिया।

खाना मंगवाया गया। भोजन में मांस परोसा गया था। पर बाबा के सामने रखकर

जब ऊपर से कपड़ा हटाया गया तो नीचे चमेली के फूल महक रहे थे। बादशाह ने पुनः भोजन मंगवाया। यह समझकर कि शायद कोई भूल हो गयी हो। इस बार भी कपड़ा हटाया और देखा तो थाली में राख ही राख पड़ी थी। अबकी बार बादशाह की नज़रें नीची हो गयीं। बाबा ने व्यंग्य में पूछा, "ऐ बादशाह क्या तेरे यहां फकीरों को राख खिलाई जाती है?"

बादशाह ने उत्तर दिया कि बाबा आप तो फकीर हो। आपके लिए तो सब कुछ खाक है। राख है। तब बाबा ने निम्नलिखित पद कहा—

नाम हमारा ख़ाक है, हम ख़ाकी बंदे।
ख़ाकहिं ते पैदा किये, अति गाफ़िल गंदे।।
कबहुं न करते बंदगी, दुनिया में भूले।
आसमान को ताकते, घोड़े चढ़ि फूले।।
जोरू लड़के खुश किये, साहेब बिसराया।
राह नेकी की छोड़ि के, बुरा अमल कमाया।।
हरदम तिसको याद कर, जिन वजूद संवारा।
सबे खाक-दर-खाक है, कुछ समझ गंवारा।।
हाथी घोड़े खाक के, खाक खानखानी।
वह मलूक रह जायेगी, औसाफ निसानी।।

बाबा ने थाली में से एक चुटकी राख उठाई और फूंक मारकर आकाश में ऊ़ा दी। खाक उड़ते ही तेज़ आंधी बहने लगी। आंधी इतनी गहरी हो गई कि कुछ भी दिखाई न देता था। तब आलमगीर औरंगजेब और उसकी बेगम ने बाबा से क्षमा मांगी और भविष्य में किसी फकीर को तंग न करने, उसकी परीक्षा न लेने का वचन दिया। बाबा प्रसन्न हुए। आंधी रुक गई। तब बादशाह ने बाबा से कहा कि "आप हमें कुछ ख़िदमत बतायें। हम आपकी क्या सेवा करें?"

"हम फकीरों को किसी बात की कमी नहीं होती। हां, तुम उन दो सैनिकों के ऊंचे ओहदे लिख दो, जिन्हें मेरे पास भेजा था।" बादशाह ने उसी समय एक परवाना तैयार करवाया। हिंदुओं पर लगा जज़िया (धार्मिक टैक्स) कड़ा से हटा दिया और दोनों सैनिकों के लिए एक-एक सूबा बख्श दिया तथा आश्रम के नाम सिराथू और ख्वाजाजगीरपुर के दो गांव भी लिख दिए।

बाबा वहां से अंतर्ध्यान होकर पुनः अपने आश्रम, कड़ा में प्रकट हो गए। चदरा उतारकर अलग रख दिया और सत्संग में सम्मिलित हो गए। प्रातः काल बाबा ने

उन दोनो सैनिकों को बुलाकर बादशाह के फरमान दिए वे दोनों भौंचक रह गए। उनमें से एक सैनिक फ़रमान लेकर बाबा के चरणों में नमस्कार करके चला गया। पर दूसरे सैनिक–फतेह खां ने फ़रमान फाड़कर फेंक दिया और बाबा के पैरों में बैठकर बोला–"अब मैं इन चरणों को छोड़कर कहीं नहीं जाऊंगा। अब मुझे और किसी बादशाह की मेहरबानी की जरूरत नहीं।" बाबा ने उसे प्यार से उठाया। दीक्षा दी। उसका नामकरण किया। हिंदुओं का प्रिय नाम–'माधव' और मुसलमान का प्रिय नाम 'मीर' लेकर–'मीरमाधव' नाम दिया। मीरमाधव बाबा का अनन्य भक्त बन गया। पूरा जीवन बाबा की सेवा में रहा। बाद में भी उनके नाम का प्रचार करता रहा। आज भी उसकी समाधि बाबा मलूकदास की समाधि के बगल में बनी हुई है। राष्ट्रीय एकता, सांप्रदायिक सद्भावना का यह एक पवित्र तीर्थ है।

बाबा मलूकदास की काया विक्रमी संवत् वैसाख बदी चतुर्दशी (दिन बुधवार) 1739 को 108 वर्ष की आयु में पंचतत्व में विलीन हो गयी। उस समय तक उनकी प्रसिद्धि दूर-दूर तक फैल चुकी थी और भक्तों तथा उनकी गद्दियों का विस्तार भी अनेक प्रदेशों में हो चुका था। गुजरात, गंगानगर, काबुल, कंधार, नेपाल, मुल्तान, झबुआ, इसफाहाबाद, श्री काकुलम, द्रविड़ देश (मद्रास, अब तमिलनाडु) आदि में जगन्नाथपुरी में भी उनका मठ निर्मित हुआ जो आज भी विद्यमान है और श्रीकाकुलम्गद्दी के अंतर्गत आता है। इन गद्दियों की व्यवस्था उनके सुयोग्य शिष्यों–सर्वश्री रामदास, उदयदास, सुदामदास, गरीबदास, हाथीराम, गोपालराम, मोहनदास, पूरनदास, बिहारीदास, सारंगदास, दयालदास और केशवदास कर रहे थे। कड़ा (प्रयाग) की गद्दी उस समय सर्वाधिक प्रतिष्ठित एवं प्रसिद्ध थी।

कहते हैं बाबाजी की काया क्षीण होने लगी तो शरीर त्यागने से छः माह पूर्व ही उन्होंने इसे छोड़ने का निर्णय ले लिया। अपने उत्तराधिकारी को नियुक्त करने की चिंता हुई। सभी शिष्यों को कड़ा आश्रम में रहने का आदेश दिया। शिष्यों को दुःखी देखकर उन्होंने समझाया कि सतगुरु को जानना-पहचानना ही साधना का लक्ष्य होना चाहिए। मेरा उस सतगुरु से मिलना हो गया। जब से यह मिलन घटित हुआ है, तब से वही वह है, मैं नहीं हूं। फिर तुम्हें चिंता क्योंकर करनी चाहिए। उन्होंने अपने भतीजे रामस्नेही से गद्दी संभालने को कहा और उसे अपनी ताकत और शक्तियां बख्श दीं। तब सभी अन्य बारह प्रमुख चेलों ने रामस्नेही को मत्था टेका और उनकी सेवा में आए। बाबा की पत्नी और पुत्री का देहांत बहुत पहले ही हो चुका था। बाबा ने देह छोड़ने से पूर्व अपने चेलों और प्रमुख भक्तों को ज्ञान देते हुए यह पद कहा–

हमरा सतगुरु बिरला जानै।

सुई की नोक सुमेर चलावै, सो यह रूप बखानै।।
की तो जानै दास कबीरा, की हरिनाकस पूता।
की तो नामदेव और नानक, की गोरख अवधूता।।
हमरे गुरु की अद्‌भुत लीला, ना कछु खाय न पीवै।
ना वह सोवै न वह जागै, ना वह मरै न जीवै।।
बिन तरवर फल फूल लगावै, सो तो वाका चेला।।
छिन में रूप अनेक धरत है, छिन में रहै अकेला।।
बिन दीपक उजियादा देखै, एड़ी समुंद थहावै।।
चींटी के पग कुंजर बांधे, जाको गुरु लखावै।।
बिन पंखन उड़ि जाय अकासे, बिन पंखन उड़ि आवै।
सोई शिष्य गुरु को प्यारा, सूखे नाव चलावै।।
बिन पायन सब जग फिरि आवै, सो मेरा गुरु भाई।
कहै 'मलूक' ताकी बलिहारी, जिन यह जुगत बताई।।

कहते हैं जब देह छोड़ने का दिन आया तो बाबा ने सब चेलों और भक्तों को कहा कि दो पहर दिन गए जब तुम्हारे अंतर में घंटा और शंख की ध्वनियां सुनाई देवें तो समझ लेना कि हमने चोला छोड़ दिया। और यह भी कहा कि हमारे शरीर को जलाना नहीं, बल्कि गंगाजी की धारा में प्रवाहित कर देना अतः उनके आदेश के अनुसार ही किया गया और कड़ा में उनकी समाधि बना दी गई।

कहते हैं कि गंगा के प्रवाह में बहता हुआ बाबा का शरीर पहले प्रयाग के घाट पर रुका। वहां घाट पर रहने वाले से पानी मांगकर पीया। वहां से पुनः पानी में उतरकर डुबकी मारी और काशी में जा निकला। वहां भी पानी पिया और कलम दवात मंगाकर यह भी लिखा कि यहां मलूका काशी में पहुंचा और अपनी पहुंच दर्ज कर दी। काशी से पुनः पानी में उतरकर डुबकी ली ओर जगन्नाथपुरी में जा पहुंचे। जगन्नाथपुरी में जगन्नाथ के पंडों को स्वप्न आया कि समुद्र तट पर एक रथी है उसे उठा लाओ। पंडे रथी उठा लाए और उसे भगवान जगन्नाथ की मूर्ति के आगे रख दिया। स्वयं सब बाहर चले गए। मंदिर के द्वार बाहर से बंद कर दिए। कहते हैं तब बाबा ने जगन्नाथजी से प्रार्थना की कि हमारे विश्राम के लिए आपके पनाले के निकट स्थान दिया जाये। और कि आपके भोग के दाल-चावल के पछोरन किनका रोट और तरकारी के छीलन की भाजी मिले। जगन्नाथजी ने इसे स्वीकार कर लिया और कहा कि हमारे भोग से भी अधिक स्वाद तुम्हारे भोग में होगा। तब से आज तक मलूकदास के नाम का रोट जारी है। यह रोट यात्रियों को जगन्नाथजी के प्रसाद

के साथ दिया जाता है और मलूकदासजी का स्थान भी अब तक समुद्र तट पर विद्यमान है। यहां लोग आदर सहित मत्था टेकते हैं।

मलूकदास : दार्शनिक मत एवं सिद्धांत

संत कवि मलूकदास ने भी अन्य संतों की भांति सीधे-सादे शब्दों में परब्रह्म की सत्ता एवं पूंजी सौंप दी है। धर्म को शास्त्रों से निकालकर जीवन-प्रवाह के साथ जोड़ दिया। पाखंड, आडंबर एवं भेद-भाव से ग्रस्त व्यावहारिक जीवन की बाधाओं को, अपनी सर्वग्राही, मानवी, सर्वसुलभ अध्यात्म-अनुभूति की प्रवाही चेतना से, उखाड़ फेंका है। वह सरल दार्शनिक हैं क्योंकि मूल प्रकृति से, मौलिक रूप से जुड़े हुए हैं। मलूक का परब्रह्म एक है तथा सबके लिए सहज सुलभ है। वह नाम, रूप, जाति वर्ण से परे है। शब्दरूप है।

संत मलूकदास का मत है–

शब्द अनाहत होत जहां ते, तहां ब्रह्म कर बासा।
गगन मंडल में करत किलोलें, परम ज्योति परगासा।।

जहां अनहत् नाद व्याप्त है, वहां ब्रह्म का निवास है। संपूर्ण गगन मंडल में उसी की लीला व्याप्त है। वही परम ज्योति चैतन्य प्रकाश बन सर्वत्र विद्यमान है।

मलूकदास सगुण और निर्गुण को भिन्न नहीं मानते। इन दोनों में कोई भेद नहीं है। जो निर्गुण है वही सगुणरूप में अवतरित होता है। गीता की इस अवधारणा के अनुसार कि धरती पर जब-जब अत्याचार बढ़ता है तो भगवान अवतार लेकर अनाचारियों-अन्यायियों का विनाश करते हैं, मलूक भी भगवान कृष्ण और राम को अवतारी मानते हैं। मूलतः ये दोनों हैं निर्गुण ही। सगुण में ही निर्गुण छुपा है। अतः मलूकदास ने निर्गुण-सगुण के विवाद का भी समाधान कर दिया है। अतः मलूक की वाणी में ब्रह्म द्वैत होते हुए भी अद्वैत है।

इसी प्रकार जीव की, जगत की अवधारणा भी उनकी वाणी में बहुत स्पष्ट रूप में व्यक्त हुई है जिसे विभिन्न दोहों, पदों में लक्ष्य किया जा सकता है। ब्रह्म हर जीव में विद्यमान है। आत्म-रूप में परमात्मा सब कहीं रमा हुआ है। उसे खोजने दूर कहीं

नहीं जाना पड़ता। मलूक कहते हैं—

एकही अक्षर ते सकल, प्रकृति पुरुष विस्तार।
कह मलूक वह विधि जगत, नामहि है विस्तार।।
कारण जग को ब्रह्म है, और न कोउ आहि।
यह प्रपंच सब ब्रह्म है, जानहु निरचै आहि।।

अतः ब्रह्म ही जगत का, जीव का, रचयिता है और संहारक भी वही है। अतः सर्वत्र ब्रह्म ही व्याप्त है। सब उसी एक की रचना का—माया का अंश है। जीव-जगत जड़-चेतन में उसे ही देखने की प्रेरणा दे रहे हैं मलूक। पशु-पक्षियों, पेड़-पौधों, जीव-जंतुओं में उसी ब्रह्म का प्रसार है—

सबहिन के हम सबै हमारे, जीव-जंतु मोहिं लागैं प्यारे।
तीनों लोक हमारी माया, अंत कतहुं से कोइ नहिं आया।
छत्तिस पवन हमारी जात, हमहीं दिन और हमहीं रात।
हमहीं तरवर कीट पतंगा, हमहीं दुर्गा हमही गंगा।
हमहीं मुल्ला हमहीं काजी, तीरथ बरत हमारी बाजी।
हमहीं पंडित हम बैरागी, हमहीं सूम हमहिं हैं त्यागी।
हमहीं देव और हमहीं दानौ, भावै जा को जैसा मानौ।
हमहीं चोर हमहीं बटमार, हम ऊंचे चढ़ि करैं पुकार।
हमहीं महावत हमहीं हाथी, हमहीं पाप पुण्य के साथी।
हमहीं अस्व हमहीं असवार, हमहीं दास हमहीं सरदार।
हमहीं सूरज हमहीं चंदा, हमहीं भये नंद के नंदा।
हमहीं दशरथ हमहीं राम, हमरे क्रोध हमारे काम।
हमहीं रावन हमहीं कंस, हमहीं मारा अपना बंस।
हमहीं जियावैं हमहीं मारै, हमहीं बोरैं हमहीं तारैं।
जहां-तहां सब जोति हमारी, हमहीं पुरुष हमहिं हैं नारी।
ऐसी विधि कोई लव लावै, सो अविगत से टहल करावै।
सहै कुसब्द औ सुमिरै नांव, सब जग देखै एकै भाव।
या पद का कोउ करै निबेरा, कह 'मलूक' मैं वाको चेरा।

संतों का सबसे बड़ा आग्रह और अवदान इस भौतिक जगत को जानने, समझने

और सुधारने का रहा है। इस धरती पर यों ही अनेक तरह की पीड़ाएं हैं जिनसे मनुष्य-जीवन बिंधा हुआ है। संतों के आग्रह भूखे को भोजन, प्यासे को जल पिलाने के रहे हैं तो पेड़-पौधे-पक्षी-पशु आदि तक को कष्ट न पहुंचाने के भी रहे हैं। संत प्राणीमात्र की पीड़ा के लिए कुछ अधिक सजग और संवेदनशील लगते हैं, शायद इसलिए कि वे समाज के निम्न, उपेक्षित, उत्पीड़ित वर्ग से आए हैं, उनके कथन में वेद-कालीन प्रकृत चेतना और अनुभूति की सहज-सरल व्याप्ति मनमोहक है तो मानवीय समता एवं सह-अस्तित्व की भूमि पर दृढ़ता से खड़े होने के कारण। वर्तमान युग के पर्यावरणविद भी ईर्ष्या कर सकते हैं इससे।

इन संतों में मलूकदास अलग से ही एक देदीप्यमान नक्षत्र की भांति ध्यान आकर्षित करते हैं। प्रकृति के प्रति उनकी आत्मिक संबद्धता और चेतन-सक्रिय वैचारिकता को देखें—

हरी डार न तोड़िये, लागे छूरा बान,
दास मलूका यों कहै, अपना-सा जिव जान।

पेड़-पौधे, वनस्पति आदि में चैतन्य की व्याप्ति और प्राण के सहज बोध के कारण वह कहते हैं कि पेड़-पौधे की हरी टहनी को नहीं तोड़ें। उसके टूटने से ऐसे लगता है जैसे देह में छुरा या बान घुप गया हो। ऐसी ही पीड़ा पेड़-पौधों को होती है, एक टहनी मात्र के टूटने से। इनमें भी हमारे जैसा ही जीव है। मलूकदास का कहना है, *अपना-सा दुख सबका जानै ताहि मिलै अविनाशी।* हृदय की कोमलता मनुष्य होने की शर्त है। इस सहज कोमलता या संवेदना को खो देने से मनुष्य अपने मनुष्य होने को झुठला रहा है। अपनी मनुष्यता को सिद्ध करने के लिए उसे अपनी संवेदनाओं को मनुष्यों तक ही नहीं, मनुष्येतर प्राणियों—पशु-पक्षी-पौधा और पाहन (पत्थर) तक विकसित करना चाहिए। ऐसा करना कोई अतिरिक्त कार्य नहीं। एहसान नहीं। अपने जीव और योनि-धर्म को सिद्ध-सार्थक करने के लिए अनिवार्य है। यही भक्ति भी है। इससे इतर कोई भक्ति नहीं।

भूखेहिं टूक प्यासेहिं पानी।
एहि भगति हरि के मन मानी।

संत मलूकदास के शब्दों में भक्ति की उक्त सरल परिभाषा यदि समझ में नहीं आती किसी को और भक्ति के नाम पर कई तरह के मजहबी-सांप्रदायिक

(संप्रदायवादी) प्रपंच या आडंबर को ही भक्ति मानने के आग्रह मन में समाये हुए हैं तो यह सबसे बड़ी विडंबना ही है। आज अपने सहज मनुष्य धर्म को छोड़कर 'धर्म' और 'परमात्मा' की बड़ी-बड़ी बातें मूर्खतापूर्ण भटकन के सिवा और कुछ नहीं। आज विभिन्न संप्रदायों के मुल्ला-पंडित-पादरी जो मानव के लिए 'धर्म' एवं 'परमात्मा' के नाम पर पीड़ाएं बो रहे हैं उनके लिए मलूकदास के ये शब्द सही मार्ग दिखाने वाले हैं कि वही पीर या संत है, जो दूसरों की पीड़ा को जानता है और दूर करता है।

अन्य संतों—कबीर, दादू, नानकदेव, रैदास आदि की भांति मलूकदास भी देह एवं भौतिक जगत के परे और भीतर आत्मा, परम आत्मा-चेतना के 'जागरण' को ही सबसे बड़ा मानव-गुण मानते हैं। इस आत्मा-परमात्मा के प्रति जागरण, परमात्मा की रचना में—इस चेतन संसार के प्रति स्नेह-भाव से भरना है। यही सर्वोच्च मानवीयता है। मानवीयता और परमात्म चेतना के भाव में कोई अंतर नहीं। यह जागरण मनुष्य को परमात्मा से संबद्ध कर देता है। योग इसे ही कहा जाता है। आत्मचेतना का परमात्म चेतना से मिलना। इस मिलन का रास्ता परमात्मा की इस रचना—संसार के भीतर से ही होकर जाता है। इस जगती को प्रेम करना ही परमात्म-प्रेम है। इस जगती की पीड़ाओं, वेदनाओं से भरना—अपने कृत्यों से, वचनों से धरती के जीवन में दुःखों-कष्टों को बढ़ाना ही काफिरपन है, बे-पीर होना है। यह मनुष्य की अधमता-पशुता की स्थिति है। अन्यथा इस आत्मिक-आध्यात्मिक जागरण में मनुष्य स्वयं परमात्मा ही हो जाता है। मनुष्य की इसी आत्म से परमात्म स्थिति को उपनिषदों में 'अहं ब्रह्मास्मि' मैं ब्रह्म हूं—कहा है। यही वह स्तर है, जहां पहुंचकर प्रतीति होती है कि मैं ही सबमें हूं और सब मुझमें हैं। तीनों लोकों में मेरा ही विस्तार है। यह धरती-आकाश, सूर्य-चंद्र, पशु-पेड़-पक्षी सब कहीं मेरा ही रूप है। इस स्थिति में पहुंचकर संत मलूकदास कहते हैं—

सबहिन के हम सबै हमारे। जीव जन्तु मोहि लागैं पियारे।
तीनों लोक हमारी माया। अंत कतहु से कोइ नहिं आया।
सहै कुशब्द और सुमिरै नांव। सब जग देखै एकै भाव।
या पद का कोई करै निबेरा। कह मलूक मैं तका चेरा।

वृहत्त परमात्म भाव जहां सबमें एक ही परमात्मा विद्यमान दीखता है—सरल नहीं; किंतु सतत अभ्यास, सत्संगति से यहां पहुंचा जा सकता हे।

माला जपौं न कर जपौं जिभ्यां कहौं न राम।

सुमिरन मेरा हरि करैं मैं पायौ विश्राम।।

यहां पहुंचकर संत मलूक कहते हैं, अब मैं न तो माला जपता हूं और न हाथों से नाम जपता हूं, न जिव्हा से राम का नाम ही उच्चारता हूं; बल्कि इससे उल्टा यह हो गया है कि अब राम ही मेरा सुमिरन कर रहा है। मैंने विश्राम पा लिया है। इसी स्थिति को कबीर ने इस प्रकार कहा है–

कबिरा मन निर्मल भया जैसे गंगा नीर।
पीछे-पीछे हरि फिरे कहत कबीर-कबीर।।

अध्यात्म की आंखों के बिना विज्ञान अंधा है। अध्यात्म की आंखें पा जाने से ही विज्ञान सही-सही देख सकता है। क्योंकि देखना सिर्फ चर्म-चक्षुओं से देखने को ही नहीं कहते। आत्मा या मन की आंखों से भी देखना होता है। इन्हीं आशयों में देखना, 'दर्शन' कहलाता है। भारत में भी हमारे भक्तों और संतों ने सृष्टि से देखा है। अध्यात्म के, परम-आत्म के दर्शन उन्हें सर्वत्र होते हैं। आज के युग में विज्ञान बिना इस दृष्टि को अपनाए होने के कारण अधर्म, अन्याय, अनात्म हो चुका है। फिर संतों का 'धर्म' सारे विश्व के भले का दर्शन है। भारत में धर्म के दस लक्षण माने गए हैं : धैर्य, क्षमा, सहिष्णुता, अस्तेय, शौच, इंद्रिय निग्रह, सम्यक ज्ञान, आत्मज्ञान, सत्य और अक्रोध। इनके 'अधीन व्यक्ति' अध्यात्म की आंखें पा जाता है। आज कितने धर्म-संप्रदाय हैं जो स्वयं के लिए 'धर्म' शब्द का प्रयोग तो करते हैं पर उक्त लक्षणों पर पूर्णतः विश्वास नहीं करते। खरे नहीं उतरते, आचरण में नहीं लाते।

महान संत कबीर, नानक, दादू, रैदास की श्रेणी के संत हैं–मलूकदास। वह भी अध्यात्म के मर्म को विभिन्न प्रकार से अपनी वाणी में व्यक्त करर्ते-संवारते हैं। उनकी दृष्टि में मात्र मूरत को पूजना, आत्मानुभूति के स्फुरण के बिना, मात्र नाम रटते रहना, आत्मा को मारने जैसा है। यह कर्म कोटि कसाइयों के जैसा है–

मूरत पूजैं बहुत मति, नित नाम पुकारैं।
कोटि कसाई तुल्य हैं, जो आतम मारैं।।

आत्मीयता-संवेदनशीलता के बिना मात्र नाम रटना कसाईपन है। देह की हत्या तो हत्या होती ही है, आत्महीन होकर आचरण करना–आत्मा को मारना भी

हत्या-कर्म है। आत्मानुभूतिहीन हो परमात्मा का नाम पुकारना भी आत्मा को मारने जैसा कसाई-कर्म है। इससे भी आगे सच्ची पूजा परदुःखकातरता है। वही सच्चा भक्त है जो दूसरों के दुःख में दुखी होता है। पराये दुःख को अपना दुःख मानता है। मलूक कहते हैं ऐसा भक्त ही राम को प्यारा है। उसे प्रभु एक पल के लिए भी अपनी आंखों से ओझल नहीं करते—

परदुख दुखिया भक्त है, सो रामहिं प्यारा।
एक पलक प्रभु आपतें, नहिं राखैं न्यारा।।

क्योंकि परदुखकातर होना, आत्मानुभूति से भरा होना है। राममय होना है। और मनुष्य करुणा के कारण ही इस धरती का सर्वश्रेष्ठ जीव है। आत्म और आत्म-ज्ञान के कारण ही वह सबसे उत्तम है। पृथक है। सब जीवों के हित का दायित्व उस पर आता है। इस दायित्व का निर्वाह ही धर्म का आग्रह है। धर्म के मर्म—करुणा भाव से रहित हो जाना ही अधर्म है। पाप है। कसाई होना है। ऐसे लोगों की आबादी से भरे नगर उजाड़ ही हैं, क्योंकि ऐसे नगर साधू-रहित हैं। ऐसे नगर कसाइयों के बाड़े हैं। और फिर ऐसे स्थलों-नगरों में साधुजन कभी नहीं जाते सपने में भी—भूलकर भी नहीं जाते। और जहां साधु नहीं जाए, वे नगर मानवों की आबादी नहीं, आत्महीनों के रहते भी उजाड़ हैं।

साकट के घर साधजन सुपनैं नहि जाहीं।
तेइ-तेइ नगर उजाड़ हैं, जहं साधू नाहीं।।

और जिन स्थानों पर हरि के दास आत्म संपन्न, अनुभूतिशील, दयालु भक्त लोग निवास करते हैं वे श्रेष्ठ स्थान हैं—सचमुच के नगर और बस्तियां हैं। ऐसे संवेदनशील आत्म सजग लोगों के दर्शन करने से सुख मिलता है। पुण्य-लाभ होता है। आंखों तक को चैन पड़ता है। आनंद की अनुभूति होती है। मन की आशा पुजती है।

संत मलूकदास धर्म-अध्यात्म के जिस अनुभूतिपूर्ण पक्ष को भक्ति मानते हैं, वह आज कितनी विरल हो गई है। पाखंड शेष रह गया है। धर्म का भ्रम है, बल्कि भ्रम भी नहीं आत्मवंचना है, धोखा है। मानव के करुणामय व्यवहार को ही मलूक धार्मिक होना मानते हैं। यही सच्ची साधुता है। इससे रहित होने से मनुष्य, मनुष्य नहीं रह जाता, बल्कि वह तो जीते-जी मरा हुआ है—

प्रेम नेम जिन ना कियो, जीतो नाहिं मैंन।
अलख पुरुष जिन न लख्यो, छार परो तेहि नैन

अन्य संतों की भांति मलूक भी हृदय की शुद्धता, पवित्रता पर बल देते हैं और साथ ही प्रेम-नेम पर भी बल देते हैं। जीव मात्र से प्रेम करना; प्रेम से भरे रहना मनुष्य का सहज कर्तव्य है। यह सारी सृष्टि अकारण नहीं। सकारण है। तो इसका कोई नियंता भी है। यहीं सृष्टिकर्ता पुरुष और प्रकृति की अवधारणा में विश्वास के आधार पर अलख-पुरुष का उल्लेख है। जो दिखाई नहीं पड़ता—चर्म-चक्षुओं से—बाहरी आंखों से—वह अलख है। उसे आत्मा की आंखों से लखा अर्थात् देखा जा सकता है। यहीं यह भी तय बात है कि मनुष्य उस अलख को तभी देखने में सफल हो पाता है, जब वह अपने 'मैं' को जीत लेता है। अपने अहंकार को जीत लेने के उपरांत ही अलख को देखा जा सकता है और अहंकार को जीतने के लिए प्रेम का जगना जरूरी है। सृष्टि में जो कुछ भी है, वह परमात्मा की रचना है। उसे सुरक्षित रखना, संरक्षित करना मनुष्य का धर्म है—यही नेम है—नियम-विधान है। प्रेम और नेम के माध्यम से, अहंकार को जीतने से, अंतःचक्षु खुलते हैं। हर कहीं व्याप्त ईश्वर दीखने लगता है। किंतु जो लोग स्वयं को इस योग्य नहीं बना पाते—प्रेम-नेम नहीं करते, मैं-पन (अहंकार) को नहीं जीतते उन्हें अलख भी दिखाई नहीं देता। मलूक कहते हैं ऐसे नयनों में 'छार परो'—अर्थात राख पड़े। अर्थात् ऐसे जीवन का और आंखों का होना, न होने के बराबर है। इसी तरह जीना और मरना का उल्लेख करते हैं मलूक—

मुवा सकल जग देखिया, मैं तो जियत न देखा कोय, हो।
राम दुवारे जो मरे, वाका बहुरि न मरना होय, हो।।

सिर्फ चलते-फिरते, सांस लेते, व्यवहार करते लोग मिट्टी के लोंदे के समान हैं यदि उनेमं आत्म और आत्मानुभूति जाग्रत नहीं होती। बल्कि वे मरे-समान हैं। ऐसा सारा का सारा संसार मरा हुआ लगता है मलूक को। मरे हुए, मरे हुओं को ब्याह रहे हैं। मलूक ऐसे लोगों को चेतने को कहते हैं। अनुभूतिपूर्ण जीवन जीने को कहते हैं। परमात्मा की अनुभूति से प्रेम से भर जाने पर हर कहीं प्रभु विद्यमान दिखेंगे। हर श्वास में, हर शाख में, हर पेड़ में, हर पौधे में, पशु-पक्षी, नदी-पहाड़ तक में 'उसी का विस्तार दिखाई' देगा। इस तरह मलूक मरे हुओं में प्राण फूंककर उन्हें सच्चे अर्थों

में जीना सिखाते हैं और अंधों को आंखें देकर उन्हें देखना सिखाते हैं।

कबीर ने निर्गुण ब्रह्म की स्थापना की है, तुलसी ने सगुण ब्रह्म की, किंतु मलूक ने इन दोनों मतों का समंवय किया है। कबीर ने कहा और माना की "अवधू आवै जाय सो माया"। यानी जो देह धारण करके सगुण में बंधता है, वह माया का वशवर्ती है, शुद्धब्रह्म नहीं। तुलसी ने माना कि प्रेमवश अवतार लेने से निर्गुण ब्रह्म ही सगुण रूप धारण करता है—

अगुन अरूप अलख जग जोई।
भगत प्रेमबस सगुन सो होई।।

किंतु मलूक की मान्यता दोनों से भिन्न है कि निर्गुण ब्रह्म ही सगुण रूप धरता है, किंतु वह मात्र असुरों को मारने के लिए ही सगुण रूप में अवतरित होता है। वह स्वयं भक्ति की स्थापना और भक्तों की रक्षा हेतु सगुण रूप धारण करता है—

निर्गुण ब्रह्म सगुण होइ आवै।
असुर मारि करि भक्ति देखावै।

यहां एक नयी अवधारणा मलूक ने प्रस्तुत की है भक्ति की। उनका मानना है कि भक्तजन जिस परमपद को विवेक भक्ति से प्राप्त करते हैं, खल या दुष्टजन उसी परमपद को प्राप्त करने के लिए विरोध भक्ति करते हैं—

ताते विरोध भक्ति खल करहीं।
जेहि कारण प्रभु नर तन धरहीं।।

यानी 'विरोध भक्ति' भी भक्ति का ही एक प्रकार है। और ऐसे खल, दुष्ट अपनी प्रकृति के अनुसार इसका अवलंबन करके ब्रह्म को बाध्य करते हैं अवतार लेने के लिए। ब्रह्म अवतार लेकर मनुष्य रूप में इन दुष्टों का संहार करके इन्हें सद्गति देकर पुनः निराकार ब्रह्म में लीन हो जाते हैं। तुलसी के राम भी, वस्तुतः अपने पूरे जीवन काल में अवतारी ब्रह्म की, लोकनायक की भूमिका में नहीं बने रहते। वह निर्गुण और सगुण की मिश्रित भूमिका निभाते हैं। दुष्टों को, राक्षसों को मारने के समय वह नायक हैं। लोक की सुप्त चेतना को जगाने, संगठित करने और लोकहित दिशा में संचालित करने के समय वह अपनी लोकनायकत्व की अद्वितीय, अवतारी भूमिका

निभाते हैं—अपने सगुण रूप को वास्तव में चरितार्थ करते हैं। सदैव ऐसा नहीं रहता। उनका मानवीय जीवन का निर्बल पक्ष, अन्यथा हावी हो जाता है। रावण जैसे सर्व-बल समर्थ राजा को परास्त करने वाले राम लव-कुश से परास्त हो जाते हैं। उनका लोकनायकत्व ब्रह्म यहां जागृत या सक्रिय नहीं है। राम इह लोक में ही लौकिक एवं अलौकिक भूमिकाएं निभाते हैं।

जबकि मलूकदास के दर्शन के अनुसार सगुण अवतार शाश्वत नहीं होता। शाश्वत तो निर्गुण ब्रह्म ही है। अतः अवतारी भूमिका चिरंतन, अनादि या अनंत नहीं, यह एक मौलिक, तात्विक, बड़ा अंतर है कबीर, तुलसी और मलूक के ब्रह्म संबंधी चिंतन-दर्शन में। कबीर जहां सिर्फ निर्गुण को महत्व देते हैं, तो दूसरे छोर पर तुलसी सगुण ब्रह्म को, किंतु मलूक निर्गुण के अवतारी रूप को—सगुण रूप को—अल्पकाल के लिए संपन्न मानते हुए मुख्यतः निर्गुण को ही स्थापित करते हैं। उनके लिए निर्गुण ब्रह्मही चिरंतन, अनादि एवं अनंत है। अतः स्पष्ट ही कबीर ज्ञान मार्ग को तथा तुलसी भक्ति को प्रश्रय देते हैं, तो मलूक ज्ञान-भक्ति मार्ग को।

कबीर माया को महा ठगिनी मानते हैं। सत्, रज, तम रूपी तीन रस्सियों से बनी हुई फांस हाथों में लिए वह ठगिनी माया बड़ी मीठी वाणी में बोलती है और जो इसके चुंगल में फंस जाता है उसके गले में फांसी का फंदा डाल देती है। यही माया केशव के घर में कमला और शिव के घर में भवानी बनी बैठी है—

माया महा ठगिनि हम जानी।
तिरगुन फांसि लिये कर डोलै, बोले मधुरी बानी।।
केशव के कमला होइ बैठी, सिव के भवन भवानी।।...

किंतु यही माया संत की दासी बन जाती है और किसी वृद्धा की भांति संतों को साधना की सफलता की आसीसे भी देती है—

माया दासी संत की, ऊंची देइ असीस।

संत मलूकदास माया को काली नागिन मानते हैं, जिसने सारे संसार को डस रखा है, अपना विष उनमें उंडेलकर बेहोश कर रखा है तथा यही माया मिसरी की मीठी छुरी है—

—माया काली नागिनी, जिन डसिया सब संसार हो...

—माया मिसरी की छुरी, मत कोई पतियाय...

और यही नहीं संत मलूकदास उसे धमकाते भी हैं कि ऐ ठगिनी चुप करके रहो, संतों के पास आने का दुःसाहस मत करना अन्यथा दासी बनकर पानी भर-भरकर मर जाओगी—

हम से जानि लागे तू माया।
अपने में है साहेब हमरा, अजहुं चेतु दिवानी
काहू जन के बस परि जैहौ, भरत मरहुगी पानी।।...

इस प्रकार हम देखते हैं कि संतों का धर्म-दर्शन भारतीय दार्शनिक अवधारणाओं के साथ मेल खाता हुआ भी स्वतंत्र, अनुभूत और संवेद्य ज्ञान को स्थापित और पुष्ट करता है।

मलूकदास का संदेश

हमारा वर्तमान युग नास्तिकता, सांप्रदायिकता और रूढ़िवादिता से ग्रस्त है तो साथ ही धार्मिक आडंबरों और प्रपंचों से भरा हुआ है। ये दो विरोधी छोर हैं, जिन के मध्य मनुष्य भटक रहा है। उसे सही मार्ग नहीं मिल रहा। वह क्या करे, कहां और किस मार्ग पर जाए? आज अनेक मार्ग हैं, अनेक पथ हैं—भगवान को पाने के। अनेक दुकानें खुली हुई हैं। सबका दावा है तुम्हें परमात्मा से मिलवा देंगे। ईश्वर के दर्शन करवा देंगे। किंतु सभी जगह ढोंग और धंधा ही प्रमुख है। सभी कहते हैं—'हमारे पास आओ।' कोई यह नहीं कहता कि अपने पास जाओ। अपने भीतर झांको। वहीं है तुम्हारा भगवान। तुम्हारा ईश्वर। तुम्हारा अल्लाह। यह बात कही है संतों ने। कबीरदास ने। रैदास ने। मलूकदास ने। नानक और दादू ने। क्योंकि उन्होंने संप्रदाय खड़े नहीं किए। उनकी ऐसी कोई मंशा कभी रही ही नहीं थी। उनके नाम पर यदि मठ या मंदिर आज विद्यमान हैं तो वहां भी उनकी शिक्षाओं पर अधिक बल नहीं रहा। किंतु इसका अर्थ यह नहीं कि इन महान संतों के कथन हमारे काम के नहीं रहे। बल्कि हमारा मानना है कि संतों की वाणी ही आज पूरे विश्व और मानवता के वर्तमान संकटों से बचा सकती है। हत्या, हिंसा, अपराध के व्यवहार व्यक्तियों, व्यक्ति-समूहों से लेकर सरकारों और बड़े-बड़े संगठित गिरोहों तक जो देखने को मिल रहे हैं—उनके पीछे आधुनिक व्यक्ति की हताशा ही है। इस हताशा का कारण, व्यक्ति का प्रकृति से—परमात्मा से दूर हो जाना है। आज मात्र पर्यावरण की चिंताएं जो हो रही हैं, या कभी 'बच्चे' को लेकर या 'नारी' को या 'वृद्ध' को लेकर जो वर्ष में एक दिन 'अंतर्राष्ट्रीय दिवस' मनाए जाते हैं, वे एकांगी, अधूरे और ऊपरी सोच के परिणाम हैं। संतों और भक्तों का सोच पूरा, सर्वांगीण, आंतरिक सोच रहा है। वे ईश्वर के रूप में 'इंसान' को देखते-मानते थे।

मलूकदास महान रामभक्त कवि तुलसीदास के समकालीन हुए हैं। इतना ही नहीं, मलूकदास ने तुलसीदास का कड़ा में जिस बोधि वृक्ष के नीचे सम्मान किया

था, उसका वर्णन बाबा वेणी प्रसाद माधव रचित 'गुसाई चरित' में मिलता है। उस पीपल के वृक्ष की आज भी बड़ी मान्यता है। मलूकदास अन्य संतों की भांति बड़े संवेदनशील और अति सूक्ष्म अनुभूतियों के पुंज थे। संतों ने गरीब, अभावग्रस्त, भूखे, प्यासे, दुखी की सहायता को ही राम की 'सच्ची पूजा' माना है। प्रकृति की छोटी पत्ती से लेकर पहाड़ तक में परमात्मा की सत्ता को माना है और इन्हें व्यर्थ ही चोट पहुंचाना, विनष्ट करना पाप माना है। वास्तव में देखा जाए तो भारत का ही नहीं विश्व मानवता का स्वर्ण युग रहा है, संतों और भक्तों की सदेह मौजूदगी, मध्य युग। उन्होंने सीधे वैदिक वाङ्मय की धारणाओं, विश्वासों को मध्य युग में पुनः जीवित किया है अपनी वाणी में। आज भी हम संकट के मूल को देखने और हल करने के सच्चे तथा वास्तविक उपाय नहीं कर रहे। जबकि उपाय हैं।

मलूक कहते हैं इस संसार मं दुखियों का दुःख हरना भी प्रभु की भक्ति है। सच्ची पूजा है। अतः उनका प्रसिद्ध कथन है—

जो दुखिया संसार में, खोवो तिन को दुक्ख।
दलिद्दर सौंप मलूक को, लोगन दीजै सुक्ख।

दुखियों का दुख ले लीजिये और बदले में सुख बांट दीजिए—यह लक्षण है सच्चे धर्म का। यही अध्यात्म है। यही भक्ति है। किंतु हम सब कर क्या रहे हैं? व्यवहार में परस्पर गला काटने, लूटने, पीड़ा और कष्ट पहुंचाने के कार्यों में दिन-रात लिप्त हैं। ये ही कार्य पूरे विश्व में, सभी देशों, समाजों में हो रहे हैं। तब कोई भी व्यक्ति और प्राणी सुखी कैसे रह सकता है?

मलूक, कबीर, दादू, नानक की तरह अनोखे संत हुए हैं। वह वास्तव में दीवाने हैं। राम नाम के दीवाने। संतों के राम मनुष्य से इतर नहीं हैं—यह बात याद रखनी चाहिए। धरती पर सभी सच्चे धर्म या सारी धार्मिकता मनुष्य और जीव को लेकर है। यही कारण है कि संतों की वाणी देश-प्रदेश की सीमाएं लांघकर समूचे विश्व में फैल गयी है। मलूक भले ही कबीर और नानक की भांति अधिक नहीं जाने जाते किंतु संत मलूकदास के, पूरे देश में, लाखों अनुयायी-भक्त हैं। एक समय था जब जगन्नाथपुरी, श्रीकाकुलम के निकट तथा वृंदावन में उनके मठ थे। पुरी वाला मठ तो अब भी मौजूद है। इतना ही नहीं अमरीका में—कैनोगा पार्क, कैलिफोर्निया में भी संत मलूकदास का मठ अब बन गया है।

संत मलूकदास की चौदहवीं पीढ़ी में वर्तमान महंत योगीराज नानकचंदजी कड़ा और दिल्ली के आश्रमों में नियमित ध्यान-योग के कार्यक्रम, प्रवचन चलाते हैं।

दिल्ली में प्रति माह के प्रथम रविवार को प्रातः योग पर व्याख्यान और सत्संग चलता है। हमने उनके विचार जानने के लिए और मानव मात्र के लिए मलूकदासजी के संदेश को प्राप्त करने के लिए उनसे भेंट की। उनके संदेश के कुछ अंश यहां दिए जा रहे हैं—

"आज भयंकरतम भूल यह हो रही है कि आदमी जीवन का अर्थ, जीवन से बाहर खोज रहा है। भीतर नहीं। कितना बड़ा भेद हो जाता! संत-परंपरा ने जीवन का अर्थ जीवन के अंदर खोजा है और हम बाहर खोज रहे हैं, जब बाहर खोजा जायेगा तब लक्ष्य होगा प्रभुता की प्राप्ति और अंदर खोजा जायेगा तब लक्ष्य होगा प्रभु की प्राप्ति। कितना बड़ा अंतर हो जाता है। प्रभुता की प्राप्ति के साथ जुड़ जाता है पैसा। और यदि लक्ष्य होगा प्रभु की प्राप्ति तो साधन होगा—प्रेम। आज प्रेम का स्थान पैसे ने ले लिया है। पैसे से प्रेम खरीदा जा रहा है। प्रभु की प्राप्ति का लक्ष्य होता है तो प्रभुताई स्वयं दासी बनकर चली आती है। और जब प्रभुता (धन-दौलत) लक्ष्य होगा तो प्रभु से हमेशा दूरी बनी रहेगी । आज यही, सभी धार्मिक आडंबरों का भी, कारा है।

अन्य संतों से हटकर मलूकदास में एक विशिष्टता है। जो तीन प्रसिद्ध सूत्र हैं—बादरायण का ब्रह्मसूत्र, नारद का भक्तिसूत्र, पतंजलि का योगसूत्र—ये तीनों सूत्र मलूक की वाणी में उनके दोहों, साखियों, पदों में मौजूद हैं। मैं इस कारण बल ध्यान-योग पर ही देता हूं। और मनुष्य की प्राकृतिक ऊर्जा, अंतर्निहित परमात्मशक्ति एवं इनकी प्राप्ति से भौतिक जीवन के सुधार को लक्ष्य बनाकर पिछले तीस वर्षों से योग करवा रहा हूं। यह रास्ता वैज्ञानिक है। मानवीय है। संवेदनशील मानवता के अनुकूल है। श्रेष्ठ बनाने वाला है। समता में जीना ही योग है। आज सर्वत्र इस समता की ज़रूरत है।"

आज यह जो सांप्रदायिकता का ज्वर सब कहीं दिखाई पड़ रहा है, वह भी इस कारण है कि मनुष्य दया भूल गया है। क्रूरता, ईर्ष्या, शत्रुता, निर्ममता जीवन में उतर आये हैं। जबकि मलूक का कहना है—

मक्का मदीना द्वारका, बद्री और केदार।
बिना दया सब झूठ है, कहै मलूक विचार।।

हमारे संसार को संतों के रूप में एक ऐसी संपदा मिली है, जो विश्व के सभी धर्म-संप्रदायों की अध्यात्म भावना को आधार देती है तो उनके बाह्य पूजा-विधानों को इसलिए अस्वीकार करती है, क्योंकि उन्हीं के कारण विश्व-मानवता बंटी हुई है।

जीव मात्र को, पर्यावरण को, एक समान मानने वाले संत मानव-जाति के अद्वितीय नक्षत्र हैं, जिनका प्रकाश वर्तमान विश्व का, हर प्रकार का अंधकार, निराशा और हताशा को नष्ट करने वाला और नई प्रबल जीवनी-आशा को तीव्र करने वाला है। कबीर, नानक, दादू, रैदास, रज्जब हों या संत मलूकदास हों, सब वर्तमान मनुष्य का, घोर संकट और आशंकाओं के रहते भी बहुत बड़ा भरोसा है। इन संतों में मलूकदास कम इसलिए प्रचारित हुए हैं क्योंकि उनके अनुयायियों का स्वभावतः प्रचार में कम विश्वास होना और आचरण पर अधिक बल देना रहा है। साथ ही संतों को पुराणपंथी हिंदुओं का और कट्टरपंथी मुसलमानों—दोनों का समवेत उपेक्षाभाव भी इस कारण सहना पड़ा है, क्योंकि ये संत संकीर्ण सांप्रदायिक विचारों से जहां स्वयं मुक्त रहे वहां दोनों की संकीर्णता की खुलकर, मुखर आलोचना करते रहे हैं। प्रत्येक जीव एवं प्राणी की पीड़ा को एक-समान मानकर मानवीय संवेदनशीलता के उपदेश देते रहे हैं।

मलूक कबीर के पथ के ही संत हैं, किंतु अपनी मौलिक सोच, उद्भावनाओं और उक्तियों से कहीं-कहीं कबीर से भी आगे बढ़े हुए हैं। इस कथन में अत्युक्ति न समझी जाए इस कारण सर्वप्रथम हम दोनों संतों के एक-एक दोहे को प्रस्तुत करना चाहेंगे। कबीर कहते हैं—

कबिरा मन निर्मल भया जैसे गंगा नीर।
पीछे-पीछे हरि फिरे कहत कबीर कबीर।।

और इसी ज़मीन पर मलूकदास कहते हैं—

माला जपौं न कर जपौं, जिभ्या कहौं न राम।
सुमिरन मेरा हरि करैं, मैं पायो विश्राम।।

प्रथम दोहे में व्यक्ति द्वारा मन की निर्मलता प्राप्त कर जाने पर हरि पीछे-पीछे घूम रहे हैं तो दूसरे में ऐसी आध्यात्मिक उच्चता प्राप्त कर ली गई है जहां हरि की जगह भक्त ने ले ली है, विश्राम पा गया है भक्त। और भक्त की जगह अब हरि भक्त का नाम जप रहा है। मनुष्य की उच्चता का दोनों में आख्यान है।

अब हम मलूकदास जी के वचनों से कुछ उद्धरण उपस्थित करेंगे। ताकि उनकी दृष्टि की रोशनाई का हम कुछ परिचय पा सकें। सभी संतों की भांति मलूक भी स्थूल शरीर और संसार को निःसार मानते हैं और सूक्ष्म शरीर (मन) तथा कारण शरीर

(आत्मा) को अत्यधिक महत्व देते हैं। आत्मा के महत्व को दर्शाने वाले कुछ दोहों को यहां देना समीचीन होगा—

मूरत पूजैं बहुत मति, नित नाम पुकारैं।
कोटि कसाई तुल्य है, जो आतम मारैं।।

कलयुग में भगवान के नाम-जप को ही आधार माना गया है, किंतु मलूक उसे भी अस्वीकार करते हैं—इस आधार पर कि जो लोग नाम तो जप रहे हैं, नित ही जप रहे हें, और ईश्वर की मूर्ति बनाकर पूज भी रहे हैं पर इतना सब करते हुए अपनी या पराई आत्मा की हत्या यदि कर रहे हैं तो यह बहुत बड़ा पाप है—इतना बड़ा कि करोड़ों कसाइयों द्वारा की जाने वाली हत्या से लगने वाले पाप के बराबर है। अतः 'कलयुग केवल नाम अधारा' भी व्यर्थ सिद्ध हो जाता है। इससे भी कोई भवसागर से पार नहीं उतर सकता। मुक्ति नहीं प्राप्त कर सकता।

साधो दुनिया बावरी, पत्थर पूजन जाय।
मलूक पूजे आत्मा, कछु मांगै कछु खाय।।

यहां भी मलूक समूची दुनिया और उस के द्वारा पत्थर की मूर्तियों को पूजने को व्यर्थ की कवायद सिद्ध कर रहे हैं, तथा दुनिया को इस कार्य के लिए पागल कह रहे हैं। मलूक आत्मा को महत्व देने, पूजने, चिंता करने, सुरक्षित करने पर बल दे रहे हैं। जहां भौतिक जगत में, भौतिक देह को सर्वस्व माना जा रहा है, भूतों, भौतिक-सुख-सुविधाओं-संपत्तियों के संग्रह और अर्जन की होड़ लगी है वहां मलूक आत्मा-आत्मिक भावों की, चिंताओं की बात कर रहे हैं; क्योंकि तभी मनुष्य और उसका यह संसार सुखी, शांत, समृद्ध (सच्चे-समग्र अर्थों में) हो पायेगा। लोग पत्थर की मूर्तियों को पूजते हुए वहीं रुक गए हैं—जिस शक्ति-स्वरूप की मूर्तियां हैं, उसे भूल बैठे हैं। या/और स्वयं भी स्वयं की तथा अन्य की आत्माओं को भुलाकर पत्थरवत व्यवहार कर रहे हैं या मध्य में पथरीले पर्दे और दीवारें ले आए हैं।

जेते देखे आत्मा तेते सालिगराम।
बोलनहार पूजिये, पत्थर से क्या काम।।

मंदिरों में रखे पत्थर के सालिगरामों को पूजने वाले तथा वहीं रुके-थमे लोगों को

संबोधित करके मलूक कहते हैं कि चलते-फिरते मनुष्यों-जीवों के रूप में बोलने वाले सालिगरामों को छोड़कर, जीते-जागते जीवंत जीवों को छोड़कर—तुम किन पत्थरों को पूजने में लगे हो। जितनी जीव-आत्माएं हैं—उतने ही सालिगराम समझो और उन्हें ही पूजो। अध्यात्म की युक्तिसंगत, तर्कसंगत बात को मलूक किस सहजता से उठाते हैं और मूर्तिपूजा से बढ़कर मनुष्य पूजा (संरक्षा-सम्मान के अर्थ में) को महत्व देने को कहते हैं। क्योंकि विभिन्न धार्मिक संप्रदायों में आत्मा-परमात्मा पीछे छूट गये हैं और इस कारण जीवात्मा उपेक्षित हो गयी है और प्रमुख हो गयी है पूजा-पद्धतियां और विभिन्न बाहरी विधि-विधान। यों कहें कि मनुष्य और मनुष्यता गायब हो गयी है और भक्ति के नाम पर ढोंग और दिखावे शेष रह गए हैं। 'धर्म' का व्यापक, सही अर्थ—अनिवार्य मानवीय कर्तव्य न लेकर आज उथला, संकुचित, संप्रदायगत अर्थ लिया जा रहा है, यही बड़ा संकट है।

सभी संत लोग प्रायः उत्पीड़ित, दलित, दमित, निम्न वर्ग से आए हैं और उन्होंने उस वर्ग की पीड़ा, भूख प्यास, अपमान, तिरस्कार को वाणी दी है। साथ ही दीन पर दया करने को, पीड़ित की पीड़ा हरने को सच्ची भक्ति और वास्तविक मानव धर्म कहा है। मलूकदास भक्ति की कितनी सरल, दो टूक शब्दों में कैसी सहज स्थापना करते हैं, ऐसी कि विश्वसाहित्य में इतने कम शब्दों में इतनी स्पष्ट स्थापना मिलना संभव न हो—

भूखेहिं टूक, प्यासेहिं पानी।
एहि भगति हरि मन मानी।।

आज जितने बड़े धर्म-कर्म के ढोंग बढ़ते जाते हैं, जागरण, रात्रि-जागरण के ढकोसलों में बदलते जाते हैं, उतने ही हमारे देश-समाज में भूखे, प्यासे, निर्धन, पीड़ित बढ़ते जाते हैं। कैसा है यह जागरण? कैसी है यह भक्ति? धर्म और भक्ति के नाम पर एक समूची जाति स्वार्थपरता की गहरी मदहोश नींद में डूबती जा रही है।

हिंदू मुसलमान के सांप्रदायिक विभाजनों में मनुष्य और मनुष्यता को बांटने वालों को मलूक का कहना है कि धर्म के बाहरी आडंबरों-स्थानों-पूजा-स्थलों को तो महत्व देते हैं आप, पर जीवों-मनुष्यों पर दया करना भूल गए हैं। बिन जीव-दया के सब तीर्थ-यात्रा, धर्म-कर्म व्यर्थ हैं—

मक्का, मदीना, द्वारका, बद्री और केदार।

बिना दया सब झूठ है कहै मलूक विचार।

धर्म के मूल आशयों-आधारों से लोग कट चुके हैं और मात्र बाहरी, प्रदर्शनी, व्यवहारों-उपचारों में डूब गए हैं। यह धर्म नहीं।

निर्गुण संतों ने किसी रूढ़ विधि या परिपाटी से मुक्त रहकर ही अपनी भक्ति को रूपाकार दिया है, इस कारण शास्त्रीय पद्धतियां और सांगोपांग किसी विषय का क्रमिक निर्वाह रेखांकित करना यहां समीचीन नहीं। उनके भाव-प्रवाह में अपने आप जो कुछ सम्मिलित होता गया वही प्रकट रूप में संजो लिया गया है। अतः अपने से पूर्व संतों की भांति मलूक ने भी प्रकृति-परिवेश को, प्रकृति-चेतना को पृथक से नहीं, स्वाभाविक रूप से व्यक्त किया है। यहां प्रकृति के मुख्यतः पंच महाभूत—धरती आकाश, जल, अग्नि और वायु का उल्लेख किया है तथा पत्थर, पहाड़, पशु-पक्षी, नदी-समुद्र, गांव-नगर, पेड़-पौधे, फूल-गंध, कीट-पतंग आदि के कहीं प्रतीक रूप में, कहीं संकेत और बिंब में, कहीं रूपक और विशेषण-रूप में उल्लेख हुए हैं।

संत मलूक की सुप्रसिद्ध साखी, आज भी जो लोगों की जिव्हा पर हैं उसमें 'अजगर' और 'पंछी' के जीवन के साक्ष्य के आधार पर उन्होंने परमात्मा की सर्वव्यापकता, सार्वभौम की चिंता और सर्वशक्तिमानता की बात कही है कि इस धरती पर जो भी जीव जन्म लेता है, उसके भरण-पोषण की व्यवस्था प्रभु ने अपने पास रखी है। यही सबका दाता है—

अजगर करै न चाकरी, पंछी करै न काम।
दास मलूका कह गये, सबके दाता राम।।

यहां अजगर (सांप) और पंछी के माध्यम से मलूक ने जो अवधारणा रखी है, उससे निठल्ले लोगों ने कर्महीनता का अर्थ ले लिया और जो संतों की वाणी के आलोचक हैं, उन्होंने भी यही नकारात्मक अर्थ लेकर इस साखी को आज तक प्रचारित कर रखा है, जबकि संत मलूक की पूरी वाणी के आशय और विश्वास को सामने रखकर ही अर्थ ग्रहण करना अभीष्ट है।

आज ईसवीं सन दो हजार नौ में, जिस पर्यावरण रक्षा और जीव-रक्षा के लिए सभी देशों में अनेक संस्थाएं आंदोलन कर रही हैं और राष्ट्रसंघ भी हर वर्ष पर्यावरण दिवस मनाता है, उसके प्रति, यानी पेड़-पौधों आदि के प्रति आत्मीय-आध्यात्मिक दृष्टि से पांच सौ, छः सौ वर्ष पूर्व ही संतों ने अनेक मार्मिक साखियां कही हैं।

संत मलूक की एक साखी है—

हरी डार मत तोड़िये, लागै छूरा बान।
दास मलूका यों कहै, अपना-सा जिव जान।।

यहां वनस्पतियों, हरे-भरे वृक्षों के विनाश को रोकने के लिए मात्र भौतिक, उपयोगितावादी दृष्टिकोण से नहीं, सह-आत्म भाव से वृक्षों को भी अपने जैसा जीवनधारी, प्राणी मानकर उसकी पीड़ा को भी अपने जैसी—मनुष्य जैसी पीड़ा मानने का आग्रह मूलक कर रहे हैं। पाश्चात्य और भौतिकवादी दृष्टि वनस्पतियों पेड़ों-पौधों को भी भोग-उपभोग की दृष्टि से देखती है इस कारण धरती पर के जीवन को आज खतरा पैदा हो गया है। अंतहीन विनाश और बाजारवाद के विकसित देशों-समाजों के बे-रोक भोगवादी सोच के कारण, समूची धरती ही संकट में है। संत समूचे ब्रह्मांड के रक्षण की चिंताओं को मध्य युग से ही साकार कर रहे हैं । क्योंकि भारतीय सोच मूलतः भाववादी है, उसमें समूचा ब्रह्मांड ही ब्रह्म-चेतना से पूरित है। न्यूनाधिक रूप में सब चेतन है और परस्पर संबद्ध है। जो कुछ हमारे बाहर है, वह सब हमारे भीतर भी है। ओर जो कुछ हमारे भीतर है, वह सब हमारे बाहर भी फैला हुआ है। भारतीय वैदिक चिंतन की यह आधारभूत स्थापनाः 'यथा ब्रह्मांडे तथा पिंडे' एवं 'यथा पिंडे तथा ब्रह्मांडे' हमारे संतों की सोच का भी आधार रही है। संत मलूक की वाणी में इसे देखा जा सकता है—

मुरसिद मेरा दिल दरियाई, दिल महि अंदर खोजा।
जा अंदर में सत्तर काबा, मक्का तीसो रोजा।।

मलूक कहते हैं हमारे भीतर ही चित्त में सत्तर काबा और मक्का हैं और परमात्मा भी दिल में ही निवास करता है, वहीं इसे पाया जा सकता है। कबीर भी इसी प्रकार की बात करते हैं—

इस घट भीतर सात समुंद इसी में सिरजनहारा

तात्पर्य यह कि पत्थर, पेड़, पशु-पक्षी, प्राणी-मनुष्य तक चेतना का क्रमिक विकास है। मनुष्य चेतना-यात्रा की सबसे ऊंची सीढ़ी पर पहुंचा हुआ है। आगे अतीन्द्रिय सीढ़ी है। मनुष्य भी प्रकृति का अभिन्न, अविच्छिन्न अंश है।

संत मलूक ने इस आत्म-तत्व के विकास का कलियों और इन कलियों के फूलने के माध्यम से प्रतीक रूप में इस साखी में उल्लेख किया है—

सब कलियन में बास है, बिना बास नहिं कोय।
कैसेहु मुक्ति न होइगी, कोटिक सुनौ पुरान।।

अपने भीतर की सुगंध को—सूक्ष्म आत्म-तत्व को न पहचानकर पत्थरों को मनुष्य देवी-देवताओं के बुतों के रूप में पूजते फिरते हैं, इस रीति से मुक्ति मिलना संभव नहीं है। भले ही एक नहीं धर्म-पुराण के करोड़ों ग्रंथ की कथाएं सुनते रहो। मुक्ति तो तुम्हारे भीतर स्थित आत्मा को पहचानकर उसके अनुसार आचरण करने में है। इसी भाव का विस्तार एक अन्य साखी में करते हुए मलूक काशी और प्रयाग तीर्थों-नगरों का उल्लेख करते हैं—

राम राय घट में बसै, ढूंढत फिरै उजाड़।
कोई कासी कोई प्राग में, बहुत फिरैं झख मार।।

अर्थात् मिट्टी से बने घड़े की भांति अपनी इस देह के भीतर स्थित राम (आत्मा) को छोड़कर मनुष्य जंगलों, बियाबान-उजाड़ जगहों पर जाकर तप करने—राम को पाने का प्रयत्न करता है या फिर काशी और प्रयागराज जाकर इन तीर्थ-स्थलों में परमात्मा को व्यर्थ खोजता फिरता है, परमात्मा तो आत्मा के रूप में मनुष्य के भीतर ही विराजमान है।

परमात्म-प्रेम की सच्ची लगन और आस्तिक संतान उत्पन्न करने वाली माता की प्रशंसा करते हुए मलूक कहते हैं—

मलूक से माता सुंदरी, जनां भक्त औतार।
और सकल बांझै भईं, जनमे खर कतवार।।

परमात्मा में विश्वास रखने वाली, आस्तिक और भक्तिभाव से पूर्ण संतान उत्पन्न करने वाली माता ही सुंदरी कही जाएगी, अन्यथा नास्तिक संतान तो ऐसी मानी जाएगी जैसे व्यर्थ में उगी खर-पतवार घास होती है, जो बेकार ही धरती को घेरे रहती है, किसी काम नहीं आती तथा अपनी अनुपयोगिता के कारण उखाड़कर फेंक दी जाती है। एक अन्य साखी में पशुओं को भी अपनी वाणी में मलूक ने सम्मिलित किया है—

जहां जहां बच्छा फिरै, तहां-तहां फिरै गाय।
कहै मलूक जंह संत जन, तहां रमैया जाय।।

जैसे गाय अपनी ममता के कारण अपने बछड़े के साथ-साथ लगी रहती है, उसे एक क्षण के लिए भी जुदा नहीं करती, इसी भांति परमात्मा भी अपने संतों-भक्तों की चिंता और रक्षण के लिए गहन ममतावश उनके अंग-संग रहता है। संत मलूक पशुओं के उल्लेख की भांति ही चींटी और हाथी जैसे जीवों का भी अपनी वाणी में, अपने विचारों को व्यक्त करने के लिए उपयोग करते हैं–

कुंजर चींटी पसू नर, सबमें साहिब एक।
काटै गला खुदाय का, करै सूरमा लेख।।

हाथी, चींटी, पशु और मनुष्य इन सबमें एक ही परमात्मा निवास करता है। लोग इन पशुओं को मारकर खा जाते हैं या मानवों की हत्या कर देते हैं। अपने स्वार्थ साधन के लिए, अपनी उदरपूर्ति के लिए। उन मूर्खों को पता नहीं कि इन पशुओं या मनुष्यों के रूप में साक्षात ईश्वर और अल्लाह या खुदा की ही हम हत्या कर रहे हैं। क्योंकि सब जीव-जगत खुदा की ही निर्मिति है। वही सब रूपों में निवास करता है। मनुष्य इनकी हत्या करके अपनी शूरवीरता को बखानता है, जबकि यह एक अधम कार्य है। लज्जा का विषय है। अमानवीय कृत्य है।

जल का मनुष्य के शरीर में दो-तिहाई अंश है और एक-तिहाई मिट्टी (धरती) का तत्व है। इस जल-तत्व का यही अनुपात समूची धरती में है। मनुष्य की देह में जल-तत्व का यही अनुपात समूची धरती में है। मनुष्य की देह में जल-तत्व का स्रोत महर्षि दयानंद ने 'हृदय' में बताया है। इसे शिव पुराण में 'भव' कहा गया है। इसी भव से भाव, विभाव, वैभव, संभव, भवदीय शब्द बने हैं। इसी क्रम में संचारी भाव आदि की प्रक्रिया से गुजरकर रस-निष्पति घटित होती है। इसी से संसार 'भवसागर', 'भवजल' कहलाता है। सभी संतों-भक्तों ने इसे अपनी वाणी में बड़ा सटीक और अनिवार्य तत्व मानकर इसके पार जाने में ही मुक्ति या मोक्ष माना है। भारतीय मानस भाव-प्रधान है ही। भावना या भाव-मुक्ति ही वास्तविक मुक्ति है। संत मलूक कहते हैं–

जीती बाजी गुर प्रताप तें, माया मोह निवार।
कह मलूक गुरु कृपा तें, उतरा भवजल पार।।

अतः हम देखते हैं कि संत मलूक की वाणी में प्रकृति भी महज एक संज्ञा, आलंबन, उद्दीपन या मानवीकरण के बहाने से ही नहीं आयी, बल्कि सटीक सामाजिक, जीवन व्यवहार और मुक्ति का माध्यम बनकर आयी है। चैतन्य रूप में उपस्थित हुई है। आत्म, परमात्म और अध्यात्म भावों को रूपायित करने के लिए सक्षम माध्यम के रूप में प्रयुक्त हुई है।

सर्वाधिक वैज्ञानिक सोच वाले भारतीय, बीच की सदियों के अज्ञान-अंधकार में डूबते गए, जिससे धर्म के नाम पर हर प्रकार के भ्रमों, संशयों, रहस्यों और स्वार्थों के सम्मिलित अंधकार के वशीभूत श्रेष्ठ जनों ने सामान्य, भोलेभाले, अशक्त भाइयों को नीचा सिद्ध करके लूटा-खसूटा और अपने से दूर किया। आरंभ में वैज्ञानिक सोच वाले आर्य—श्रेष्ठजन श्रम को, कर्म को सर्वाधिक पवित्र और ईश्वर के निकट ले जाने वाला योग—कर्मयोग मानते थे। इतना ही नहीं इन्होंने प्रतिदिन प्रातः जगने के विधान इस मंत्र को आधार रूप में स्वीकार किया था—

कर अग्रे वस्ते लक्ष्मी कर मध्ये च सरस्वती
कर मूले तु गोविंदा, प्रभाते कर दर्शनम्।

अर्थात् लक्ष्मी (धन) का निवास हाथों के अग्र भाग (उंगलियों) में है। हाथ के मध्य भाग हथेली में सरस्वती अर्थात ज्ञान का निवास है। हाथ के मूल में (जहां से हाथ आरंभ होता है) गोविंद (भगवान) का निवास है। प्रभातकाल में उठते ही प्रथमतः इनके दर्शन करो। अतः कहना न होगा कि धन, ज्ञान और भगवान हमारी पहुंच के भीतर है, बाहर नहीं है—यह विश्वास मन में धारण करके दिन-चर्या आरंभ करनी चाहिए। इन्हें उपलब्ध करने का प्रयास करना चाहिए। भारतीय विश्वास श्रद्धा पर आधारित है और श्रद्धा हृदय का विषय है, बुद्धि का नहीं। और श्रद्धा भी अंध-विश्वास पर आधारित न हो, ज्ञान और विवेकमयी हो, वही स्वीकार्य है। अन्यथा अंध-श्रद्धा अधिक हानिकारक है। इसीलिए महात्मा गांधी ने कहा, “मेरी श्रद्धा तो ज्ञानमयी और विवेकपूर्ण है, जो बुद्धि का विषय है, वह श्रद्धा का विषय कदापि नहीं हो सकता, इसलिए अंधश्रद्धा श्रद्धा नहीं है।” भारतीय संतों की श्रद्धा भी इसी कारण, अंधश्रद्धा नहीं, न निरी बौद्धिकता का आश्रय संतों ने लिया है; बल्कि ब्रह्मज्ञान पर आधारित विवेकमयी श्रद्धा है उनकी। संतों के मत को इसीलिए ज्ञानाश्रयी मत कहा जाता है।

वास्तव में देखा जाए तो जीव-जगत में सर्व-व्यापक राम को संतों ने सर्वाधिक

महत्ता देकर इसे ही राम भी कहा है और रहमान भी, इसे स्थूल रूप में व्याप्त जीवन में ही माना हे। इसी के दीवाने हैं संत मलूक भी। जीव मात्र ही उनका साहब भी है जिसके दीदार के लिए वह दीवाने हैं वही उनका रहमान है। इसी व्यापक अल्लाह-ईश्वर, राम-रहीम के रूप में धरती पर चलते-फिरते, आकाश में उड़ते-विचरते, जल में जन्मते-विहरते ब्रह्म को, नूर को देखकर मलूक मस्त और अलमस्त हुए हैं।

तेरा मैं दीदार दिवाना।
घड़ी घड़ी तुझे देखा चाहूं सुन साहेब रहमाना।
हुआ अलमस्त खबर नहिं तन की पिया प्रेम प्याला।
ठाढ़ होउं तो गिर गिर पड़ता तेरे रंग मतवाला।।
खड़ा रहूं दरबार तुम्हारे ज्यों घर का बंदा जादा।
नेकी की कुलह सिर दीन्हें गले पैरहन सादा।।
तौजी और नमाज न जानूं ना जानूं धरि रोजा।
बांग जिकर तब हीं ते बिसरी जब ते यह दिल खोजा।।
कहै 'मलूक' अब कजा न करिहौं दिल ही सों दिल लाया।
मक्का हज्ज हिये में देखा पूरा मुरसिद पाया।।

जिस व्यक्ति ने परमात्मा की एक बार झलक पा ली वह उसका दीवाना हो गया। रीझ गया। उसका सौंदर्य ही ऐसा है। रूप ही ऐसा है कि उसे बार-बार देखने को मन ललकता रहता है। मलूक भी उस साहेब, करुणाकर पर रीझ गए हैं, उसके दर्शनों से ऐसी मस्ती छा जाती है, जैसे किसी ने मदिरा पी ली हो। उसका प्रेम भी मदिरा-सी मस्ती में डुबाने वाला है। तब परमात्मा का भक्त भी शराबी की तरह मस्ती में डूबा खड़ा रहना चाहे तो भी खड़ा नहीं रह पाता। गिर-गिर पड़ता है और यदि खड़ा भी रहता है तो परमात्मा के दरबार में तो ऐसे जैसे घर का सेवक खड़ा रहता है हुक्म बजाने को मुस्तैद। सिर पर नेकी की ऐसी टोपी लगाए, गले में सादी-सरलता की माला पहन ली है। अब मैं दिखावे की नमाज पढ़ना-माला जपना या रोजा रखना छोड़ चुका हूं और मस्जिद में ऊंचे स्वर में बांग देना आदि भी भूल चुका हूं। जब से मैंने अपना मन खोजा और परमात्मा की अनुभूति को प्राप्त किया है। संत मलूकदास कहते हैं कि अब मुझे इस सबको छोड़ने का प्रायश्चित भी नहीं है। क्योंकि मैंने अपने दिल (आत्म) को दिल (परम आत्म) से लगा लिया है। आत्मा को परमात्मा से जोड़ लिया है। योग साध लिया है। अब तो मैंने मक्का और मक्का की यात्रा—हज को भी अपनी आत्मा, अपने अंतःकरण में प्राप्त कर लिया है और

यों पूरा मुरसिद—पूर्ण गुरु को पा लिया है।

इस व्यापक निर्गुण निराकार की साक्षी के बाद मलूक माया के प्रभाव से छूटकर इस राम के नाम के जाप को भी अधिक महत्व देते हैं, क्योंकि वही राम मनुष्य के मन, चित्त और रोम-रोम में रमा हुआ है—

राम राम रोम रोम मन चित्त राम राम,
राम राम है भैया राम की दुहाई है।
जिन ऐसो दीन्हों तन ताहि से लगावो मन,
सारे जन ब'धु यह झूठी चतुराई है।
धाइ धाइ किये धाम अंत को न कोई काम,
काहे को दुखाई कन कन संसाई है।
जाइ देखो कहां हाथी कौन काको भयो साथी,
होवैगा मालूम जम जालिम कसाई है।
कहत 'मलूकदास' बात मेरी मान लीजै,
फिर अंत काल तेरो कोई न सहाई है।

राम सर्वव्यापक है। रोम रोम में, देह में ही नहीं, मन ओर चित्त में भी वही समाया हुआ है। राम ही सर्वशक्तिमान है। उसी राम से हमारी फरियाद है कि हमारी रक्षा करे। फिर जिस राम ने हमारा भी सृजन किया और यह तन, जैसा भी यह है, दिया है, उसी से मन लगाना हितकर है। अन्य बंधु जनों का भरोसा करना—यह मिथ्या चतुराई है हमारी। दिन-रात श्रम करके जो 'घर' हम बनाते-संवारते हैं, अंत समय वह हमारे किसी काम नहीं आता और फिर इस क्रम में हम कइयों का मन दुखाते, चोट पहुंचाते हैं जबकि इस संसार के कण-कण में राम ही समाया हुआ है और फिर जो धन-संपत्ति-माया एकत्र की है, हाथी-घोड़े बांधे हैं द्वार पर अंत समय में ये सब किसी का साथ नहीं देते। साथ नहीं जाते। और यह अनुभव तभी होगा तुम्हें जब अंत समय यम बेरहमी से पकड़कर साथ ले जाएगा। यम तो कसाई जैसा जालिम होता है। किसी की पीड़ा या दुख उस पर कोई प्रभाव नहीं करता। मलूकदास कहते हैं मेरी बात, अभी समय रहते मान लो और राम का स्मरण करो, अन्यथा अंतकाल में, ऐ मानव तेरा कोई सहायक नहीं होगा।

मनुष्य का आत्मिक आयाम ही परम-आत्मिक आयाम है। मलूक इस परमात्मिक आयाम में स्थित होने, रहने की सम्मति दे रहे हैं। यही सर्वात्मिक—'राम' का आयाम है। इसी में सुकून भी है और मुक्ति भी।

पर निन्दा पर नारि सों तू होहि उदासी।
मारी दामरि जाहीगा एन किए खलासी।।
सरन गए गोपाल की होता दिन-दिन लाहा।
चहुं जुग प्रीति निवांहदा होता दिन-दिन लाहा।।
दास मलूका की विनति भजु गिरवरधारी।
पार न वाका जाइगा मेटै दुःख भारी।।
दुःख भारी तेरे मिटहि भजु गिरधारी लाल।
रे मन गफिलता छोड़ दै फिरत ग्रासे काल।।
गाफिल होई का रहा अयाना। सेई ले साधु तजि अभिमाना।।
अपमारग ते चलहु संभारी। बात कहत लै जैहै मारी।।
कनक कामिनी दोउ बट मार। काहू उतरन देहि न पार।।
एन भेंडिहु काइ है सुभाऊ। मझधार गहि बोरहि नाऊ।।
हरि के चरन कंवल चित्त देहू। जीवन जन्म सुफल कर लेहू।।
मिथा जिनी खोवहु नर देही। कहै मलूक भजु राम स्नेही।।

सांचा सौदा राम का संत संग वैपार।
खोटा वनिज न कीजिए पूंजी जात न वार।।

मन तै वनिजि करत है खोटा। नफा न आवै दिन-दिन टोटा।
टका लाई उपराजै पैसा। देत हिसाब होई दहु कैसा।।
खाए जात है पूंजी सारी। बोतल नाही साहू है भारी।।
अपमारग लगि हाट लुटावै। हरि के नेग न कौड़ी लावै।।
पूंजी घटै तो बाधे सरिये। कहत मलूक साहू तें डरिये।।

साधु संग चित्त राखिए कुपथ पांव जिन देहू।
डरिये गुर गोविंद सों हित सों कीजै नेहू।।

सहज मुक्त संत सहजोबाई

जो मुक्त होगा, वह सहज भी होगा। मुक्ति सहजता का पर्याय है। बड़े-बड़े संत, भक्त मुक्त हैं, इसीलिए सहज हैं। मनुष्य-सभ्यता के बड़े भाव एवं कलाएं भी हमें मुक्त कर के सहज बनाते हैं। वे अपनी मूल प्रकृति में स्त्रैण हैं। भक्ति, करुणा, दया हो या फिर कविता, संगीत, नृत्य। ये मुक्तिमुखी हैं, इसी कारण स्त्रैण भी हैं। हिंदी और उर्दू में भी इसी अंतर को, गहरे में देखा जा सकता है। जैसे स्त्री-पुरुष अपने बाहरी रूप से भिन्न हैं ऐसे ही हिंदी और उर्दू भी। हिंदी मूलतः और बाह्यतः एक जैसी है। उभयपक्षी स्त्रैण है। हां, उर्दू शायरी, जो बाह्यतः पुरुषता लिए होती है, अपनी गहरी-ऊंची शायरी के अंतिम सोपानों पर, परिणति पर स्त्रैण ही होती है। जैसे नारी-पुरुष जन्म से पहले भी एक ही उत्स से जुड़े हुए अभिन्न होते हैं और मृत्यु के बाद भी एक ही विराट से जुड़ कर पुनः अभिन्न हो जाते हैं। सूफीमत में, पुरुष संतों में, पुरुषत्व होता है। किंतु इसी मत की नारी संतों में स्त्रैणभाव मिलता है, उन की शायरी में अंतरतम का अंतरयामी भाव तो स्त्रैण ही होगा। इसी धरातल पर कलाएं आनंद का द्वार खोलती हैं, जहां व्यक्ति-मानव स्वयं के देश-काल का अतिक्रमण कर के पहुंचता-डूबता-उतराता है।

हिंदी की नारी संतों में सर्वाधिक ख्यात नाम मीरां बाई का है। वैसे दक्षिण में आंडाल, बहिणाबाई और कश्मीर में लल्लेश्वरी के नाम भी कम ख्यात नहीं। ये संत कवयित्रियां अपने मूल से, प्रकृति-स्वभाव से ही स्त्रैण हो कर भारतीय मूल की अध्यात्म-अनुभूति से, प्रगाढ़ता से जुड़ी हैं, वह उन्हें मुक्ति की सहज अंतः-प्रकृति की हिलोर पर आरूढ़ कर देती है। कबीर, तुलसी, सूर को जो आयाम, भक्ति में, गहरे डूब कर प्राप्त हुए, वे नारी संतों को, जनमतः ही उपलब्ध हो जाते हैं। हां, आध्यात्मिकता की सहजता, सहजावस्था उन्हें भी अर्जित करनी पड़ती है; तभी मुक्ति भी संभव होती है।

प्रेम, संसार का सार है। प्रेम पा जाओ, सौभाग्य से, तो समझो संसार पा गए।

प्रेम, अंततः परम-आत्म का ही स्वरूप है। नारी के लिए प्रेम सहज हे। प्रेम क्योंकि भाव है, इसलिए नारी को अति सहज है। प्रेम नारी का स्वभाव है। प्रेम में समग्रता है, जो नारी के लिए सहज है। नारी का स्वभाव समग्रता के प्रति अति अनुकूल है। वह संसार को भी समग्रता में पकड़ती है। खंडों या अंशों में नहीं। इसलिए घर-गृहस्थी के प्रति नारी का मोह, पुरुष से कहीं गहरा और समग्र होता है, क्योंकि इसी पर सांसारिकता की धुरी टिकती है। इसी से माया (संसार) का प्रसार संभव है। यह सब प्रेम का ही प्रसार है। उस के आस-पास का फैलाव है। फिर वह व्यक्ति-प्रेम ही, सांसारिक प्रेम ही और गहरा हो कर परम-आत्मिक प्रेम में विकसित हो जाता है। अति सहज है। मीरां, लल्लेश्वरी, आंडाल नारी संतों के लिए भी सहज और सुलभ हुआ है और सहजोबाई के लिए भी।

सहजोबाई के साथ कुछ अजीब घटना हुई। वह आरंभिक शिक्षा पूरी कर चुकी थी। माता-पिता ने 11-12 वर्ष की आयु में ही सहजो का विवाह भार्गव कुल के एक संपन्न परिवार में निश्चित किया। विवाह के अवसर पर सजी संवरी बैठी सहजोबाई को आशीर्वाद देने के लिए उस के मामा के पुत्र एवं प्रसिद्धि पा चुके संत चरणदास आए और सहजो को देख कर कहा–

सहजो तनिक सुहाग पर, कहा गुंदाए शीस।
मरना है रहना नहीं, जाना बिस्वे बीस।।

उक्त शब्द सुनकर सहजो की चेतना पर आघात हुआ। उस ने कहा मैं विवाह नहीं करूंगी। प्रभु-भक्ति करूंगी। तभी बाराती रोते हुए पहुंचे और बताया कि आतिशबाजी से अकस्मात घोड़ी भड़क कर भागी और वृक्ष से टकरा गई जिस से वर की मृत्यु हो गई। इस दुखक घटना से शोकाकुल हो तथा चरणदास जी की त्रिकालज्ञता से प्रभावित होकर सहजो के पिता हरिप्रसाद तथा माता अनूपीबाई अपने चारों पुत्रों एवं पुत्री सहित उनके शिष्य हो गए।

सहजोबाई का जन्म दूसर भार्गव कुल में संवत् 1782 वि. की श्रावण पंचमी, तदनुसार रविवार 15 जुलाई सन् 1725 ई. को दिल्ली के परीक्षित पुरा नामक स्थान पर हुआ। इनका एक मात्र वाणी-ग्रंथ 'सहजप्रकाश' उपलब्ध है। दयाबाई इनकी गुरु-बहन थीं। माघ शुक्ल 5 सं. 1862 वि. तदनुसार दिनांक 24 जनवरी 1805 को सहजोबाई ने देह त्याग दी। धर्म-प्रचार हेतु इनके द्वारा स्थापित मुख्य गद्दी पर क्रमशः श्याम विलास, परमेश्वरीदास, मुकुंददास, जमुनादास, रामजीदास एवं गंगादास आसीन हुए। वर्तमान में महंत घनश्यामदास आसीन हैं। सहजोबाई को अट्ठारहवीं

सदी की मीरां कहा जाता है। किंतु मीरां की भांति कृष्णभक्त होने का साम्य रखते हुए भी कुछ विशेष भिन्नताएं भी उल्लेखनीय हैं। मीरां विवाहिता थीं जबकि सहजोबाई ब्रह्मचारिणी थीं। मीरां सगुण से निर्गुण तक पहुंची थीं, किंतु सहजो सगुण को ही निर्गुण की प्राप्ति का आधार मान कर राधा-कृष्ण के युगल रूप की उपासिका थीं, गुरु चरणदास ने सहजोबाई को अष्टांग योग, नवधा भक्ति का ज्ञान दिया, तथा योगाभ्यास की विधि बताई। सहजोबाई ने पांच वर्षों तक अखंड समाधि में रह कर साधना की। मीरां समाज को त्याग कर वैराग्य में लीन हो गई, किंतु सहजो समाज में रहकर समादृत हुईं। मुगल बादशाह शाहआलम द्वितीय ने 1100 स्वर्ण मुद्राएं तथा वंथला नामक ग्राम जागीर में देकर सहजोबाई को समादर दिया। यह ग्राम तहसील गाज़ियाबाद में स्थित है। संत चरणदास के संवत 1839 में स्वर्गारोहण के पश्चात 23 वर्ष तक महाराज के उपदेशों का प्रचार करती रहीं, आठ शिष्य व दो शिष्याओं को तभी दीक्षित कर प्रचार में लगा दिया। सहज प्रकाश में उन के नाम इस प्रकार मिलते हैं–1. श्याम विलास, 2. कर्तानंद, 3. अगमदास निर्मोही, 4. गुरु निवास, 5. राम प्रसाद, 6. संत हजूरी, 7. हरनाम दास, 8. रघुनाथ स्नेही, 9. लक्ष्मीबाई, 10. सुमतिबाई।

सहजोबाई जी के उक्त शिष्य तथा अन्य प्रशिष्यों के थांभे (स्थानों) के उल्लेख भी मिलते हैं। उन में कुछ का उल्लेख–1. श्री अगमदास की दिल्ली की गद्दी। इनके 'भक्तिसागर' की पांडुलिपि भी मिलती है। सिरकीवालान मुहल्ला में इन्होंने अपना स्थान बनाया था। कई शिष्यों के अतिरिक्त दो शिष्याएं भी थीं–क. लाडोबाई, ख. कुंदनबाई। 2. कर्तानंद जी नरेला की गद्दी। 3. मलनीबाई जी का बादली का थांभा। इनकी दो शिष्याएं भी थीं–क. गंगाबाई और ख. नलनीबाई। 4.श्री गुरुनिवास का मादीपुर में थांभा। यह भी वृहत्तर दिल्ली का ही स्थान था। 5. श्री रामप्रसाद जी का शाहजहांपुर का थांभा। 6. लक्ष्मीबाई और सांरो का थांभा। 7. वंथला का थांभा–गाजियाबाद ज़िला में स्थित था। 8. संत हजूरी जी का बुढ़ाना का थांभा। इन थांभों के महंतों की अपनी शिष्य परंपराएं भी थीं। कुछ थांभे न बना कर स्वतंत्र रूप से घूम-फिर कर चरणदासी-सहजोबाई के विचारों का प्रचार किया करते थे। इस प्रकार हम देखते हैं कि सहजोबाई ने (चरणदासी) शुकदेव-परंपरा का पर्याप्त विकास किया।

सहजोबाई को कविता पारिवारिक विरासत के रूप में प्राप्त हुई। इनके पिता श्री हरप्रसाद स्वयं उच्च कोटि के कवि थे। सहजोबाई जी के चार भाई–1. राम कृष्ण जी, 2. गंगाविष्णु जी, 3. दासकुंवर जी, 4. हरिनारायण जी भी कवि थे। माता-पिता सहित सभी बहन-भाइयों ने संत चरणदास से दीक्षा ली थी।

सहजोबाई की वाणी में गुरु का बड़ा महातम्य बखान किया गया है। कबीर,

रैदास, नानक आदि से भी आगे बढ़कर सहजो गुरु को परमात्मा से भी ऊंचा मानती हैं। बल्कि उसे तो एक तरह से परमात्मा की आवश्यकता ही नहीं है। उस की मौलिक सोच और तर्क पद्धति बड़ी सटीक और अकाट्य है। यहां पूरा पद देना उचित होगा—

राम तजूं पै गुरु न बिसारूं। गुरु को सम हरि को न निहारूं।।
हरि ने जन्म दियो जग माहीं। गुरु ने आवागमन छुटाहीं।।
हरि ने पांच चोर दिये साथा। गुरु ने लई छुड़ाय अनाथा।।
हरि ने कुटुब जाल में गेरी। गुरु ने काटी ममता बेरी।।
हरि ने रोग भोग उरझायौ। गुरु जोगी कर सबै छुटायौ।।
हरि कर्म भर्म भरमायौ। गुरु ने आतम रूप लखायौ।।
हरि ने मोसूं आप छिपायौ। गुरु दीपक दै ताहि दिखायौ।।
फिर हरि बांध मुक्ति गति लाये। गुरु ने सब हि भर्म मिटाये।।
चरणदास पर तन मन वारूं। गुरु न तजूं हरि को तज डारूं।।

सहजो गुरु के सामने हरि को त्यागने को तैयार है। है न अद्‌भुत बात। भारतीय दर्शन में गुरु के महत्व की स्थापना त्रेता से अक्षुण्ण रही है, किंतु ऐसी उत्कट गुरु-भक्ति एवं तर्कना सहजो में अपूर्व है। उस की तर्कशीलता अंत तक आते-आते हरि की आवश्यकता को ही नगण्य सिद्ध कर देती है। किंतु बड़ी प्रीतिकर शब्दावली में। बड़ी गूढ़ गरिमायुक्त भाषा में, जिसे सुनकर हरि भी मुग्ध हो जाएं! यह सहजो के ही बस की बात है। क्योंकि सहजो ने हरि से और गुरु से संसार से एक साथ प्रेम किया है। वह प्रेम में गहरी डूबी है। सहजो ने गुरु की गुरूता तो गाई है और साथ ही गुरूपन की चार कोटियां भी गिनाई हैं। गुरूपन के चार भिन्न प्रकार बताने में सहजोबाई पुनः बहुत सजग, तर्कशील एवं तथ्यांवेषी रही है—

गुरु हैं चार प्रकार के, अपने अपने अंग।
गुरु पारस दीपक गुरु, मलयगिरि गुरु भृंग।।

लोहे के समान शिष्य को, पारस गुरु सोने के समान श्रेष्ठ बना देता है। किंतु एक निकृष्ट धातु को उत्कृष्ट धातु में बदलने के सिवा वह और कुछ नहीं कर सकता। यह शिष्य की ही नहीं, गुरु की भी सीमा है। दूसरा गुरु शिष्य में, उसकी चेतना में प्रकाश भरकर उसे प्रदीप्त कर देता है। तीसरा मलयगिरि गुरु है। मलय

पर्वत पर चंदन के वृक्ष होते हैं। उन से छन कर आई वायु सुगंध फैला देती है। अतः मलयगिरि गुरु शिष्य के भीतर सोयी उसकी आत्मगंध को उद्बुद्ध कर उस शिष्य को, देश-काल को आत्मगंध से पूरित करने, महकाने की योग्यता देता है। और चौथा गुरु भृंग कीटवत अपने शिष्य को बाहर-भीतर अपने जैसा बना लेता है। उसका संपूर्ण कायाकल्प कर अपना रूपरंग दे देता है।

भृंगकीट को थोड़ा जान लें। यह कीट चीकनी मिट्टी को लाता है ढूंढ़ कर, कहीं से भी, कितनी भी दूरी से। एक एक कण ला कर दीवार पर लगाता-जमाता रहता है। एक सुंदर-सा गोल घर बनाता है। एक गोल छिद्र छोड़ देता है। फिर एक जीवित कीट को ला कर, उस छेद से उसे भीतर प्रवेश करा के छिद्र को ढक देता है। तथा घंटों-पहरों-दिनों उस गोल घर के चारों ओर उड़ान भरता हुआ गुंजार करता रहता है—भृंग-भृंग-भृंग...।

अपनी इस विशिष्ट ध्वनि के साथ अपनी ध्वनि-तरंगों के माध्यम से अपने रंग भी भीतर प्रक्षेपित करता रहता है। फिर छिद्र खोल कर भीतर बंद किए कीट को निकालता है, जो भृंग कीट के रंग-रूप का बन चुका होता है। यह चौथा प्रकार है गुरु का। किंतु सहजो यहां पर भी रूकती नहीं; इसके आगे कहती हैं—

चरणदास समरथ गुरु, सर्व अंग तिनमाहिं।
जैसे को तैसा मिले, रीता छोड़े नाहिं।।

सहजो कहती हैं गुरु चरणदास इतने सामर्थ्यवान गुरु हैं कि उन के भीतर चारों प्रकार के गुरुओं का कौशल है। जैसा भी शिष्य मिल जाए उसे, उसी की योग्यता-संभावना में उत्तीर्ण कर देते हैं। किसी को खाली हाथ नहीं जाने देते। सहजो स्वयं यदि गुरु के प्रति ऐसी सजग-तीखी नज़र रखती है, तो परमात्मा के प्रति भी न स्वयं अंधविश्वासी हो सकती है, न दूसरों को अंध-विश्वासी बना सकती है। ऐसी सजग-सचेत संत हैं सहजोबाई।

सहजोबाई कहती हैं गुरु के समर्थवान होने के उपरांत भी यदि चेले में समर्पणभाव की कमी हो या योग्यता न हो तो गुरु भी उस का कुछ भला नहीं कर सकता—

सिख माटी सिख पाथरा, सिख लकड़ी सम जोय।
सहजो गुरु पारस मिले, कैसे कंचन होय।।

यदि शिष्य में माटी, पत्थर या लकड़ी के तुल्य समर्पण भाव हो, लौह जैसी पुख्ता धातुई भक्ति न हो तो पारस गुरु भी उसे अपनी शक्ति-स्पर्श से अध्यात्म-ज्ञान के गुण से स्वर्ण नहीं बना सकता। माटी, पत्थर या लकड़ी को स्पर्श द्वारा पारस, कंचन बनाने में कारगर सिद्ध नहीं होता।

सहजोबाई भक्ति-पद्धति सिखाती-कहती है—

ज्यों तिरिया पीहर बसे, सुरत रहे पिव मांहिं।
ऐसे जन जग में रहें, गुरु को भूले नाहिं।।

अर्थात् विवाहिता नारी मायके में आ कर जैसे पति का ध्यान नहीं भुलती, उसे क्षण-क्षण याद करती है, उसी प्रकार सांसारिक व्यक्ति को अपने सद्गुरु को, परमात्मा को स्मरण रखना चाहिए। जग में आकर उसे भूल नहीं जाना चाहिए। इतना ही नहीं सहजो को सांसारिक जीवन के कितने तिक्त-दुखद रूप का कैसा गहन अहसास है, वह कहती है—एक मौलिक रूपक के माध्यम से कि जैसे जलती-दहकती भट्ठी में, लोहे की संडसीको कैसे एक क्षण पानी में डाला जाता है और दूसरे क्षण भट्ठी में जलती आग में, किसी वस्तु को उठाने को डाला जाता है, ऐसी ही जलती हुई भट्ठी के समान यह दुनिया है और व्यक्ति संडसी के समान है। उसे एक क्षण दुख है तो एक क्षण सुख। अतः इस दुनियां रूपी भट्ठी से व्यक्ति को भाग जाना चाहिए। किनारा कर लेना चाहिए।

जैसे संसडी लोह की, छिन पानी छिन आग।
तैसे दुख सुख जगत के, सहजो तू तज भाग।।

इसके लिए उपाय भी बताती हैं सहजोबाई। वह उपवन-बाड़ी के रूपक के माध्यम से कहती है कि बसंत ऋतु बार-बार नहीं मिलती। अर्थ मनुष्य जीवन बड़ा दुर्लभ है। अब यह जीवन मिला है, अवसर प्राप्त हुआ है, तो भक्ति के बीज हृदय-रूपी धरती में बोवो। सतसंगति-रूपी पानी से उसे सींचो। गुरु की शिक्षानुसार उस की सेवा करो। हित-चित लगा कर उस की रखवाली करो। खोट और कपट रूपी पक्षियों को भगाओ। मोह-प्यास को जला डालो। जब नौ रंगों में संभल जाय यह बाड़ी तब रंग-रंग के प्रेम के फूल खिलेंगे। उन फूलों को गूंथ कर माला बना लो और वह माला आदि पुरुष-परमात्मा को चढ़ा आना। इस प्रकार ऐ मनुष्य तेरे मन की सभी आशाएं पूरी होंगी।

सहजोबाई क्योंकि निर्गुणपंथी, निराकार की उपासिका है, भले ही वह राधा-कृष्ण के युगल रूप को आधार बना कर चली है, तथापि वह अपने दर्शन को, निर्गुणिया संतों की भांति 'सुन्न समाधि' पर टिकाती है। उसका कहना है, इसी भांति जीव सुखी हो सकता है–

ना सुख विद्या के पढ़े, ना सुख बाद बिबाद।
साध सुखी सहजो कहे, लागी सुन्न समाध।।

अतः विद्या, ज्ञान और वाद-विवाद आदि में जीव को सुख नहीं है। उसे ध्यान, अंतरमुखी साधना करते हुए शून्य में समाधि लगानी चाहिए तभी वास्तविक सुख और शांति उसे प्राप्त हो सकती है। इससे उस के भीतर बिना बादलों के वर्षा की अनुभूति होगी तथा ऐसा अनुभव होगा–

रोम रोम सूं प्रेम उठि, भींज गइ सब देह।

'सहज प्रकाश' में संकलित सहजो वाणी की भाषा अत्यंत सरल, नाम के अनुसार ही सहज एवं प्रवाहमयी है। अट्ठारह वर्ष की छोटी आयु में ही गहन अनुभव और सटीक अभिव्यक्ति की सिद्धियां सहजो ने प्रकट की है, जो कि अपने आप में विलक्षण है। क्योंकि पिता और चारों भाइयों के काव्य परिवेश से सहजो को काव्यमय वातावरण सहज उपलब्ध था इस कारण शब्द-चयन एवं छांदस प्रयोग भी प्रायः निर्दोष है। खड़ीबोली में उर्दू-फारसी-अरबी के बोलचाल के शब्दों का, दिल्ली के परिवेश में यों भी चलन था, सो वे प्रभाव भी लक्षित किए जा सकते हैं। अनुप्रास शैली में तुकांतता का प्रयोग भी मोहक हुआ है।

मुद्रक: ऐजुकेशनल स्टोर्स, एस–5, बुलंदशहर रोड इंडस्ट्रीयल एरिया, साईट–1, गाजियाबाद (उ0प्र0)